KB216414

道

道乃久
沒身不殆

鶴林 金侖世

노자 건강학-道德經

自然치유에 몸을 맡겨라

노자 건강학-道德經

自然치유에 몸을 맡겨라

1판 1쇄 발행 2019년 5월 30일
1판 2쇄 발행 2021년 11월 15일

저자 **김윤세**
발행인 **이동한**
기획 · 디자인 **조선뉴스프레스**
표지 **일월반도도(日月蟠桃圖) · 국립고궁미술관 소장**
사진 **임채욱**
일러스트레이션 **이철원**

등록번호 **제301-2001-037호**
등록일자 **2001년 1월 9일**
주소 **서울시 마포구 상암산로 34 DMC 디지털큐브 13층 조선뉴스프레스**
문의 **02-724-6797(마케팅), 6754(편집)**

값 **35,000원**
ISBN **979-11-5578-477-8 13100**

노자 건강학-道德經

自然치유에 몸을 맡겨라

노자 《도덕경》의 무위자연과
인산 《신약본초》의 참의료 사상을 결합한
깊고 넓은 道醫의 세계

'道醫 세계'로 들어가는 門

1. '의료 너머의 의료'가 참 의료 道醫

세상에서 일반적으로 알려져 있고 널리 통용되고 있는 의료와는 배경 철학과 전개 방식이 전혀 다른 특정 의료에 관해 이야기하고자 한다. 지금까지 듣도 보도 못한 신의학(新醫學) 세계를 접하게 되면 선뜻 이해하기가 어려운 법이어서 마음을 비우고 귀를 기울이기보다는 의혹만 커지고 부정적인 견해만 일게 마련이다.

이때 자신의 기존 지식의 잣대를 들이대어 재단하려 한다면, 이 이야기에서 아마도 깨달을 것도, 얻을 것도 없다고 여겨 그냥 스쳐 지나가고 말게 될 것이다. 그러한 판단에 따라 외면하든 부정하든 그것은 각자 자유이지만 오늘과 같은 공해 시대를 맞아 창궐하는 현대 암·난치병·괴질의 병마를 물리치고 건강을 되찾아 천수(天壽)를 온전하게 다 누리기 위해서는 도의(道醫), 즉 '참 의료'를 올바로 인식하고 받아들여 정성스레 실천하지 않으면 안 된다는 점을 명심해야 할 것이다.

필자는 2,500여 년 전에 세상을 등지고 사람들이 도저히 찾을 수 없는 불가해(不可解)의 고장으로 들어가기 직전에 그곳 함양(咸陽) 고을 함곡관장 윤희(尹喜)의 간절한 청원에 따라 그성의에 마지못해 '무위자연(無爲自然)의 도(道)'를 설한 노자(老子) 이담(李聃)의 5,000여 어로 구성된 《도덕경(道德經)》의 '참 의료 사상'과 '불세출(不世出)의 신의(神醫)'로 세상에 널리 알려진 인산 김일훈(仁山 金一勳·1909~1992) 선생의 《신약본초(神藥本草)》의 핵심 내용을 나름 정리하여 '도의(道醫)의 세계'로 들어가는 이정표를 제시하고자 한다.

현대의학이든, 또는 전통의학이든 지금까지 유사 이래 전해져 온 세상의 모든 의료와는 출발점부터 전혀 다르고 전개 방식 또한 비슷하지도 않아 선뜻 이해하고 받아들여 실천하기가 쉽지 않을 것이라는 생각은 들지만, 그러나 인류가 '참 의료'를 자각(自覺)하여 실천하지 않을 경우 주어진 천수조차 온전하게 다 누리지 못하고 비명(非命)에 생애를 마감할 수 있기 때문에 '도의 이야기'를 들려주지 않을 수 없다는 판단에 따라 이 글을 쓴다.

지금까지 세상에서 배운 과학 상식이나 의학 지식과는 궤를 달리하는 부분이 많아 분위기에 익숙하지도 않을 것이고 용어들도 흔히 접해보지 못한 생경한 단어들이 자주 등장해 마치 딴 세상에서 온 사람의 이야기처럼 낯설게 느껴질지도 모른다.

그래서 부탁하는 바는, 기존 지식을 내려놓고 마음을 비운 다음 필자가 이야기하고자 하는 본래의 취지를 생각하면서 '도의의 세계'로 한 걸음 한 걸음 들어가 자신과 세상을 온갖 병마로부터 구제할 수 있는 '참 의료'의 실상(實相)을 확연하게 자각하는 기회로 삼기를 바랄 뿐이다.

세상 사람들 모두가 일반적으로 인식하고 있는 의료는 전통의료가 됐든, 현대의료가 됐든 질병을 공격하고 파괴, 제거하기 위해 노력하는 방식으로서 인류의 존귀한 생명을 다루는 기본적 철학과 자세가 지혜롭지도, 현명하지도 않을 뿐 아니라 질병의 문제를 근본적으로 해결하지 못하는 한계를 드러내고 있다는 점에서 철저한 반성(反省)이 요구된다.

이는 상생(相生)과 조화(調和)를 중시하는 생명관(生命觀)이 아니라 상충(相衝) 상극(相剋)의 생명관에서 비롯된 의료 방식으로서 인체의 질병을 공격, 파괴, 제거하여 병고(病苦)를 극복하고 건강을 회복할 수 있게 한다는 논리이다.

세계의 모든 의료 체계가 사실은 이러한 생명관을 바탕으로 구축되었다는 데 인류 의학사의 비극이 시작되는 것이라 하겠다. 사람의 생명, 육체는 대체로 60조가 넘는 천문학적 수의 세포로 구성되었고, 이 모든 세포의 상생과 조화로 정상(正常) 상태를 유지하는 것이 건강한 삶이요, 어떤 원인에 의해 그 조화와 균형이 깨져 이상(異常) 상태로 치닫는 것이 질병이라 하겠다.

물론 질병 중에는 세균이나 바이러스 등 질병을 일으키는 인자(因子)들의 공격 때문에 발생하는 것도 적지 않지만 이러한 경우에도 내 몸의 방어 시스템이 정상적일 경우 비의료(非醫療)의 자연치유에 의한 회복이 가능하고, 그 이외 대부분은 공해의 증가에 따른 오염된 환경으로 인해 음식이나 호흡을 통해 체내에 유입되는 독성 물질의 증가와 무도(無道)하고 무리(無理)한 비자연적 섭생에 따른 인체의 방어 체계, 즉 면역력 약화에서 비롯된다는 점을 간과(看過)하지 말아야겠다. 이 점을 감안한다면 우리의 삶도, 의료도 순리(順理)와 자연에 따르는 것이 인생의 바른길이자 '참 의료의 큰길'이라는 사실을 알 수 있을 것이다.

노자의 《도덕경》은 인류의 삶이, 순리와 자연을 벗어나지 말아야 한다는 점을 설명하고 자연 속으로 난 큰길을 벗어나서 지나친 인위(人爲)와 인공(人工), 조작(操作)의 삶을 살 경우 천수를 온전하게 누리지 못하고 비명횡사하게 될 가능성이 크다는 점을 여러 가지 경로를 통해 강조하고 있다. 즉 정치도, 경제도, 의료도 모두 자연의 도리(道理)를 벗어나게 되면 무리가 따르고 효과를 거둘 수도 없을 뿐 아니라 오래가지도 못한다는 자연법칙을 깊이 체득하고 그에 따른 지혜로운 삶을 살 필요가 있다는 것이다.

따라서 도의의 문으로 들어가기 위한 첫 단계에서는 세상의 모든 의료 체계가 어떻게 구축되고 어떤 방향으로 나아가든 다만 참고만 할 뿐 '참 의료의 길'이 아닌 그 길로 가지 말아야 하겠다. 또한 세상에서 통용되는 대부분의 의약품은 마치 항생제가 장내(腸內)의 이로운 균들까지도 다 같이 죽이듯 반드시 부작용과 후유증을 남기기 때문에 어느 질병을 고치기 위해 노력하는 과정에서 또 다른 병마(病魔)를 초래하거나 우선 좋아지는 듯하다가 나중에 더욱 악화되는 좋지 못한 결과를 부르게 된다는 점을 소홀히 여기지 말아야 하겠다.

왜냐하면 자연법칙과 생명원리에 부합하는 '참 의료', 즉 무위(無爲)의 방약이 아니라 비자연계의 무리한 치료, 즉 유위(有

爲)의 의료를 하게 되면 도리어 한 가지 병이 여러 가지 질병으로 이어지게 되고 작은 질병이 큰 병으로 발전해 비명횡사를 재촉하는 결과를 부르기 때문이다.

자연계로부터 생명이 싹터서 세상에 나올 때 생명과 함께 자라고 그 항상성(恒常性)을 유지시켜 주는 치유(治癒)와 복원(復元)의 능력을 부여받고, 또한 온갖 병마의 공격을 방어하고 물리치는 힘, 즉 무위자연(無爲自然)의 의료 능력을 지니고 있는데도 그 사실을 전혀 인식하지도 못하고 그 힘을 제대로 활용하지도 못하는 것은 물론이요, 오히려 유위의 무리한 의료를 통해 그러한 능력들이 발휘될 수 없도록 철저히 방해하거나 봉쇄해 버리는 우(愚)를 범하여 참 의료에 무지(無知)한 의료인들과 함께 자기 스스로 자기 자신을 죽게 만드는 최악의 결과를 부르게 되는 것이다. 비록 모르기 때문에 그런다고는 하지만 이 얼마나 안타까운 일인가!

인산 선생은 세상의 의료진이 항용 쓰고 있는 일반적 방약(方藥)을 지양하고 세상에 흔하디흔한 천연물의 약성(藥性)과 무위자연의 참 의료 묘방(妙方)을 활용해 세상의 모든 암, 난치병, 괴질을 물리칠 수 있는 독창적 신의학을 인류에게 제시한 바 있다. 지난 1980년에 펴낸《우주(宇宙)와 신약(神藥)》, 1981년에 펴낸《구세신방(救世神方)》, 1986년에 펴낸《신약(神藥)》, 1992년에 펴낸《신약본초》등의 저술을 통해 인류의 상상을 초월하는 기발하고 획기적인 방약들을 제시해 그것을 받아들여 실천한 이들로 하여금 기적을 방불케 하는 불가사의(不可思議)

한 효능과 효과를 거둘 수 있게 하였다.

1909년에 함경남도 홍원군 용운면 연흥리에서 10대를 이어온 유의(儒醫) 가문의 김경삼(金慶參) 선생의 7남 2녀 중 삼남으로 태어난 인산 선생은 천부적 혜안(慧眼)과 불가사의한 의료 능력으로 8세 때부터 수많은 사람의 암, 난치병, 괴질들을 고친 숱한 구료(救療)의 신화(神話)를 남기고 신의학의 새 지평을 연 뒤 1992년 84세를 일기로 선화(仙化)한 분으로서 세상을 떠난 지 27년이 지난 지금까지도 세인들로부터 '불세출의 신의'이자 '민초(民草)의 의황(醫皇)'으로 불린다.

필자는 인산 선생의 4남 1녀 중 차남으로 태어나 스물다섯 살 때부터 다섯 차례나 죽음의 위기에까지 이르렀다가 선생의 신약, 묘방에 의해 소생한 인연으로 아버지의 독창적 인술(仁術)을 세상에 널리 알리기 위해 작심하고 신문기자가 되어 '인산의학(仁山醫學)'에 관한 글을 발표하고 강의를 통해 그 실상을 알리는 데 진력(盡力)해 왔다.

그러한 노력에 힘입어 1981년에 간행된 《구세신방》의 저술에 참여하였고, 뒤이어 5년여 동안 서울과 인산 선생께서 머무는 경남 함양(咸陽)을 오가며 선생의 구술(口述)을 받아 원고를 정리하고 편집하여 마침내 그 결과물로 1986년에 인산의학 불멸(不滅)의 저술로 꼽히는《신약》을 펴내 그동안 도도하게 흘러오던 세상 의학의 거대한 흐름의 방향을 바꾸게 하는 원동력으로 작용하게 하였다.

《신약》은 그동안 33년에 걸쳐 약 70만 부가 발매되었고 죽염

(竹鹽) 산업을 위시하여 유황오리 산업, 홍화씨 산업, 밭마늘 산업 등 수많은 신산업을 창출해 새로운 일자리를 만들어내는 데 크게 기여하였다.

노자와 인산 선생은 2,500여 년의 시공(時空)을 초월해 비록 다른 언어로 설명했지만 같은 취지의 이야기를 인류에게 전하여, 노자는 무위자연의 삶과 참된 정치를 역설하고 인산 선생은 무위자연의 삶과 무의자유(無醫自癒)의 참 의료를 세상에 제시함으로써 다 같이 자연에 대한 새로운 의미와 가치를 천명하고 자연으로 돌아갈 것을 역설하는 공통점을 보여주었다.

노자의 《도덕경》은 그 자체로 참된 의료의 경전, 즉 《진의경(眞醫經)》 또는 《도덕의경(道德醫經)》이라고 할 수 있을 정도로 무병장수(無病長壽)를 위한 순리와 자연의 삶을 강조하고 있다. 따라서 그 경문을 그대로 풀이해도 좋겠지만 좀 더 지혜로운 의학적 의미를 부각시키고 그 설하고자 하는 바를 명확하게 이해하는 데 도움이 되게 하려는 목적으로 외람되지만 《도덕경》 앞부분의 세 장(章)을 같은 글자 수의 새로운 문장으로 만들어 《도덕경》의 의학적 의미를 설명하는 서론으로 활용하고자 한다. 이어서 본론부터는 《도덕경》 원문 그대로를 도의(道醫)학적 시각으로 풀이하여 인류의 온갖 병마를 물리치고 건강을 회복하여 천수를 온전하게 다 누릴 수 있게 하는 '참 의료' 자각의 이정표로 제시하고자 한다.

논리를 전개하는 과정에서 타 의학의 문제점을 들먹이는 것처럼 여길 만한 내용이 더러 있으리라 생각되지만 이 글의 참된 취지는 인류의 병마를 효과적으로 물리칠 수 있는 참 의료를 설명하려는 것일 뿐 다른 의도가 전혀 없다는 점을 십분 양해해 주기를 바랄 뿐이다. 소박한 바람은 좀 더 많은 이에게 도의의 참된 의미와 가치가 인식되고 받아들여져 널리 활용되기를 기대하며 독자들을 위시하여 온 국민, 그리고 전 인류의 건강과 행복을 충심으로 기원한다.

의료라고 하니 의료라 알고 있으나
그것은 참 의료가 아니다.
약이라고 하니 약이라 알고 있으나
그것은 좋은 약이 못 된다.
생명이 시작될 때는 의료가 없었으며
온갖 질병이 일어날 때 의료가 생겨났다.
무위(無爲)의 의료는
자연치유로 건강을 회복시켜 주고
유위(有爲)의 의료는
무리한 치료로 후유증을 부른다.
이 두 의료는 다 같이 치료를 하지만
그 결과는 다르다.
다 같이 의료라고 말하지만
세상의 일반적 의술과 방약을 쓰지 않는
무위(無爲)의 의료야말로
인류의 온갖 병마를 효과적으로 물리치고

심신(心身) 건강의 신천지(新天地)로 들어가는
참 의료 '도의(道醫)의 문(門)'이다.

醫可醫, 非眞醫, 藥可藥, 非良藥.
의가의, 비진의, 약가약, 비양약.
無醫, 生命之始, 有醫, 萬病之作.
무의, 생명지시, 유의, 만병지작.
故常無爲, 以自然治癒. 常有爲, 以招後遺症.
고상무위, 이자연치유, 상유위, 이초후유증.
此兩者, 同治而異果, 同謂之醫.
차양자, 동치이이과, 동위지의.
醫之無醫, 道醫之門.
의지무의, 도의지문.

2. '藥 아닌 약'이 최상의 神藥

세상 사람들이 다 같이 공통적으로 인식하고 있거나 알고 있는 상식은 대체로 올바른 것으로 판단해도 무방하지만 간혹 그렇지 않은 경우도 종종 있게 마련이다. 모두가 그렇게 알고 있는 상식이라 하더라도 궁극적으로 사리(事理) 또는 도리(道理)에 부합하지 않는 대표적인 예로서 '지구를 중심으로 하늘이 돈다'고 주장하고 그 누구도 의심 없이 모두가 그대로 확신했던 '천동설(天動說)'을 들 수 있다. 이 보편적 상식을 뒤엎은 이는 16세기 폴란드의 천문학자 코페르니쿠스(1473~1543)다.

코페르니쿠스는 지구중심설 혹은 천동설로 요약되는 기존 프톨레마이오스의 이론을 뒤엎고 '우주의 중심은 태양이며 지구는 태양을 중심으로 자전하며 공전한다'는 태양중심설 혹은 지동설(地動說)로 요약되는 새로운 이론을 제시해 서양문명에서 일대 과학혁명을 일으킨 인물이다.

코페르니쿠스가 연구를 완성한 때는 1530년이었지만, 연구 결과를 공표함으로써 닥쳐올 파문을 염려하여 연구 결과를 책으로 출간하는 일은 오랫동안 미루어지다가 '코페르니쿠스의 체계를 사실로 받아들여서는 안 되며, 천체들의 위치를 계산하는 데 유용한 한 가지 방법으로 여기라'고 기술한 다른 사람의 서문이 붙여져서 마침내 1543년, 그가 죽기 직전에 《천체의 회전에 관하여》라는 제목으로 출간되기에 이른다.

지구중심설이 태양중심설로 대치된 것을 일컬어 세상에서는 흔히 '코페르니쿠스의 혁명'이라고 한다. 사실 서양문명에서 코페르니쿠스의 지동설만큼 인간의 사고방식에 큰 영향을 준 과학혁명은 없다고 하겠다. 모두가 하늘의 태양, 달, 별 등의 천체가 지구를 중심으로 돈다고 믿고 있는 마당에 유독 홀로 우리가 살고 있는 지구를 비롯한 모든 천체가 태양을 중심으로 돈다고 하는 주장은 아무리 고도의 천문학에 근거하여 제시했다고 해도 대부분의 지식인의 기존 지식에 비추어 볼 때 도무지 이해, 납득되기 어려운 일면을 갖고 있다 할 것이다.

한 눈 밝은 제자의 간청으로 지상(地上)에서 자취를 감추기 전에 5,000여 언(言)으로 요약하여 도(道)의 세계를 설파한 노자(老子)의 《도덕경(道德經)》이 세상에 나오자 선뜻 이해되지도 않을뿐더러 현실과 거리가 멀고 기존 성현(聖賢)들의 가르침과 정반대되는 가치관으로 오인을 받아 불필요한 비판을 끊임없이 받았던 것도 세인의 지적 수준을 아득히 초월하여 알기 어려운 내용들을 설명했기 때문이다.

'불세출(不世出)의 신의(神醫)'로 불리는 인산 김일훈(仁山 金一勳·1909~1992) 선생께서 생래적(生來的) 혜안(慧眼)과 80 평생의 폭넓은 경험을 바탕으로 정립하여 《우주(宇宙)와 신약(神藥)》《신약(神藥)》《신약본초(神藥本草)》라는 저술들을 통해 쉽고 간단한 신약(神藥), 묘방(妙方)들을 활용하여 세상에서 해결이 불가능하다고 결론이 난 각종 암, 난치병, 괴질들을 해결할 수 있는 '우주의학' '자연(自然)의학' '자력(自力)의학'의 새로운 패러다임을 제시하자 그 실상(實相)을 제대로 이해하지 못한 많은 이에 의해 정면으로 부정되고 비판받고 공격받는 일이 지금까지도 이어지고 있다.

지금까지 미처 확인되지 않은 많은 천연물의 약성에 대해 과학적 방법으로 효능, 효과를 검증해야 한다는 주장을 하는 것은 합리적이라 하겠지만 과학적 검증을 거치지 않은 것들의 약성을 대부분 부정하는 것은 자가당착의 몰지각한 태도일 뿐이며, 경험자들이 같거나 비슷한 효능, 효과를 체험했다는 증언을 하더라도 일단 상업적 목적의 불순한 주장으로 간주하여 전면 부정하고 제 밥그릇 영역을 침범하는 것으로 여겨 음해하

고 공격하는 행태는 정상적 정신상태 또는 과학적 태도가 못 된다는 것을 깨달아야 하겠다.

기존 의학의 이론과 방법의 범주를 벗어나는 새로운 의학에 대한 몰이해에서 비롯된 것이기는 하지만 작금의 의학적 한계를 분명하게 인식하면서도 자기 지식의 잣대로 모든 것을 재단하고 판단하려는 집착을 떨치지 못한 채 자기 자신이 이해하지 못하는 것을 부정하고 비판하며 공격하는 천동설의 우(愚)를 범하고 있음을 자각(自覺)하지 않으면 안 될 것이다.

의학의 방향에 대한 새로운 시각을 제공하는 한편 문제의 소지를 미연에 방지해 질병의 치료 과정에서 예기치 못한 또 다른 부작용과 폐해를 입지 않도록 순리와 자연의 의방과 약재를 활용해 인류의 각종 암과 난치병, 괴질을 무리 없이 근본적으로 치료할 수 있는 이론과 방법을 제시한 것임에도 그 효과를 검증하려는 본질적 노력보다는 도리어 음해하고 공격하기에 급급한 덜 성숙된 자세를 드러냈을 뿐이다.

거듭 밝히거니와 '인산의학'은 우주 자연의 법칙과 생명원리에 부합하는 '참 의료의 큰길'이요, 저비용, 고효율의 '효과적 의방(醫方)'이며 우리 주변에 흔한 천일염, 밭마늘, 유황오리, 다슬기, 명태 등 한국산 농림축수산물의 약성 활용 방법을 공개적으로 제시함으로써 관련 산업들의 활성화를 통해 국민 건강에 기여하는 것을 넘어 국가 경제 발전에도 이바지하는 힘으로 작용하고 있다는 사실을 외면하지 말아야 할 것이다.

미국의 국가의학 감독관을 지낸 바 있는 로버트 멘델존(Robert S. Mendelsohn) 박사는 그의 저서 《나는 현대의학을 믿지 않는다》를 통해 "현대의학이라는 종교는 절대로 믿어서는 안 되는 종교"라고 전제한 뒤 "따라서 내가 이 책을 쓰는 것은 세상 사람들이 현대의학의 주술에서 해방되길 바라기 때문"이라고 밝히고, 이어 "현대의학을 구성하는 의사, 병원, 약, 의료기구의 90%가 사라지면 현대인의 건강은 당장 좋아질 것이라고 나는 확신한다"는 말로 결론을 맺었다.

인산 선생 역시 1986년에 펴낸《신약》의 서문을 통해 "의료인도, 의료기관도, 약도, 처방도 필요 없는 건강한 세상을 이루기 위해 이 책을 펴낸다"고 집필의 참뜻을 밝힌 바 있다.

세상 사람 중 대부분이 의료는 사람들의 병을 고쳐서 건강을 회복시켜 주는 행위로만 알고 있는데 그렇지 않은 적지 않은 부분에 대해 알지도 못하고 또한 알려고도 하지 않는다. 그러나 멘델존 박사의 설득력 높은 고언(苦言)은 이와 관련한 많은 사실을 깨닫게 해준다.

"대부분의 사람은 첨단 의료란 멋진 것이고 그 기술을 가진 명의에게 치료받으면 건강해질 것이라고 믿는다. 그러나 그것은 대단한 착각이다. 의료 행위의 당사자인 의사들이야말로 건강을 위협하는 가장 위험한 존재이기 때문이다. 현대의학에서 행하는 치료는 효과가 없는 경우가 많다. 효과는커녕 치료받은 뒤에 오히려 위험해지는 경우가 종종 있다. 게다가 병이 없었던 환자라도 충분히 검토하지도 않은 채 치료부터 하려 들기 때문에 그 위험성은 점점 더 커진다.…"(《나는 현대의학을 믿지 않는다》 9쪽)

따라서 진정한 의료는 의료 아닌 의료, 즉 지혜로운 섭생(攝生)과 생활 체육, 마음 수련, 명상, 조식(調息) 등의 비의료적 방법에서 찾을 수 있고 진정한 약은 약 아닌 약, 즉 약이 되는 음식을 잘 활용하여 부작용이나 무리 없이 병고(病苦)를 극복하고 건강을 회복하는 '비약(非藥)의 약'이 최상의 신약이요, 영약(靈藥)이라는 사실을 깨달아야 하겠다.

세상 사람들이 다 같이
의료를 의료라고만 알고 있는데
그것은 도리어 병들게 하는 요소이기도 하다.
약을 약이라고만 알고 있는데
그것은 진정한 치유의 약이 못 된다.
모든 것은 상대적인 것이어서
있음은 없음에서 나오고
어려움은 쉬움에서 비롯된다.
길다고 여겨서 짧다는 판단이 생기며
옳다는 믿음에서 그르다는 시각이 나온다.
즐겁다고 여기는 마음에서 괴롭다는 생각을 하게 되고
약과 독은 공존하며 어떻게 쓰느냐에 따라 달라진다.
그러므로 훌륭한 의자(醫者)는
무위자연(無爲自然)의 의방(醫方)을 제시하고
약 아닌 약을 활용하도록 깨우쳐준다.
온갖 병이 생겨나도 병과 싸우지 않고
몸 안의 자연치유 능력을 돋운다.
질병이 발생해도 병을 공격하지 않고
병마를 다스리되 무리한 치료를 하지 않으며
병이 물러간 뒤에도
생명경영을 게을리하지 않는다.
생명경영을 게을리하지 않으므로
질병으로 고생하는 일이 없게 된다.

天下皆知醫之爲醫, 斯病已.
천하개지의지위의, 사병이.

皆知藥之爲藥, 斯非藥已.
개지약지위약, 사비약이.

有無相生, 難易相成, 長短相形,
유무상생, 난이상성, 장단상형,

是非相因, 苦樂相隨, 藥毒相和.
시비상인, 고락상수, 약독상화.

是以上醫, 處無爲之方, 用非藥之藥.
시이상의, 처무위지방, 용비약지약.

萬病作而不相爭, 生而不攻, 爲而不强.
만병작이불상쟁, 생이불공, 위이불강.

病去而弗怠, 夫唯弗怠, 是以不病.
병거이불태, 부유불태, 시이불병.

3. '無爲의료'로 못 고칠 병은 없다

노자(老子) 사상의 핵심 가치를 한마디로 표현하자면 자연(自然)이고 그 가치를 삶 속에서 제대로 실현하기 위한 방법론으로서 무위(無爲)라는 개념이 등장한다. 무위자연(無爲自然)이란 인위(人爲), 인공(人工), 조작(操作)이 없는 자연 그대로의 상태를 유지, 보존하고 물 흐르듯 순리적으로, 아무런 꾸밈이나 가식(假飾) 없는 소박(素朴)한 삶을 영위해야 한다는 사상을 담고 있는 노자 철학의 대표적 개념이라 하겠다.

정치, 경제, 사회, 문화 등 모든 부문에서 근본을 중시하고 지엽적인 것에 집착하지 말아야 한다는 숭본식말(崇本息末)의 근본주의적 가르침을 통해 보다 더 높은 삶의 질을 추구할 수 있게 길을 열어주었다는 점에서 그 어떤 사상이나 철학에 견주어도 단연 으뜸이라는 평가를 받기에 충분하리라 여겨진다.

치안의 미흡으로 도둑이 늘어났을 때, 이를 걱정하는 대부분의 위정자는 법령을 더욱 가혹하게 하고 제도를 정비하며 경찰력을 증강시켜 물샐틈없는 사회안전망을 구축해야 한다고 판단하고 실제로 그런 노력을 기울이게 된다.

이때 정말 눈 밝은 이라면 그런 방식의 노력으로는 분명 머지않아서 한계에 부닥치리라는 것을 명확하게 예측할 수 있을 것이다. 왜냐하면 그것은 '도덕 윤리의식의 마비'라는 문제의 본질을 외면한 조치이기 때문에 그것을 근본적으로, 영속적으로 해결할 수 있는 효과적 처방이 못 된다는 점을 충분히 짐작할 수 있기 때문이다.

예부터 '열 명의 경찰이 도둑 한 명을 못 당한다'는 말이 도는 것은 분명 그럴 만한 이유가 있어서 나온 말이고 또한 고금동서를 통해 사실로 증명되고 있기도 하다.

더 중요한 문제는 뭇사람의 시선을 끌고 마음을 동하게 만드는 화려한 쇼핑몰의 금은보화와 명품 진열장의 명품들이, 그렇지 않아도 인성(人性) 교육의 부재로 도둑질에 대한 그 어떤 죄의식도 못 느끼는 데다 도덕 불감증에 중독되다시피 한 적지 않은 부류의 사람들에게 끊임없이 도둑질 충동을 느끼게 하는 사회 분위기를 그대로 둔 채 경찰력으로 해결하려는 것은 보이는 증세를 일시적으로 해결하려는 대증요법의 한계를 벗어나지 못한 것이라는 점을 간과하지 말아야겠다.

사회병리 현상 역시 우리 몸의 크고 작은 질병과 마찬가지로 국소치료와 대증요법을 넘어 병의 뿌리를 근본적으로 해결하고자 하는 발본색원(拔本塞源)의 지혜로운 의방(醫方)이 필수적이라는 것은 재론의 여지조차 없는 명백한 근본 해결책이라 할 것이다.

나무를 벨 적에 만약 뿌리를 뽑지 않는다면
그 뿌리로 인해 나무는 다시 자라리라.
뿌리를 뽑는다면 나무는 다시 자라지 않으리
수행도 그렇게 해야 생사고(生死苦)에서 해탈하리라.

斷樹無伐本 根在猶復生 除根乃無樹 比丘得泥洹
단수무벌본 근재유부생 제근내무수 비구득니원

석존(釋尊)께서는 《법구경(法句經)》 도행품(道行品)을 통해 인생에 있어서 최대의 문제로 인식되는 생사윤회(生死輪廻)의 고통으로부터 벗어날 수 있는 근본 해결책을 마련하되 그 중요한 원인이 되는 탐욕과 분노, 어리석음의 뿌리를 뽑지 않을 경우 그 싹은 다시금 자라서 생사윤회의 고통이 끝없이 반복될 것이라는 메시지를 인류에게 전하면서 문제의 근본 해결을 강력하게 주문하고 있다.

인류의 병마를 물리치고 건강을 회복하게 하는 것을 목적으로 하는 의료에 있어서도 문제의 본질이 무엇인지를 올바로 판단하여 근본적으로 해결하려는 노력을 기울이지 않을 경우 질병은 마치 뿌리가 남은 나무처럼 다시 자랄 수밖에 없는 엄연한 현실에 직면하게 된다. 질병을 일으키는 원인 균이나 바이러스를 공격, 파괴, 제거하는 방식의 치료는 아무런 문제가 없는 것으로 인식되어 오늘날 전 세계적으로 보편화되다시피 한 것이지만 이러한 방식의 치료는 태생부터 심각한 문제를 안고 있다는 사실을 절대로 간과해서는 안 된다.

이러한 병원체(病原體)들이 인체의 외부로부터 침투했거나 혹은 내부에서 생성되었거나 어떤 경우라 할지라도 질병에 걸리는 더 중요한 이유에 대해 제대로 인식하고 그에 따라 지혜롭고 현명하게 대처하지 못함으로써 문제의 해결은 쉬운 것처럼 보이지만 처음부터 방향을 잡아 잘못된 길로 계속 가게 되는 우(愚)를 범하게 된다.

처음부터 방향 자체를 잘못 판단해 잘못된 방식으로 무리(無理)한 치료 노력을 기울이다가 치료의 한계에 부닥치면 의료진과 가족 모두 질병이 너무 악화되어 '그렇게 발달했다는 현대의학'으로도 해결을 못 하게 된 것이라 받아들이고 더 이상의 모든 노력을 포기하고 만다.

언뜻 생각하면 당연한 것처럼 보일 수도 있겠지만 통찰력을 십분 발휘해 사려(思慮) 깊게 고찰할 경우 '잘못된 방식의 치료가 잘못된 결과를 불렀다'는 분명한 이유를 깨닫게 될 것이다. 질병의 종류는 예부터 만병(萬病)이라는 말을 할 정도로 많기 때문에 일일이 그 질병들의 원인을 밝히고 그에 합당한 의약품을 개발하여 병자들을 치료한다는 것은 처음부터 온전하게 실현하기 어려운 난제(難題)일 수밖에 없는 것이다.

설혹 어느 정도 성과를 이뤘다 해도 공해(公害)는 날로 심해지고 환경은 더욱 오염되거나 파괴되는 현실에서 미처 예상치 못한 신종 병마(病魔)들이 잇달아 출현함에 따라 그에 따른 효과적 대응은 한계에 부닥칠 수밖에 없는 본질적 문제를 어떻게 해볼 수 있단 말인가?

이러한 문제의 해결을 위해서는 우리 모두가 대승적 차원의 획기적 사고의 전환이 필요하다는 점을 밝힌다. 감기 바이러스가 유행을 해도 정작 감기에 걸리는 사람들은 늘 단골로 잘 걸리고 평소 섭생을 잘 하고 자신의 생명경영을 잘 해온 사람들은 내내 걸리지 않는다. 이는 무얼 말해주는가?

외부로부터의 침입 사실에만 주목하여 그것을 퇴치하려는 다양한 시도와 노력을 하는 것으로, 그것도 항생제나 스테로이드제 등을 투여해 증세를 일시적으로 완화시키거나 통증을 줄이는 등 대증요법의 임시적 치료를 하고도 의료의 할 도리를 다한 것처럼 생각하는 그 인식이 문제의 근본해결을 가로막는 높은 벽으로 작용한다는 사실을 이제 더 이상 외면하지 말아야 할 것이다.

천변만화하는 천 가지, 만 가지 질병의 속성을 간과하고 그 질병을 때려잡기 위해 몽둥이를 든 채로 이리 뛰고 저리 뛰며 쫓아다니다 보면 그 과정에서 몸은 몸대로 손상을 입고 질병은 질병대로 내성이 생기거나 종적을 감춰 마지막에는 미궁 속에 빠지고 마는 결과를 초래하게 된다. 그 와중에 인간의 생명 유지에 있어서 그 어떤 것보다도 중요한 인체의 면역 기능이 점점 약화되는 그야말로 가장 무서운 사태를 불러, 급기야 돌이키기 어려운 국면으로 치닫게 하는 것이 작금의 의료 현실이다.

한마디로 말해 인체에 무리 없이 만병을 효과적으로 물리치고 건강을 되찾아 자연계로부터 자신에게 주어진 천수(天壽)를 온전히 누리게 할 충분한 능력을 지닌 '내 안의 의사'를 외면하거나 아무런 역할을 할 수 없도록 철저하게 우리에 가둠으로써 자기도 모르게 화를 키우게 되는 것이다.

이 세상에 태어날 적에 누구나 생명의 정상적 유지와 보수를 위해 함께 지니고 온 '내 안의 의사[內醫]' '하늘의 의사[天醫]' '자연의 의사[自醫]'의 자연치유 능력을 절대로 발휘할 수 없도록 만든 것은 과연 누구인가? 제 생명의 구조를 올바로 인식하고 그 매뉴얼에 따라 경영관리를 잘 해야 할 책임자로서 무리한 삶으로 병마를 자초한 데다 스스로 비자연적이고 비순리적인 치료를 요청하거나 그러한 치료 제안에 동의한 자기 자신일 것이다.

오랜 세월 겪은 수많은 선사의 깨달음의 일화로 가득 찬 《전등록(傳燈錄)》의 한 구절은 오늘의 의료가 어느 방향으로 가야 할 것인지에 대해 적지 않은 시사를 던져주고 있다.

"개에게 흙덩이를 던지면 그 개는 흙덩이를 쫓아간다(韓獹逐塊). 그러나 사자에게 흙덩이를 던지면 그 사자는 흙덩이를 던진 사람을 쫓아가 물어버린다(獅子咬人)."

즉 보이는 것만을 좇는 의료와 보이지 않지만 더 중요한 원인으로 작용하는 것을 찾아내 근본적 해결을 도모하는 의료는 처음부터 궤를 달리하고 방향 자체가 다르다는 것을 알 수 있을 것이다. 무위자연의 의료를 제대로 활용할 경우 세상에 못 고칠 질병이 없으리라 확신하면서 《도덕경》 제3장의 글을 '참 의료'적 관점에서 몇 글자를 바꿔 이 시대에 던지는 참 의학적 화두(話頭)로 제시하는 바이다.

질병을 적으로 간주하여
병과 싸우지 말아야 하리.
성욕을 돋우는 강장제를 귀하게 여겨
사람들로 하여금
음란한 삶에 탐닉하지 않도록 해야 하리.
욕심을 일으킬 만한 것을 보지 않게 하여
사람들의 마음을 산란하게 하지 말지라.
따라서 훌륭한 의료인은
환자들의 번뇌에 찬 마음을 비우게 하고
허약한 부분을 보강해 주며
고집스런 뜻을 약화시켜 부드럽게 하고

근육과 뼈를 튼튼하게 하나니.

언제나 환자들로 하여금

잔꾀와 욕심을 버리게 하고

똑똑한 사람들로 하여금

인위적 치료를 못 하게 하나니.

인위가 없는 무위자연의 치료를 한다면

그 어떤 난치병도 치유되지 않음이 없으리라.

不敵病, 與病不爭. 不貴强壯之藥, 使人不爲淫.

부적병, 여병부쟁. 불귀강장지약, 사인불위음.

不見可欲, 使人心不亂.

불견가욕, 사인심불란.

是以上醫之治, 虛其心, 實其腹, 弱其志, 强其骨.

시이상의지치, 허기심, 실기복, 약기지, 강기골.

常使人無知無欲, 使夫知者 不敢爲也.

상사인무지무욕, 사부지자, 불감위야.

爲無爲則無不治.

위무위즉무불치.

노자 건강학-道德經
自然치유에 몸을 맡겨라

一

二

三

四

五

六

附錄

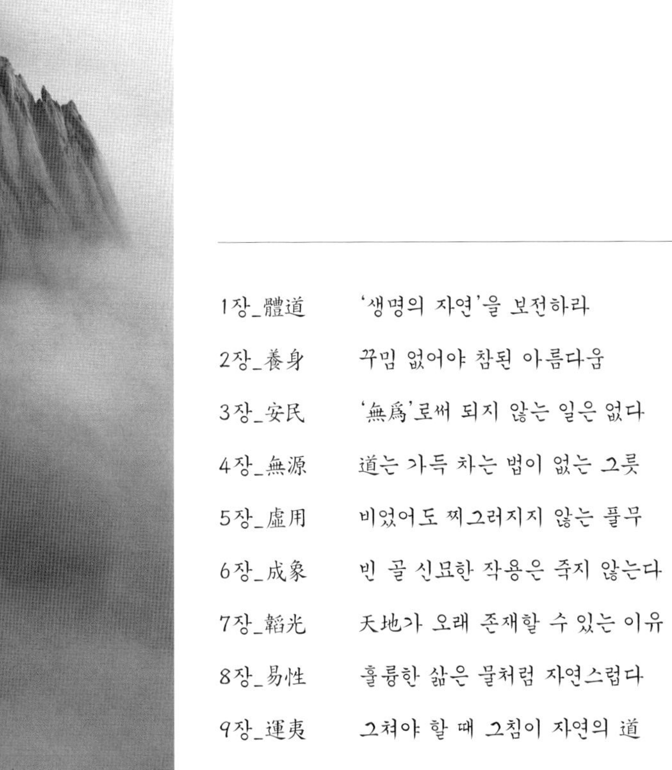

一

體道

'생명의 자연'을 보전하라

도덕경 제1장

道可道, 非常道, 名可名, 非常名.
無名天地之始, 有名萬物之母.
故常無欲以觀其妙, 常有欲以觀其徼.
此兩者, 同出而異名, 同謂之玄. 玄之又玄, 衆妙之門.

도가도, 비상도, 명가명, 비상명.
무명천지지시, 유명만물지모.
고상무욕이관기묘, 상유욕이관기요.
차양자, 동출이이명, 동위지현. 현지우현, 중묘지문.

도를 도라고 하겠지만
늘 도라는 개념으로 한정하지는 않는다.
어떤 대상에 대해 이름을 붙일 수는 있지만
늘 그 이름으로 불리지는 않는다.
천지가 개벽하여 시작될 때에는 이름이 없었지만,
만물이 하나 둘 탄생하면서부터 이름이 붙게 되었다.
뭔가를 해보려 하지 않고 있는 그대로 둠으로써
자연의 신묘한 속성이 그대로 유지되는 것을 보게 되고
뭔가를 하거나 만들려고 함으로써
인위, 인공이 가해지는 것에 따른 결과물들을 보게 된다.
가공하기 이전의 통나무가 지닌 신묘한 속성과
가공한 이후에 만들어진 여러 가지 결과물은
나올 때는 원래 같은 것이었지만 뒤에는 달라져
다른 이름으로 불리게 되는데
다 같이 현묘하다고 이를 수 있겠다.
자연 그대로의 현묘하고 또 현묘한 속성은
온갖 신묘한 것들이 생성되어 나오는 문이라 하겠다.

중국의 장구한 역사에서 춘추전국 시대로 불리던 2,500여 년 전 무렵, 주(周)나라 왕실이 쇠락해 가고 정치적 통제력이 제대로 발휘되지 못하는 가운데 사방의 곳곳에서 강성한 제후국이 등장하여 정국의 주도권을 잡기 위해 끊임없이 전쟁을 벌임으로써 천하는 혼란의 도가니로 바뀌어 걷잡을 수

없는 국면으로 접어들었다.

당시 주나라의 장서(藏書) 관리 책임자였던 노자(老子) 이이(李耳)는, 인류의 삶을 비극으로 몰아가고 사회를 극단적 파국으로 치닫게 하는 정치적 아귀다툼의 현장을 더는 차마 눈 뜨고 볼 수 없고 앉아서 구경만 할 수 없다는 판단 아래 세속을 떠나 사람들의 발길이 미치지 못할 깊은 산속의 또 다른 마을[又一村], 무하향(無何鄕)으로 들어가기 위해 발걸음을 재촉했다.

당대 최고의 선지식이자 대각자(大覺者)로서 시공(時空)을 넘어 시방삼세(十方三世)를 남김없이 관조하는 밝은 안목을 지녔음에도 왕도정치를 실현하려는 원대한 포부를 펼 수 없는 것은 물론이고 더 나은 세상을 만들기 위한 그 어떤 역할도 하지 못한 채 마음에 품은 은둔지로 향해 가는 노자의 마음은 무겁고 착잡할 뿐이었다.

노자는 푸른 소를 타고 먼 길을 여행하여 비로소 서쪽 험지로 가는 최대의 관문 함곡관(函谷關)을 지나게 되었는데 그때 관문 수비대장 윤희(尹喜)의 정중한 영접을 받게 된다. 윤희는 동쪽으로부터 보랏빛 구름이 서서히 서쪽으로 이동해 오는 광경을 목격하고 특별한 인물이 오고 있음을 직감해 그를 맞이할 만반의 준비를 하고 있다가 과연 푸른 소를 타고 오는 노자와의 기이한 만남이 이뤄지자 기쁜 마음으로 영접해 각별한 예우를 하면서 한편으로 후대에 영원히 전해줄 소중한 가르침, 그중에서도 특히 인류가 마땅히 가야 할 대경대법(大經大法)으로서의 도(道)를 제시해 줄 것을 간절히 요청했다.

이러한 요청을 받은 노자는 난감하기 이를 데 없었지만 세속

을 등지고 떠나는 마당에 영원한 미래 인류가 우주 자연의 도리(道理)에 따른 순천(順天)·순리(順理)의 삶을 살 수 있도록 길을 제시해 달라는 윤희의 청을 거절할 방법을 찾아내지 못해 망설이다가 마침내 말문을 열고 무(無)의 세계로부터 비롯되어 유(有)의 세계로 펼쳐지는 무위자연(無爲自然)의 현묘한 도리에 대해 역사상 처음으로 장광설(長廣舌)을 토해내기 시작한다.

막상 이야기를 쏟아내기 시작했지만 노자는 모든 우주만상의 근원에 자리 잡고 있고 시작도 끝도 없이 면면히 이어져 오며 눈으로 볼 수도, 귀로 들을 수도 없는 등 참으로 광범위한 도의 속성에 대해 과연 무슨 말부터 어떻게 설명해야 할지 그저 막막할 따름이어서 우선 표현 가능한 범위 내에서 차근차근 조심스레 말을 이어간다.

"그대들이 도에 대해 알고 싶다고 설명을 요청해 부득이 말을 하겠지만 참으로 광범위하고 심심미묘(甚深微妙)하기 그지없는 도에 대해 설명하기란 지난(至難)하기 이를 데 없는 것이어서 도의 어떤 특성부터 어떻게 설명해야 좋을지 난감함에도 불구하고 우선 천 리 길을 가기 위한 첫걸음을 떼는 심정으로 도란 무엇인가 이야기를 시작하겠네."

"도에 대해 물으니 일단 도를 도라고 하겠지만 그 광범위하고 다양한 속성을 제대로 표현하려면 많은 언어를 동원해야 하므로 늘 도라는 말로 표현되는 것이 아니라 다른 여러 가지 말로 설명될 수 있다는 사실을 미리 밝혀둔다. 어떤 대상에 대해 특히 도에 대해 어떤 이름을 붙이더라도 그것은 늘 그 이름으로 불리는 고정불변의 이름이 아니고 얼마든지 다른 이름으로 불릴 수 있는 것이다.

무의 세계로부터 유의 세계가 출현하여 천지만물이 시작될 때 그 미묘한 현상에 대해 어떤 이름도 붙일 수 없고 그래서 당연히 이름이 없었으나 천지인온(天地絪縕)에 만물(萬物)이 화순(化醇)하고 남녀구정(男女構精)에 만물이 화생(化生)하면서부터는 만물에 저마다의 특성에 걸맞은 이름들이 붙여져 이름이 있게 되었다.

도를 설명하자면 가장 알아듣기 쉽도록 원목(原木)을 비유로 드는 것이 좋겠다. 원목을 그대로 둘 경우 원목은 자연 그대로의 속성을 지닌 채 많은 가능성을 내포한 현묘한 존재이지만 일단 그것을 가지고 뭔가를 만들려고 생각하고 그 생각을 실행에 옮길 경우 원목은 자연 그대로의 현묘한 속성을 잃게 되고 사람의 생각이 가미되어 인위(人爲), 인공(人工), 조작(操作)으로 인한 최종의 결과물을 얻게 될 뿐이다.

도의 특성이 어떤 것인가를 짐작하려면, 원목을 가지고 뭔가를 만들어보려는 의도가 가미되기 이전의 원목의 질박한 특성을 떠올리는 것이 좋겠다. 그 원목을 깎고 다듬어 무엇인가를 만들면 사람 생각의 최종 결과물로 산출되어 질박한 천성은 사라지고 본래 가치가 훼손되고 용도가 한정된 물질로 쓰이다가 폐기되는 운명을 맞게 된다."

노자는 말문을 여는 첫 장에서 도체(道體), 즉 도의 실상(實相)에 대해, "도는 영원히 살아 있는 불멸(不滅)의 속성을 지니지만 물질은 성주괴공(成住壞空)의 법칙을 벗어나지 못하고 생멸(生滅)을 거듭하며 윤회(輪廻), 즉 지속적으로 돌고 도는 특성을 지닌다"라는 점을 분명하게 밝힌 것이다. 《도덕경》의 제1장은 5,000여 언으로 구성된 《도덕경》 경문 전체를 올바로 이해하고 노자께서 제시한 '도의 세계'로 들어가는 문을 열기 위해서는 반드시 필요한 열쇠인 만큼 마음을 비우고 읽고 또 읽어서 노자의 참뜻에 계합(契合)해야 할 것으로 판단된다.

1,000여 가(家)의《도덕경》해설가들에 의해 이설(異說)이 매우 많은《도덕경》제1장의 올바른 이해를 돕기 위해 1973년 4월, 중국 후난성 장사(長沙)의 마왕퇴(馬王堆) 한묘(漢墓)에서 다른 유물들과 함께 나온, 비단에 쓰인 두 벌의《도덕경》, 즉 백서《도덕경》원문을 소개하고 그에 대한 필자 나름의 풀이를 곁들인다.

道可道也, 非恒道也. 名可名也, 非恒名也.

도가도야, 비항도야. 명가명야, 비항명야.

無名, 萬物之始也. 有名, 萬物之母也.

무명, 만물지시야. 유명, 만물지모야.

故恒無欲也, 以觀其眇. 恒有欲也, 以觀其所徼.

고항무욕야, 이관기묘. 항유욕야, 이관기소요.

兩者同出異名, 同胃玄之又玄, 衆妙之門.

양자동출이명, 동위현지우현, 중묘지문.

도를 도라고 할 수 있겠지만 늘 도라고 하지는 않는다.
어떤 대상에 대해 이름을 붙일 수 있지만
늘 그 이름으로 부르지는 않는다.
만물이 시작될 때에는 정해진 이름이 없었지만
만물이 생성되어 나올 때 이름이 붙여졌다.
그러므로 늘 뭔가를 하거나 만들어보려고 시도하지 않으면
자연 그대로의 신묘한 속성이 그대로 유지되는 것을 보게 되고
늘 뭔가를 해보려고 시도하면 그 결과물들을 보게 되리라.
두 가지는 같은 데에서 나온 것이지만 이름이 다른데

다 같이 현묘하고 또 현묘한 속성을 지녔으며 온갖 신묘함이 나오는 문이라 하겠다.

養身

꾸밈 없어야 참된 아름다움

❀

도덕경 제2장

天下皆知美之爲美, 斯惡已. 皆知善之爲善, 斯不善已.
有無相生, 難易相成, 長短相形, 高下相盈, 音聲相和, 前後相隨.
是以聖人處無爲之事, 行不言之教.
萬物作而不爲始, 生而不有, 爲而不恃, 功成而不居.
夫唯弗居, 是以不去.

천하개지미지위미, 사악이. 개지선지위선, 사불선이.
유무상생, 난이상성, 장단상형, 고하상영, 음성상화, 전후상수.
시이성인처무위지사, 행불언지교.
만물작이불위시, 생이불유, 위이불시, 공성이불거.
부유불거, 시이불거.

세상 사람들이 다 아는 아름다움이란,
아름답게 보이고자 잘 가꾸고 꾸민
인위적인 아름다움인지라
이는 진정한 아름다움이 아니라 하겠다.
세상 사람들이 다 아는 훌륭함이란
훌륭하게 보이고자 널리 알리고 드러낸
인위적인 훌륭함인지라
이는 진정한 훌륭함이 아니라 하겠다.
세상에 존재하는 모든 것은
상대적으로 아무것도 없던 상태에서
생겨나서 있게 된 것이고
해결하기 어려운 일은
상대적으로 쉬운 일에서 진행되어
이뤄진 어려움인 것이다.
길이가 긴 것은 상대적으로 짧은 것들이 이어져
길게 형성된 것이고
높은 것은 밑에서부터 상대적으로 채워져 올라가
높아진 것이다.
음악은 낱낱의 소리가 모여
서로 조화를 이룬 것이고
앞섰다는 것은 누군가 뒤를 쫓음으로써
상대적으로 앞섰다고 여기는 것이다.
그러므로 성인은 인위, 인공, 조작을 가미하지 않은
무위의 일을 처리하고

굳이 말이 필요 없는 말 없음의 가르침을
몸소 행동으로 보여 본받도록 하는 것이다.
만물이 잘 자라더라도
스스로 키운 것이라고 내세우지 않으며
만물이 생산되어 그것을 수확하더라도
제 것으로 소유하지 않는다.
무엇을 하더라도 자신이 했다는 것을 드러내지 않으며
공을 이루더라도 그 공을 스스로 차지하지 않는다.
공을 제 것으로 차지하지 않으므로
그 공은 사라지지 않는 것이다.

세상만사를 논할 때 사실이 매우 중요하지만 때로는 사실보다 더 중요한 것이 사실 너머의 진실이고 그 진실보다 더욱 중요한 것이 더 높은 차원에서 설명되는 진리(眞理)라 하겠다. 작금의 현실에서는 진리는 말할 것도 없고 진실을 파악하는 것도 지극히 어려우며 아쉬운 대로 사실을 알고자 하지만 그 사실조차 파묻혀 거짓이 난무하는 세상으로 바뀌었다.

한마디로 말해 '참'이 아닌 거짓이 판치는 세상에서 '참'을 찾아보기 어려운데 어떤 것을 '참'이라 설명하면 지금까지 하도 많은 세월 동안 속아 온 거짓에 이골이 나서 또 다른 거짓을 '참'으로 속여보려고 시도하는 것으로 단정 짓고 마는 것이 고금동서(古今東西)를 막론하고 지금도 여전한 세상의 현실이다.

그래서 명명백백(明明白白)하기 이를 데 없는 종교적 우주관의 산물인 천동설(天動說)의 오류를 지적하고 과학적 우주관에 근거한 참된 우주론인 지동설(地動說)을 설명해도 그것을 부정하는 것은 기본이고 심지어 사실이고 진실이며 진리에 부합하는 지동설을 세상에 말했다는 이유로 그들 선각자들을 가차 없이 죽였던 역사적 사실은 '참'을 이해하고 받아들인다는 것이 얼마나 어려운 일인가를 잘 보여주고 있다.

이는 불세출(不世出)의 신의(神醫)로 알려진 인산 김일훈(仁山金一勳·1909~1992) 선생께서, 인류 역사가 시작된 이래 등장하여 지금까지 면면히 이어져 오며 그동안 인류의 병마 퇴치에 기여해 온 대표적 의학 이론인 '투병설'(鬪病說)의 한계를 극복하고 인류의 병마(病魔)를 근본적으로 해결하기 위해 새롭게 정립하여 세상에 제시한 순리자연(順理自然)의 신의학 이론인 '양생설'(養生說)을 이해, 수용하지 못하는 것과 같은 맥락이라 이해된다.

언뜻 생각하면 전통의학이든, 현대의학이든 질병을 일으키는 요인으로 알려진 세균, 바이러스를 공격, 파괴하거나 질병의 증상을 제거 내지 완화시키려는 의학적 노력이 당연한 것으로 여겨질 수 있겠지만 인산 선생께서 미래 의학 혁명을 주도할 이론적 근간으로 제시한《신약(神藥)》이라는 책을 통해 밝힌 체내 자연치유 능력의 활용을 위주로 암, 난치병, 괴질의 근본 해결을 추구하는 '양생설'을 접하면 지금까지의 투병설이 '천동설' 만큼이나 모순이 적지 않다는 사실을 곧바로 확인할 수 있게 된다.

노자는《도덕경》첫 장에서 영원불변의 진리를 '도(道)'라는 이름으로 설명하면서 그러한 설명은 말이나 글의 표현으로 나타낼 수 있는 한계로 인해 늘 같은 이름이나 개념으로 표현하거나 설명할 수밖에 없다는 점을 먼저 밝히고 곧바로 세상 사람들이 추구하는 아름다움과 훌륭함에 대해 차근차근 설명을 이어나간다.

세상 사람들은 별다른 생각 없이 열심히 가꾸고 꾸민 인위적 아름다움을 아름답다고 여기지만 그것은 상대적 아름다움이고 절대적 아름다움이 못 된다는 지적을 통해 아름다움의 본질이 무엇인가를 생각해 그것을 올바로 인식할 수 있도록 인도하고 있다. '위미(爲美)', 즉 가꾸고 꾸민 아름다움은 가꾸거나 꾸밈이 없어도 자연스럽게 드러나는 절대적 아름다움이 아니라는 것이고 '위선(爲善)', 즉 스스로 훌륭한 일이라 여겨 그것을 실천하고 자신이 행한 훌륭한 행적을 다른 이들에게 알리거나 보여주려는 것은 참으로 훌륭한 것과는 거리가 멀다 하겠다.

세계 4대 성인 중 한 분으로 추앙받는 석가모니 부처님 역시 "구도자는 누구에게 무엇을 베풀더라도 보이거나 들리는 어떤 대상에도 집착하지 말고, 베푼다는 생각조차 없이 베풀어야 한다"[菩薩於法, 應無所住, 行於布施, …菩薩應如是布施, 不住於相]고 《금강경》 제4품을 통해 강조한 바 있다.

노자는 이런 이야기를 통해 누구든지 이왕이면 꾸밈없는 무위자연의 절대적 아름다움을 추구하여 진정으로 아름다운 사람이 되고 의식적으로 자신의 훌륭함을 세상에 드러내 보여주어 알리는 인위적 훌륭함이 아니라 도리(道理)에 따른 자연스러운 삶을 추구함으로써 진정으로 훌륭한 사람이 될 것을 촉구하고 있다. 그리고 이어서 상대적인 가치를 보여주고 그것을 뛰어넘어 절대적 아름다움과 훌륭함을 추구해야 한다는 소신을 피력하고 있다.

노자께서 설하고자 했던 본래 취지를 제대로 이해하는 데 보탬이 될 수 있다는 판단에 따라 《백서 도덕경》의 경문을 소개하고 나름의 설명을 덧붙인다. 비교 검토하는 가운데 노자 본의(本意)를 더욱 명료하게 파악할 수 있으리라 여겨진다.

天下皆知美爲美, 惡已, 皆知善, 斯不善矣.

천하개지미위미, 악이, 개지선,사불선의.

有, 無之相生也, 難, 易之相成也,

유, 무지상생야, 난, 이지상성야,

長, 短之相形也, 高, 下之相盈也,

장, 단지상형야, 고, 하지상영야,

音, 聲之相和也, 前, 後之相隨, 恒也.

음, 성지상화야, 전, 후지상수, 항야.

是以聖人居無爲之事, 行不言之教.

시이성인거무위지사, 행불언지교.

萬物作而弗始也, 爲而弗恃也, 成功而弗居也.

만물작이불시야, 위이불시야, 성공이불거야.

夫唯弗居, 是以弗去

부유불거, 시이불거

세상 사람들 모두 꾸밈의 아름다움을,
아름다움으로 알고 있는데 그것은 추악한 것이다.
모두가 훌륭하다고 알고 있는 것은
그것은 훌륭하지 못한 것이다.
있는 것은 없었던 데서 나온 것이고
어려운 일은 쉬운 일이 그렇게 이뤄진 것이다.
긴 것은 짧은 것이 이어져 길어진 것이고
높은 것은 낮은 데서 채워져 높아진 것이다.
음악은 낱낱의 소리들이 모여 조화를 이룬 것이고
앞섰다는 것은 누군가 뒤를 쫓음으로써
앞섰다고 여기는 것이다.
따라서 성인은 인위적 요소가 없는
무위자연의 순리로 모든 일을 처리하고
말이 아닌 행동으로 모범을 보여
본받을 수 있도록 가르친다.
만물이 잘 자라더라도
자기 자신이 키운 것이라고 내세우지 않고
무엇을 하더라도
그것을 자신이 했다는 것을 드러내지 않으며
공을 이루더라도 자신의 공으로 차지하지 않는다.
공을 자신의 것으로 차지하지 않으므로
그 공은 사라지지 않는다.

安民

'無爲'로써 되지 않는 일은 없다

❁

도덕경 제3장

不尙賢, 使民不爭. 不貴難得之貨, 使民不爲盜. 不見可欲, 使民不亂.
是以聖人之治, 虛其心, 實其腹, 弱其志, 强其骨.
常使民無知無欲. 使夫智者不敢爲也. 爲無爲則無不治.

불상현, 사민부쟁. 불귀난득지화, 사민불위도. 불견가욕, 사민불란.
시이성인지치, 허기심, 실기복, 약기지, 강기골.
상사민무지무욕. 사부지자불감위야. 위무위즉무불치.

나라를 잘 다스리는 이는, 다른 이들에 비해 상대적으로
재주가 더 뛰어난 사람들을 중시하여 등용하지 않으므로
백성들로 하여금 도덕성을 도외시하고
지나치게 재주만을 위주로 경쟁하지 않도록 한다.
얻기 어려운 재물이나 돈을 귀중하게 여기지 않으므로
백성들로 하여금 남의 것을 훔치는 일이 없도록 한다.
탐낼 만한 것들을 보여주지 않으므로
백성들로 하여금 마음의 혼란을 일으키지 않도록 한다.
그러므로 훌륭한 위정자의 통치 방식은 백성들로 하여금
마음속에 자리 잡은 번뇌를 비우고 배를 채우게 하며
제 고집대로 하려는 마음의 의지를 약하게 하고
몸의 뼈대를 굳건하게 한다.
언제나 백성들로 하여금 잔꾀를 부리지 못하게 하고
제 욕심대로 하지 못하게 한다.
다른 이들보다 영리한 사람들로 하여금
나랏일을 함부로 하는 일이 없도록 한다.
이렇듯 어떤 일이든지 자연의 도리에 어긋나지 않도록
무위로써 처리하면 다스려지지 않을 일이 없으리라.

위정자가 나랏일을 맡아서 처리할 인재를 가려 뽑을 때 다른 이들에 비해 학식이 풍부하고 재주가 뛰어난 사람들을 가려 뽑아서 등용하는 인사정책을 쓰는 게 일반적이다. 노자는 이러한 인사정책이 초래할 여러 가지 문제점을 꿰뚫어 보듯 알고 있

어 시간과 공간을 초월하여 지속적으로 효능, 효과를 거둘 수 있는 근본적 해결책을 제시하고 있는 것이다.

즉 학식과 재주는 사람마다 다른 상대적 평가 기준이지만 사람의 마음속에 자리 잡은 도덕성은 학식이나 재주에 비해 그 가치가 비교할 수 없이 높은 것이어서 더 훌륭한 가치를 지닌 인재를 뽑으려면 학식이나 재주보다는 그 사람의 인품, 즉 도덕성을 다각도로 측정, 평가하여 그 기준에 부합하는 인물을 등용하는 것이 바람직하다는 뜻으로 판단된다.

즉 학식과 재주 위주의 인재 등용 정책은 그 기준에 부합하기 위하여 여러 사람과의 경쟁에서 상대를 누르거나 제치고 선택받아야 하므로 과도한 눈치작전과 불공정한 편법이 동원되어 합격하거나 당선되는 것을 최우선적 목표로 여기므로 도리어 정말로 훌륭한 인재를 영입하지 못할 수 있다는 문제를 안고 있다 할 것이다.

또한 위정자가 재물이나 돈을 중시하게 되면 결국 모든 것을 자본(資本) 중심의 사고방식으로 해결하려는 풍조가 만연하게 되어 인품과 능력을 갖춘 인재들이 설 곳이 없게 되는 것은 물론이고 그로 인한 인명(人命) 경시, 뇌물 수수, 부정부패 등 온갖 폐단이 속출하게 될 것으로 생각된다. 그리고 위정자가 스스로 먼저 자기 자신부터 기거하는 건물이든, 입는 복식이든, 먹는 음식이든 일체의 낭비나 허비가 없는 검소한 삶을 솔선해서 보여주지 않는다면 그 신하와 백성들 역시 경쟁적으로 호화롭고 사치스런 삶을 지향하게 될 것이다.

재물이 풍족하지 못하고 돈이 넉넉하지 못한데 마음속으로 호화롭고 사치스런 삶을 추구할 경우 내놓고 도둑질을 하지 않더라도 보이지 않는 곳에서 정도와 원칙을 등지고 편법과 불법을 동원한 부정부패를 저지름으로써 결국 제 신세를 망치는 것은 물론이고 온 집안의 몰락으로까지 이어지게 될 가능성이 높아진다. 따라서 마음속의 번뇌를 비우고 뱃속을 채우며 제 생각의 고집을 누그러뜨리고 강한 골격을 바탕으로 흔들림 없는 꼿꼿한 자세를 견지하는, 순리와 자연의 삶으로 돌아가 장구한 천지와 함께 본래의 수명, 즉 천수(天壽)를 온전하게 누리는 것이 지혜롭고 현명한 처세(處世)라 하겠다.

지금으로부터 2,500여 년 전, 노자(老子)께서 이렇듯 무위자연의 정치 철학으로 천하를 다스리고 또한 무위자연의 처세술로 순리적 삶을 영위할 것을 누누이 강조한 것과 궤를 같이하여 근세의 선각자 인산 김일훈(仁山 金一勳·1909~1992) 선생은 인위(人爲), 인공(人工), 조작(操作)의 무리한 의료와 방약(方藥)이 아니라 무위자연의 순리적 의료와 방약을 스스로 창안하여 세상에 제시함으로써 오늘날 인류 전체가 중지(衆智)를 모아 해결하려 해도 끝내 해결 불가능으로 결론 내려진 암, 난치병, 괴질의 문제를 근본적으로 해결할 수 있는 큰길을 활짝 열어 보인 바 있다.

기러기발을 고정한 채 거문고를 타는 '교주고슬(膠柱鼓瑟)'의 경직된 사고(思考)에 근거한 세상의 치병(治病) 방식으로는 어떠한 병마(病魔)도 근본적으로 해결하지 못하고 가지치기식의 지엽적 해결에 그칠 뿐이지만 인산 선생의 의방은 뿌리를 뽑고 근원을 틀어막는 '발본색원(拔本塞源)'의 혜안(慧眼)에 근거한 치병 방식인 만큼 작금에 불치병으로 간주되는 각종 암, 난치병, 괴질을 근본적으로 해결할 수 있는 고금동서(古今東西)에 전무후무(前無後無)한 묘방(妙方), 신약(神藥)이라 하겠다.

그리스의 천문학자 프톨레마이오스에 의해 확립된 천동설(天動說)이 중세 1543년 폴란드의 천문학자 코페르니쿠스의 《천체의 회전에 관하여》라는 책을 통해 세상에 제시된 지동설(地動說)에 의해 종교적 우주관에서 과학적 우주관으로 바뀐 것처럼 앞으로 세상은 지금까지 의심의 여지 없이 믿어온 의학 이론, 즉 세균이나 바이러스 등 질병을 일으키는 인자(因子)를 공격, 파괴, 제거하는 것을 추구하는 의료, 즉 '투병설(鬪病說)'에서 인체의 생명력을 강화하고 면역력의 회복을 추구하여 몸 안의 '자연 의사'들이 순리적이고 자연스러운 방법으로 병마를 물리치게 한다는 '양생설(養生說)'로 서서히 바뀔 것으로 판단된다.

병마를 초래한 질병의 인자들과 싸우는 것은 그것들을 어느 정도 파괴, 제거할 수 있겠지만 한편으로는 그로 인해 몸 전체가 전쟁터로 바뀌면서 피아간(彼我間)에 엄청난 희생이 따르는 방식임에 반하여 인체의 생명력을 강화하여 면역력을 정상으로 회복해 '몸 안의 의사'들이 순리적으로 병마를 물리치는 방식은 무리 없이 병고(病苦)를 극복하고 건강을 회복할 수 있는 '참 의료의 묘법(妙法)'이라 하겠다.

중국의 너른 지역에서 가장 영리하고 사냥도 잘하는 것으로 알려진 한로(韓盧)라는 개에게 어떤 사람이 돌을 던지니 그 개는 돌을 쫓아 달려갔는 데 반하여 또 어떤 사람이 사자(獅子)

에게 돌을 던졌더니 사자는 바로 돌 던진 사람을 쫓아가 물더라는 '한로축괴(韓獹逐塊) 사자교인(獅子咬人)'이라는 《전등록(傳燈錄)》의 이야기가 시사하듯 상대적으로 덜 중요한 외부 요인에만 집착하는 한로의 어리석음보다는 더욱 중요한 내부 요인을 제거하여 문제를 근본적으로 해결하는 사자의 지혜로움에서 교훈을 찾는 것이 오늘날 암, 난치병, 괴질 문제를 발본색원할 수 있는 묘방이라 할 것이다.

道는 가득 차는 법이 없는 그릇

도덕경 제4장

道沖而用之或不盈, 淵兮似萬物之宗.

挫其銳, 解其紛, 和其光, 同其塵.

湛兮似或存, 吾不知誰之子, 象帝之先.

도충이용지혹불영, 연혜사만물지종.

좌기예, 해기분, 화기광, 동기진.

담혜사혹존, 오부지수지자, 상제지선.

도는 텅 빈 그릇이지만
그 무엇을 담아도 가득 차는 법이 없구나.
헤아릴 수 없이 깊어서 만물의 조종이라 하리.
도는 그 날카로움을 무디어지게 하고
얽히고설킨 것을 푸는구나.
빛과 융화하지만 먼지와도 하나가 되나니
도는 한없이 맑아서 존재하는지조차 분간하기 어렵네.
나는 그가 누구의 자식인지 알 수 없어라.
다만 그 어떤 것보다도 먼저 존재했으리라 여길 뿐.

《도덕경》 제4장은 무원(無源), 즉 무의 근원이라 이름 붙은 장이다. 도를 그릇에 비유하자면 그 어떤 용도로 쓰든지 무척 광범위하고 다양하게 사용할 수 있지만 신비스럽게도 그 그릇은 가득 차는 법이 없다. 늘 스스로 비움을 실천하여 가득 차서 더 이상 못 쓰게 되는 일이 없는 것이다. '도라는 그릇'의 묘용(妙用)에서 비움의 쓰임새를 체득할 필요성을 깨닫게 되는 것이다.

늘 사용해도 항시 비어 있으므로 그 깊이를 측량할 수조차 없이 깊은지라 만물의 조종이라 하겠고 한없이 맑고 투명한지라 그것이 존재하는지조차 분간하기 어렵다. 도를 누가 낳았는지 모를 일이지만 아마도 보이는 모든 삼라만상(森羅萬象)보다 더 먼저 존재했을 것으로 판단된다.

"도는 그 날카로움을 무디어지게 하고… 먼지와도 하나가 된다"는 구절은 앞뒤 문맥의 흐름상 이곳에 있을 문장이 아니라고 판단해 이 부분을 제외시키는 학자들이 더러 있기도 하지만 그대로 두든, 빼든 모두 도의 다양한 특성을 설명하기 위한 표현이요, 시도인 만큼 전체적인 큰 흐름을 달라지게 할 내용은 아니라 판단된다.

근래에 들어 양·한방 통합의학을 추구하고 대체의학을 받아들여 활용하는 의료인들이 점차 늘어나고 있는 추세다. 이러한 시대적 흐름 속에서 세계 각처의 유용한 의방을 두루 공부한 뒤 직접 그러한 방식의 활용을 통해 환자를 돌보는 현직 의료인이자 의학자의 저서가 출간되어 화제를 모으고 있는데 그 저서의 제목이 바로《비우고 낮추면 반드시 낫는다》이다.

배고픈 시절의 망령에서 아직껏 벗어나지 못하고 음식의 질을 굳이 따질 것도 없이 끝없이 배를 채우려 하거나 중요 정보가 특정 집단에 의해 독점되던 시절의 그럴듯한 온갖 지식을 주워담아 자신의 두뇌를 채우려고 하는 현대인들에게 던지는 이 화두(話頭)는 그래서 무척이나 신선한 충격으로 다가선다.

자연치유를 추구하는 이 건강지침서의 저자는 광주광역시에서 통합의학 클리닉을 개원하여 환자들을 진료하면서 조선대학교 보건대학원 대체의학과 초빙교수, 한국통합의학 포럼 상임대표, 굿뉴스의료봉사회 회장 등으로 활동하는 외과의사 전홍준 박사이다. 그는 1970년대에 의과대학을 졸업한 뒤 1984년 독일 하이델베르크 대학에서 운영하는 자연치료센터에서 행해지는 야채·과일 절식, 침술·명상 등 동양전통의학과 유사한 치료를 하는 것을 목격하고 새로운 의학에 눈뜨게 된다.

1980년대 후반에 일본과 미국으로 건너가 자연치료와 심신의학을 배우고 인도의 전통의학 아유르베다 전 과정을 공부한 뒤 모든 의학을 통합하는 새로운 패러다임의 전인치유의학을 추구하고 있는 의료인이다.

이 책은 크게 '자연을 따르면 저절로 낫는다-몸의 치유' '생각을 바꾸면 낫는다-마음의 치유' '비우고 낮추면 생명이 보인다-몸·마음·영성의 치유' '자연치유를 추구하는 세계의 의사들' '만성질환과 난치병, 이렇게 하면 낫는다'로 구분 지어 임상경험을 통해 체득한 의방(醫方)과 세계 각국 의료인들의 자연치료법을 알기 쉽게 소개하고 있다.

전 박사에 대해서 우리 의료계는 대체로 '이상한 의료인'으로 보는 경향이 짙은 데 반하여 국회의원 시절에 한국고전번역원법을 발의하여 고전번역자 양성기관이자 고전번역기관인 재단법인 민족문화추진회를 법적 기관인 한국고전번역원으로 거듭나게 한 주인공 박석무 다산연구소 이사장은 '삶의 방식을 자연의 질서에 맞추면 병은 저절로 낫는다'고 말하는, 다시 말해 '천리(天理)에 따르는 의사를 누가 감히 이상하다고 말할 수 있겠는가'라고 전제한 뒤 한마디로 "이상한 의사가 아니라 가장 정상적인 의사"라고 평했다.

굳이 노자(老子)가 제시한, 비움[虛]을 위시하여 인위(人爲), 인공(人工)을 배제한 무위자연(無爲自然)의 지고한 철학적 가치와 의학적 효용성을 들먹이지 않더라도 현대 인류의 생명과 건강을 위협하는 많은 난치성 질병의 발생 원인을 차지하는 것으로 판단되는, 질적으로 심각한 문제점을 안고 있는 온갖 종류의 불량식품들과 합리성이 결여된 억지 논리나 지식의 문제를 깊이 고려해 볼 때 '비움'이라는 화두는 어쨌든 심각하게 생각해 보지 않을 수 없는 중요 이슈임에 틀림없는 것이다.

달이 차면 이지러지듯이 만물 역시 태어나 성장을 거듭하다가 성장의 한계에 다다르면 쇠퇴 일로를 걷게 된다. 어릴 적에, 즉 유약(柔弱)할 때에는 무리(無理)하는 일 없이 지내다가 자라면서 청장년기를 맞게 되면 올챙이 적 생각은 까마득히 잊어버리고 제 가진 역량의 몇 배를 쓰면서 무리에 무리를 거듭해 뒷날의 질고재액(疾苦災厄)을 자초하는 것이 우리네 인생살이의 일반적인 모습 아닌가?

다석(多夕) 류영모(柳永模) 선생의 제자 박영호 다석사상 연구위원은《빛으로 쓴 얼의 노래 老子》라는 저서를 통해 "도는 그 날카로움을 무디어지게 한다"는 구절에 대해 다석 선생의 가르침을 인용해 독특한 해설을 곁들여 이해를 돕고 있다.

"제나(自我)는 짐승이라 사납기 그지없다. 나 아(我)자는 군데군데 이 빠진 쌍날 창을 그린 것이다. 그래서 사람들은 만났다 하면 싸우려 든다. 이것은 사람이 공격 본능인 진(嗔)을 타고났기 때문이다. 오죽했으면 쇼펜하우어가 '인간은 악하다. 인간은 인간을 잡아먹는 승냥이다'라고 하였겠는가. 재산을 빼앗고자[貪], 자신의 안전을 위하여[瞋], 여인을 빼앗기 위하여[痴] 살생을 저지른다. 그런 자아(自我)인데 하느님의 얼[道]을 받으면 그 날카로움이 무디어진다[挫其銳]. 비폭력 무저항의 마하트마 간디가 바로 그 모습을 보여준 사람이다."

이어 '빛과 융화되지만 먼지와도 하나가 되나니'라는 구절에 대한 설명에서도 세상 학자들의 일반적 논리와는 크게 다른 견해를 피력하고 있다. "화기광 동기진은 예수, 석가, 톨스토이, 간디와 같이 화광의 진리정신과 동진의 서민정신의 극치를 말한다. 마음은 얼의 빛에 화합하여 짐승의 성질을 죽인 것이 화기광(和其光)이다. 또 몸은 티끌과 함께하여 가르치거나 일을 하여 인류애를 실천하는 것이 동기진(同其塵)이다."

노자의《도덕경》을 각자 제 지식의 잣대를 들이대어 대략 글풀이를 통해 이렇게도 말하고 저렇게도 이야기하며 다양한 해설서들을 세상에 제시한 이들이 적지 않다.《도덕경》을 직접 설한 노자가 아니고서야 어찌 이것이 정답이고 이러한 해석만이 노자의 참뜻을 제대로 이해하여 풀이한 것이라고 할 수 있겠는가?

제 부족한 소견을 스스로 인식하지 못하고 또한 노자의 참뜻을 이해하기 위한 오랜 세월의 천착(穿鑿)과 철저한 공부, 깊은 사유(思惟)의 침잠(沈潛) 없이 한문을 많이 안다거나 다른 폭넓은 지식을 갖추었다는 점을 근거로 노자《도덕경》에 참으로 쉽게 접근해 너무나도 함부로 말하고 글 쓰는 이들이 적지 않다는 사실을 지적하는 것이다.

여러 가지를 감안할 때 다석 선생의 노자《도덕경》해설은 자구(字句) 해석의 옳고 그름을 초월해 노자 사상의 핵심을 간파하여 시대에 맞는 새로운 철학으로 승화시켜 차원 높은 법문(法門)을 들려준다는 점에서 다른 학자들과는 판이하게 구별되는 특징을 보인다.

"학문을 한다는 것은 날마다 지식을 보태는 것이고[爲學日

益], 도를 한다는 것은 날마다 머릿속에 있는 죽은 지식들을 덜어내는 것이다[爲道日損]. 덜어내고 또 덜어내어 더 이상 덜어낼 것이 없을 때[損之又損 以至於無爲], 그 어떤 인위, 인공적 노력을 하지 않아도 뜻한 바대로 되지 않음이 없게 된다[無爲而無不爲]"라고 설파한 《도덕경》 제48장의 구절은 일반적 시각으로 볼 때 채우는 것이 당연한 것처럼 생각되겠지만 오히려 비우는 것이 진정으로 도리(道理)에 합치된다는 점을 잘 설명해 주고 있다.

어떤 훌륭한 그릇이라 해도 쓰임새에 맞추어 만들기 때문에 용도는 제한적일 수밖에 없는 것이 그릇의 불변의 속성이라 할 것이다. 그런데 노자는 세상의 모든 그릇이 다 그렇다 할지라도 그렇지 않은 단 하나의 그릇이 있으니 그 그릇을 발견해 내어 어떤 곳에 활용하면 좋겠다는 이야기를 들려주고 있는 것이다.

"채워도, 채워도 결코 가득 차지 않는 그릇, 그래서 써도, 써도 다함이 없어 무궁무진한 용도로 광범위하게 쓰이는 그릇이 바로 '도'라고 하는 그릇이다…"

노자의 이 이야기를 의학적 관점에서 부연 설명한다면 대략 이런 내용으로 요약될 수 있겠다.

사람 생명을 구할 수 있는 능력을 지닌 '참 의학'적 관점에서 볼 때 도는 바로 세상 사람들의 죽어가는 생명을 구할 수 있는 묘약(妙藥), 신약(神藥), 영약(靈藥)이라 할 것이다. 이 도라고 불리는 그릇을 제대로 활용해 도라고 불리는 약, 즉 세상에서 가장 훌륭한 약을 달여 내어 각종 암, 난치병, 괴질로 인해 비명(非命)에 죽을 위기의 환자들에게 제공할 경우 그들은 결코 비명에 목숨을 마치지 않고 감로수(甘露水) 함유된 그 묘약, 신약, 영약의 생기(生氣)로 인해 생명력을 되찾아 건강하게 천수(天壽)를 다 누릴 수 있으리라….

虛用

비었어도 찌그러지지 않는 풀무

도덕경 제5장

天地不仁, 以萬物爲芻狗, 聖人不仁, 以百姓爲芻狗.

天地之間, 其猶橐籥乎!

虛而不屈, 動而愈出, 多言數窮, 不如守中.

천지불인, 이만물위추구, 성인불인, 이백성위추구.

천지지간, 기유탁약호!

허이불굴, 동이유출, 다언삭궁, 불여수중.

천지는 어질지 않구나,
만물을 ‘풀 개’로 여기는 것을 보니.
임금은 어질지 않구나,
백성을 ‘풀 개’로 여기는 것을 보니.
천지 사이는 마치 풀무와 같구나,
텅 비었어도 찌그러지지 않고
움직일수록 더욱 나오는구나.
말을 많이 하다 보면 자주 막히게 되나니
마음속에 간직하여 지키느니만 못하리라.

천지는 만물을 생성(生成), 화육(化育)하지만 그저 자연스럽게 살다가 가도록 할 뿐 이런저런 간섭을 하거나 도와주지도 않고 또한 해치지도 않는다. 저마다 스스로 ‘생명의 자연’을 잃지 않고 물 흐르듯 순리적이면서도 자연스러운 삶의 흐름을 이어가도록 그대로 둘 뿐, 이래라저래라 하지 않는다.

중국에서는 상고시대부터 제사를 지낼 때 마른 풀을 이용해 개(狗) 모양의 허수아비, 즉 ‘풀 개’를 만들어 제사상에 올려 제사를 지낸 뒤에 버리는 풍습이 전해져 온다. 제례에 참석한 모든 사람이 이러한 용도의 ‘풀 개’에 대해 애지중지하며 소중하게 다루거나 다음에 쓰기 위해 잘 보관해야 할 필요성을 느끼지 않는다. 그저 필요에 따라 소용될 때만 쓰고는 미련 없이 버리는 대상일 뿐이다.

천지가 만물을 대할 때 마치 부모가 자녀를 대하듯이 어진 마음으로 잘 대하거나 각별히 관심을 갖고 보호하기 위한 그 어떤 노력도 기울이지 않는다. 나라의 임금 역시 세상 성현들의 주장처럼 어질고 자애로운 마음으로 백성들을 각별하게 사랑하고 보살필 게 아니라 백성들의 통나무처럼 질박한 속성을 다치지 않게, 즉 '생명의 자연'을 손상당하지 않게 인위(人爲), 인공(人工), 조작(操作)의 정치에서 벗어나 무위자연(無爲自然)의 정치로 다스릴 필요가 있다는 점을 피력한 것으로 판단된다.

'천지는, 임금은 어질지 않다'고 말한 참뜻이 어디에 있는지 짐작하기 어렵지 않으리라 여겨진다. 왜냐하면 어떤 이념에 따라 잘한답시고 노력한 많은 일이 도리어 백성들의 소박한 본성(本性)을 상실하게 만들어 눈치 잘 보고 약삭빠르게 변화되어 법령과 제도로써 다스리는 데 한계를 드러내는, 뜻하지 아니한 결과를 초래할 수 있기 때문이다.

이는 마치 몸이 병들었을 때 몸 안의 자연치유 능력을 도외시한 채 병든 부위를 공격해 파괴, 제거를 시도하거나 혹은 일시적 효과를 거두기는 하지만 뒷날 후유증이나 부작용을 부르는 항생제, 스테로이드제 등의 의약품을 남용함으로써 결과적으로 인체의 면역 기능을 근본적으로 약화 또는 파괴하는 것과 그 궤를 같이한다고 하겠다. 세계인의 공인을 받은 의학적 치료라는 명분에 의해 그 후유증과 부작용에 대해서는 어쩔 수 없는 것이고 또한 감내할 필요가 있는 것처럼 인식시켜 대체로 그렇게 알고 있지만 그런 방식의 치료가 초래하는 위험성에 대한 올바른 인식은 거의 전무하다고 해도 과언이 아닐 것이다.

특히 20세기에 접어들면서 점차 자연환경의 파괴가 진행되고 오염이 확대되어 '세상의 자연'이 파괴되는 것과 비례하여 우리 인류의 '생명의 자연' 역시 무너져 내리고 있는 현실을 제대로 인식하지 못한 채 인위, 인공, 조작의 무리한 의료에만 집착하고 매달리는 우(愚)를, 너 나 할 것 없이 범하고 있는 실정이다. '생명의 자연'에 대한 무지(無知)와 '의료의 방향'에 대한 오판은 결코 인류를 암, 난치병, 괴질로부터 온전하게 보호하지 못하리라는 것은 명약관화(明若觀火)한데도 '참 의료의 진리'를 외면한 채 자신이 배우고 경험한 의료 방식에만 매달릴 뿐 문제의 해결책을 찾으려는 시도와 노력은 찾아보기 어려운 게 오늘의 현실이다.

질병이 시작된 원인과 병에 걸릴 수밖에 없는 환경 및 조건을 그대로 둔 채 병든 세포를 공격, 파괴하여 제거하는 데 급급한 의료 방식은 겉으로는 별문제 없어 보이지만 실제로는 질병의 뿌리를 근본적으로 제거할 수 없을 뿐만 아니라 심각한 부작용으로 비명횡사(非命橫死) 가능성을 높일 수 있다는 점을 소홀히 여기거나 간과(看過)해서는 안 될 것이다.

중국의 진시황(秦始皇)은 정치에 있어서 아무런 전술 전략적 가치를 발하지 못하는 데다 단순 구경거리일 뿐 무용지물에 불과한 만리장성을 축조하느라 나라의 재정을 고갈시키고 수많은 백성을 동원해 가혹한 매질과 강제노동으로 무수한 사람을 참혹한 죽음으로 내몬 역사적 우를 범한 대표적 인물이다.

그는 섭생(攝生)에 있어서도 자연의 법칙을 도외시하고 망상(妄想)에 사로잡혀 불로장생(不老長生)을 위한 불사약(不死藥)을 찾아 백방으로 무리한 노력을 하다가 도리어 49세의 나이로 비명횡사를 자초함으로써 '생명의 자연'을 떠난 인위, 인공, 조작의 폐해를 단적으로 보여준 바 있다.

섭생이든, 의료든, 직업이든, 취미생활이든 자연의 궤도를 벗어나서는 온전한 성취를 기대할 수 없다는 것은 많은 경험을 하지 않았다 하더라도 상식적 판단만으로도 얼마든지 알 수 있는 일임에도 불구하고 적지 않은 지식인조차 가벼이 여겨 무시하기 일쑤여서 '정상적(正常的) 참 의료'의 확산과 정착을 어렵게 만든다.

공자(孔子)에 의해 제시된 '인(仁)'이라는 개념은 국가 사회적 인간관계를 위시하여 정치, 경제, 문화 등 광범위한 분야를 통틀어 차원 높은 의미를 내포하고 있는 대단히 훌륭한 가치 기준이라 할 수 있다. 그럼에도 불구하고 '천지는 만물에 대해 어질지 못하고 임금은 백성에 대해 어질지 못하다'고 설파한 것은 마치 노자(老子)가, 공자의 어질다는 인의 개념을 정면으로 부정한 것처럼 오인될 수 있는 소지를 지닌다.

그러나 조금만 더 관심 갖고 잘 들여다보면 그런 취지라기보다는 어질다는 개념이 비록 훌륭하다 하더라도 여전히 인위적, 작위적 요소가 완전 배제되지 못했다는 점을 간파하여 어질다는 개념에서 한 발 더 나아가 자연 그대로 내버려 두는, 다시 말해 '무위자연의 생육, 무위자연의 정치, 무위자연의 의료로 가야 한다'는 철학적 소신을 내비친 것이라 하겠다.

즉 무관심과 외면이 아니라 잘한답시고 이래라저래라하며 명령하고 사사건건 간섭하는 인위, 인공, 조작을 떠나 삶의 자연과 본래의 천성(天性)을 잃는 일이 없도록 해야 한다는 점을 강조한 것이라는 이야기이다.

감기에 걸렸을 때 감기 바이러스를 죽이기 위한 우리 몸의 자구(自救) 노력으로 몸에 열을 발생시키는 자연치유 작용에 대해 강력한 해열제를 투여해 일거에 '내 안의 의사[天醫]'를 무장해제 시켜 버리는 일을 당연한 치료로 생각하는 것은 이 시대에 존재하는 대부분 의료인의 대표적인 오판이라 할 것이다. 우리 몸에 위험이 닥치지 않게 하려는 좋은 취지로 한 일이지만 결과적으로는 질병의 자연치유를 막고 병의 내성을 강화시켜 주는 무리한 치료요, '생명의 자연'을 도리어 손상시키는 지혜롭지 못한 처리라는 결론에 도달하게 된다.

탁약(橐籥)에 대해서는 전통적 해석이 대체로 바람을 일으키는 풀무를 지칭한 것으로 보았다. 천지는 풀무처럼 속이 텅 비어 있되 결코 찌그러지거나 위축됨 없이 어떤 움직임에 의해 기운이 생성되고 바람을 일으키며 만물을 생성, 화육하는 신묘한 작용을 끊임없이 하고 있다는 이야기이다. 전대 주머니를 뜻하는 탁(橐)과 피리를 뜻하는 약(籥)을 합쳐서 탁약이라고 이름 붙인 것이 무엇을 지칭하는지 지금까지 명백하게 밝혀지지는 않았지만 아무튼 '신묘한 작용을 일으키되 속이 텅 빈 그 무엇인가'를 지칭하는 것이라 하겠다.

어쩌면 주머니 모양의 토기로 만들어진 관악기로서 오늘날 '오카리나' 비슷한 피리를 지칭한 것일 수도 있다는 생각이다. 필자의 생각과 비슷한 생각이 들었는지 실제로 그렇게 주장한 해석가들도 있다. 오카리나는 이탈리아 부드리오에서 나온 악기이다. 그곳 사람 도나티라는 이가 만든 것으로 전해진다.

이탈리아어로 오카의 뜻은 오리이고 리나는 어여쁜, 귀여운(이탈리아 여성들의 이름에는 ~리나로 끝나는 이름이 많이 있다)의 뜻이므로 오카리나라는 말은 '작은 거위'라는 뜻이다. 속이 텅 빈 우주를 닮은 토기 피리를 불면 온갖 신묘한 음률이 흘러나오며 바람 소리를 비롯한 세상 만물의 제 현상들을 아름다운 선율로 빚어 들려준다.

이 부분을 전혀 다른 시각으로 접근해 '사람 몸' 자체를 탁약으로 볼 수도 있겠다. 석가모니, 노자, 예수, 공자 등 자연과 하나가 된 성현(聖賢)의 경우 텅 빈 마음[無心]으로부터 성대(聲帶)를 통해 흘러나오는 신묘한 음파(音波), 영파(靈波)는 우주 자연이 빚어내는 진리의 언어이자 법문(法門)이요, 행복한 삶으로 인도하는 복음(福音)이라 하겠다. 특히 우리나라의 백결 선생, 왕산악 등과 같은 악성(樂聖)들의 손끝에서 빚어지는 묘음(妙音)은 천상의 선율 그 자체라 할 것이다.

속이 비게 되면 어떤 물건이든 오래 버티지 못하고 찌그러들어 제 본모습을 잃게 마련인데 천지나 탁약이나 다 같이 찌그러지는 법이 없고 오히려 법도에 맞추어 움직일수록 더욱 활발하게 제 본연의 역할을 다하는 훌륭한 모습을 보여준다.

그러나 악기의 연주도 우주 자연의 결에 따라 빚어내야 묘음이 나오듯 마음으로 빚어내는 언어도 진리에 부합하고 사리에 맞는지의 여부를 판단해 할 말, 해야 할 말만 가려서 해야 법문이 되고 복음이 되는 법이다. 이런저런 이야기를 스스로의 절제 없이 지나치게 많이 할 경우 자주 막힐 뿐 아니라 자연의 궤도를 벗어나게 되어 미처 생각지 못한 부작용과 위험을 자초하는 결과로 이어진다는 사실을 잊어서는 안 될 것이다.

그렇다면 이러한 문제의 해답은 무엇인가? 나이 70을 넘으니 '마음이 원하는 대로 해도 결코 자연법칙에 어긋나지 않았다[從心所欲不踰矩]'고 토로한 공자의 표현대로 어떤 경우에도 되는대로 중언부언할 게 아니라 진리와 사리에 부합하는 생각만을 말로 표현할 뿐 그 밖의 나머지는 마음속의 생각으로 머물다가 저절로 사라지게 하는 것이 상책이라 하겠다.

'말이 많으면 자주 막히게 되므로 텅 빈 마음을 그대로 유지하느니만 못한 법[多言數窮 不如守中]'이라는 노자의 법문은 시공을 넘어 오늘의 인류에게도 여전히 생명력을 지닌 활구(活句)로서 역할과 기능을 다하고 있는 것으로 판단된다.

成象

빈 골 신묘한 작용은 죽지 않는다

도덕경 제6장

谷神不死, 是謂玄牝.
玄牝之門, 是謂天地根.
緜緜若存, 用之不勤.

곡신불사, 시위현빈.
현빈지문, 시위천지근.
면면약존, 용지불근.

텅 빈 골, 신묘한 작용은 죽지 않는다.
이를 현묘한 암컷이라 부른다.
현묘한 암컷의 문을 천지의 뿌리라고 부른다.
끊임없이 면면히 이어져 오며
써도 써도 고갈되지 않는다.

깊은 산 텅 빈 계곡은 만물을 나고 자라게 하는 생생부절(生生不絶)의 작용을 끊임없이 하고 있는 현묘한 어머니의 속성을 지닌 존재요, 따라서 천지(天地)의 뿌리라고 부를 수 있는 대상이다. 도(道)의 텅 빈 속성을 가장 적나라하게 보여주고 있는 것들 중 으뜸이라 할 수 있는 게 바로 산골짜기, 즉 계곡이라 하겠다.

그 계곡이 빚어내는 신묘한 작용들은 이루 말로 다 설명하기 어려울 정도로 광범위하고 다양하게 전개되고 있으며, 그중에서도 특히 죽음으로 황폐화되고 끝나버리는 일이 없이 영원한 생명력을 이어가고 있다는 점에서 보이지 않는 도의 위대한 속성, 그 신묘한 작용을 어느 정도 짐작할 수 있으리라.

천지의 근원이자 만물을 빚어내는 어머니로서의 도는, 텅 빈 골짜기처럼 비어 있으되 그 문으로부터 나오지 않는 것이 없을 정도로 무궁무진한 생산성을 지니고 있고 명주실처럼 보일 듯 말 듯하지만 엄연히 영원불멸의 속성을 지녀 끊임없이 이어져 오며 써도 써도 고갈되거나 힘들어하는 법 없이 현묘한 작용을 이어간다.

《빛으로 쓴 얼의 노래 老子》라는 책에서 저자 박영호 선생은 다석(多石) 류영모(柳永模) 선생의 풀이를 인용해 이 대목을 이렇게 설명하고 있다.

"곡신(谷神)은 노자가 얼나(靈我)인 도(道)를 이름한 여러 가지 가운데 하나이다. 골 곡(谷)자는 입을 중심으로 얼굴을 상형한 글자이면서 요도(尿道)를 중심으로 여자의 음부를 상형한 글자이다. 입 구(口)는 만물이 쏟아져 나오는 중묘지문(衆妙之門)이다. 거기서 음양으로 된 만물이 쏟아져 나온다. 구린내, 지린내 나는 형이하의 골이 아니라 우주가 나오고 말씀이 나오는 형이상의 골이라 신(神)자를 붙였다."

우리는 천지의 근원이자 만물의 어머니인 도의 속성을 제대로 인식하고 깨달아서 죽음으로 인하여 모든 것이 생존 기간의 만료와 함께 단기간에 끝나버리고 마는 허망한 인생에 그치지 않고 어떻게 자신의 삶을, 영원성의 도와 합일된 불멸의 빛나는 삶으로 승화시킬 것인지에 대해 깊이 고민하고 성찰해야만 할 것이다.

즉 골짜기처럼 자신을 비우는 것과 보이지 않는 가운데 만물을 빚어내듯이 무위자연의 현묘한 작용을 체득함으로써 제 삶을 자연과 합일된 영원성의 삶으로 승화시키는 전기(轉機)를 마련할 필요가 있다는 이야기이다.

저마다 지닌 생명의 자연, 즉 꾸밈없는 질박한 생명의 본질을 손상시키지 말고 물 흐르듯 순리적 삶을 영위하는 것이야말로 노자께서 누누이 강조하고 있는 무위자연의 훌륭한 삶의 전형(典型)이라 하겠다.

天地가 오래 존재할 수 있는 이유

도덕경 제7장

天長地久, 天地所以能長且久者, 以其不自生, 故能長生.
是以聖人, 後其身而身先, 外其身而身存.
非以其無私邪? 故能成其私.

천장지구, 천지소이능장차구자, 이기불자생, 고능장생.
시이성인, 후기신이신선, 외기신이신존.
비이기무사야? 고능성기사.

천지는 길게 오래오래 존재한다.
천지가 길게 오래오래 존재할 수 있는 까닭은
자기 자신을 위한 삶을 살지 않기 때문에
오래오래 살 수 있는 것이다.
그러므로 성인은 자기 몸을 뒤처지게 하지만
자연스레 앞서게 되고
자신을 제외하지만 제외되지 않는다.
그것은 자기 자신을 위한 삶을
영위하지 않기 때문이 아니겠는가?
그러므로 자신의 영원한 삶은
저절로 완성되는 것이다.

장구한 천지자연의 소생물인 인류의 생존 기간이 부모처럼 장구(長久)하지 못하고 유한한 삶의 한계를 탈피하지 못하는 이유는 무엇인가? 노자(老子)는 무위(無爲)의 자연(自然)을 벗어나 인위(人爲), 인공(人工), 조작(操作)의 비자연적 삶을 살아가기 때문이라고 설파한다. 즉 천지(天地)는 자생(自生)하지 않기 때문에 능히 장생(長生)할 수 있다는 것이다.

다시 말해 자기 자신을 위한 삶을 사는 게 아니라 도를 본받아[天法道] 무위자연(無爲自然)의 삶을 영위하므로[道法自然] 장구한 세월 존재할 수 있다는 이야기이다. "사람은 땅을 의지해 땅을 근거로 살아가고[人法地] 땅은 하늘의 법칙에 따르며[地法天] 하늘은 도를 본받아 궤도를 좇아서 운행하고[天法道]

도는 자연을 본받아 영원성을 이어간다[道法自然]"고 설파한 《도덕경》 제25장의 대목을 참고하면 이해에 도움이 되리라.

인생을 영위함에 있어서 자연법칙에 통달한 극소수의 사람 말고는 대부분 생업이나 취미생활 등 다른 모든 것을 우선시하고 '생명의 자연'을 중시하는 지혜롭고 현명한 삶의 방식을 내팽개치거나 도외시한 채 비자연과 무리(無理)로 점철된 위태롭기 그지없는 삶으로 일관하면서도 스스로 반성하거나 통제하는 법 없이 브레이크가 고장 난 기관차처럼 위험한 질주를 계속 이어가고 있다. 더욱 심각한 문제는 위험 상황에 대한 경고성 충고를 해도 귀담아듣지 않을 뿐 아니라 정상적 삶으로의 복귀를 실천에 옮기려는 어떠한 노력도 기울이지 않는다는 점이다.

우리 사회의 무지(無知)와 탐욕, 안전 불감증, 국가시스템의 미비로 인한 감독 부재 등 총체적 비리와 문제점을 총망라하다시피 지니고 침몰한 세월호는 그동안 관행처럼 여겨졌던 많은 비정상적 사고방식과 집단적 비리가 결국 대재앙을 초래해 무고한 많은 목숨까지 앗아가는 최악의 불행한 사태로 이어졌다는 명명백백한 교훈을 상징적으로 보여준 사례라 할 것이다.

세월호 참사를 계기로 개인의 삶 역시 탐욕과 어리석음에 기인한 그릇된 생활방식, 부주의한 섭생, 철저한 확인을 하기보다는 '설마 괜찮겠지'라는 생각으로 위안을 삼으며 시간을 허비하기 일쑤인 안일무사주의의 삶을 스스로 혁신하지 않을 경우 결국 오래가지 못하고 중도에 질고(疾苦), 재액(災厄)을 만나 비명횡사로 끝나고 만다는 사실을 가슴 깊이 되새길 필요가 있

天
地

으리라 여겨진다.

당시 참사 와중에서도 자신의 안위를 돌보지 않고 다른 이들의 목숨을 구하기 위해 혼신의 구조 노력을 하다가 정작 자신의 귀중한 목숨을 희생한 세 명의 의사자(義死者)가 확인돼 전 국민에게 진한 감동을 안겨주고, 우리 사회의 의리지수(義理指數)는 여전히 높다는 것을 보여준 바 있다. 비상한 시기에 어떤 사람들은 구차스러운 목숨의 도망으로 살아서 죽는, 생불여사(生不如死)의 참담한 모습을 연출하였고, 또 어떤 이들은 비록 몸은 죽었지만 죽어서 영원히 사는, '사이불망자수(死而不亡者壽-《도덕경》 제33장)'의 전형을 보여주었다.

대부분의 사람은 살다가 죽으면[死] 사라지는 것[亡]이 정해진 이치인데 간혹 몸은 죽어도 정신적, 영적(靈的) 수명이 영원성으로 합류하여 불멸의 존재로 장구한 삶을 이어가는[不亡] 특별한 이들도 적지 않은 게 사실이다. 세상에는 이러한 특별한 존재들이 간간이 등장하여 사막 한가운데 나타난 오아시스처럼 아름다운 풍광을 빚어내고 갈증을 해결해 주며 희망의 등대 역할을 함으로써 인류의 가슴에 희망의 불씨를 이어가게 하는 원동력으로 작용하고 있다.

눈앞의 이익과 일신의 안위(安危)만을 추구하는 '자생의 삶'에 급급하다 보면 결코 죽을 때까지 천장지구(天長地久)의 장생(長生)을 향유할 수 없음은 자명(自明)한 일이라 하겠다. 영육(靈肉)을 아울러 지니고 세상에 나온 '나라고 하는 존재'는 하늘로부터, 자연계로부터 부여받은 내 안의 하늘, 내 안의 자연을 터득하여 영원성의 삶을 향유할 수 있는, 무한한 가능성의 존재라 하겠다.

그럼에도 불구하고 그 가능성을 외면하거나 파묻어버리는 어리석음으로 일관하여 제 삶의 본질을 훼손하고 제 생명의 자연을 스스로 파괴하는 결과를 자초하면서도 그 사실조차 죽을 때까지 깨닫지 못하는 무지, 막행(莫行)의 삶을 사는 이들 역시 적지 않다는 게 시대적 비극이요, 안타까움이라 할 것이다.

불멸의 영웅으로 길이 존숭되고 있는 조선조 중기 임진왜란 시의 이순신(李舜臣) 장군이 '사즉생(死卽生)이요, 생즉사(生卽死)'라고 강조하며 장병들을 독려하여 전쟁을 승리로 이끈 독특한 리더십의 배경에는 살아서 죽는 구차스러운 삶을 초월하여 죽어서 영원히 사는 불멸의 삶을 제시하여 기적 같은 전승을 이루어낸 '부자생(不自生)의 철학'이 자리 잡고 있다는 생각이다.

역사적으로 위대한 업적이나 행적을 보인 이들은 대부분 자기 자신만을 위하는 사(私)를 넘어 멸사봉공(滅私奉公)의 행동철학을 바탕으로 지혜로운 판단에 의한 철저한 계획을 수립하고 신속 정확한 행동과 실천을 통해 특별한 성과를 일궈낸 공통분모를 지니고 있음을 본다.

불멸의 존재들은 결코 '자생과 사(私)'로 요약되는, 자기중심적 사고방식의 소유자들이 아니라는 공통점을 감안할 때 시대를 초월하여 자신의 삶을 어떻게 영원성의 존귀한 삶으로 바꿀 수 있을 것인가에 대한 해답과 실제 사례를 명명백백하게 보여주고 있다고 하겠다.

물론 이러한 생각의 근원에 자리 잡고 있는 것은 노자의 자연주의 사상이라 하겠고 그 구체적 해답은 《도덕경》 제7장의 '부자생고 능장생(不自生故 能長生), 무사고 능성기사(無私故 能成其私)'라는 구절에서 찾아볼 수 있을 것이다.

노자는 말한다. "천지는 스스로를 위한 삶을 살지 않기 때문에 장구한 생명력을 이어가는 것이고 성인은 자기 자신만을 위한 삶을 초월했기 때문에 세상을 위한 무사의 위대한 삶을 완성할 수 있는 것이다."

훌륭한 삶은 물처럼 자연스럽다

도덕경 제8장

上善若水, 水善利萬物而不爭. 處衆人之所惡, 故幾於道.
居善地, 心善淵, 與善仁, 言善信, 政善治, 事善能, 動善時.
夫唯不爭, 故無尤.

상선약수, 수선리만물이부쟁. 처중인지소오, 고기어도.
거선지, 심선연, 여선인, 언선신, 정선치, 사선능, 동선시.
부유부쟁, 고무우.

참으로 훌륭한 이의 삶이란 물 흐르듯 자연스럽다.
물은 만물을 두루 이롭게 하고
그 누구와도 다투지 않는다.
뭇사람들이 싫어하는 곳, 낮은 곳으로 가서 자리 잡는다.
물은 도와 가장 가깝다.
물에서 현명한 삶의 방식을 배운다.
물처럼 땅을 잘 가려서 머문다.
깊고도 고요한 연못의 마음을 지닌다.
물이 그러하듯이 누구에게나 어질게 대한다.
언제나 변함없는 물소리처럼
그렇게 믿음직스럽게 말을 한다.
자연스러운 물의 정치로 주변과 세상을 다스린다.
물이 낮은 곳으로 흐르듯
무슨 일이든 순리적으로 처리한다.
때에 맞게 움직이는 물처럼 할 일을 제때에 한다.
물은 그 누구와도 다투지 않으므로
어떤 허물도 있지 않다.

소금 연구의 국내 최고 권위자로 알려진 한 과학자가 한 매스컴과의 인터뷰에서 "과학자를 물로 보지 마십시오"라는 강력한 메시지를 세상에 전해 세간의 관심을 끈 적이 있었다. 필자와도 각별한 친분을 갖고 있는 그가 던진 이 이야기 속에는 소금에 대한 근거 희박한 시시비비(是是非非)에 대해 명백한 과

학적 근거를 제시하는 등 여러 가지 함축된 의미가 있겠지만 이 자리에서 언급하고자 하는 내용은 그 말의 참뜻을 부연 설명하기보다는 비유로 인용한 '물 이야기'를 하려는 것이 본래 취지이다.

대부분의 중요한 비유를 물 이야기로 하다시피 하는 노자의 물에 대한 통찰력은 가히 타의 추종을 불허할 정도이며 세상에 잘 안 알려진 깊고 오묘한 물의 의미와 가치를 드러내 보여준다는 점에서 지대한 관심을 끌고 있을 뿐 아니라 오랜 세월 많은 이의 입에 두고두고 회자(膾炙)되고 있다.

필자 역시 세간의 시시비비에 휘말려 심화(心火)가 부글부글 타오를 때에《도덕경》의 제8장 역성(易性)의 물 이야기를 상기(想起)하며 "저 깊은 산골짜기의 흐르는 물처럼 자연스럽게, 순리적으로 가야지…"라는 다짐을 하면서 자신을 진정시키곤 한 적이 한두 번이 아니다.

장마와 폭우로 인한 적지 않은 자연재해(自然災害)를 겪을 때마다 물이 얼마나 무서운 존재인가에 대해 뼛속 깊이 생각하다가도 그 상황이 종료되고 계절이 바뀌기라도 하면 모두 새까맣게 잊고 또다시 물을 물로 보며 우습게 여기다가 장마철 임박하여 위험 요인을 찾아 대비한다고 부산을 떨지만 정작 안전시설이나 재난 대비책은 여전히 아마추어 수준에서 크게 벗어나지 못해 실효성 있는 대책 마련으로 이어지지 못하는 현상은 어제오늘의 일이 아니다.

물은 인간 생활뿐 아니라 세상 만물에 두루 이로움을 주는 소중한 존재임에 틀림없지만 물 스스로 찾아서 만들어놓은, 가장 자연스럽고 순리 그 자체라 할 수 있는 '물의 길'을 인위적으로 막거나 바꾸면 어느 시기에 반드시 그에 따른 참혹한 대가를 치르게 된다. 물을 물로 보거나 자연의 이치를 거스른 대가를 물은 반드시 보여준다는 것이 불변의 자연법칙이라 하겠다.

나라에는 국법이 존재하고 세계적으로는 국제법이 존재하며 자연계에는 자연법칙이 존재하므로 법을 어긴 죄는 그에 따른 처벌을 받거나 대가를 치르게 마련이다. 법은 다름 아닌 '물[水]이 가는[去] 흐름과 질서[法]'에서 유래된 말로서 질서에 따르지 않고 흐름을 거스르거나 흐름에서 이탈하는 행위에 대해 그에 상응한 제재를 받음을 뜻하는 것이다.

도로교통법을 위시해 음주운전 처벌에 관한 법 등 많은 법령이 시행되고 있는데 법을 위반하면 위반 정도에 따라 처벌받는다는 사실은 직간접 경험을 통해서나 학습을 통해 그래도 어느 정도 인지하고 있는 데 반하여 자연의 법칙을 거스르거나 위반할 때에는 "설마 무슨 대가를 받으랴"라는 안일한 생각으로 별 거리낌이나 깊은 생각 없이 무심코 저지르는 경우가 적지 않다. 그러나 자연의 법칙을 어길 경우 자신이 감지를 하든 못하든, 반드시 자연계의 응보(應報)로 이어지게 된다는 사실을 철저히 인식할 필요가 있겠다.

가장 대표적인 것이 자연법칙에 따른, 이치에 부합하는 삶에 대해 무지(無知) 또는 무관심하거나, 외면하거나 등진 대가로 자연 교도소의 죄수복이라 할 수 있는 환자복을 입고 병마의 고통에 신음하며 괴로운 치료와 입에 쓴 약을 쓰며 투병생활을 하다가 혹독한 대가를 치르고 더러 기사회생(起死回生)하기도 하지만 비명(非命)에 생애를 마감하는 불행으로 이어지는 예를 허다하게 볼 수 있다. 이렇듯 스스로 자초하는 불행한 삶은 시간과 공간을 초월해 언제 어디서나 빚어지고 있는 광경이라는 점에서 다 같이 깊이 생각해 볼 인류 공동의 중차대한 해결과제라 하겠다.

현대 암, 난치병, 괴질을 유발하는 원인으로 많은 의학자가 환경 파괴에 따른 공해(公害)의 증가와 복잡한 인간관계에서 빚어지는 온갖 스트레스를 중요 원인으로 파악하는 추세임을 감안할 때 자연법칙에 순응하고 이치에 부합하는, 다시 말해 물 흐르듯 자연스런 삶으로 회귀하는 일이 자신의 건강을 위해서나 세상 사람들의 건강한 삶을 위해 얼마나 중요한 것인지를 인식해야 할 것으로 판단된다.

노자께서는 '상선약수(上善若水)', 즉 '훌륭한 삶의 행태는 마치 물 흐르듯 자연스러운 삶이다'라는 이야기를 필두로 '물은 세상의 만물을 다 같이 이롭게 하는 그런 훌륭한 일을 하면서도 그 누구와도 다투거나 경쟁하는 법이 없다'는 말로 다시 한 번 그 위대성을 강조하였다.

이어서 '그토록 훌륭한 일을 하는 존재이면서도 높은 자리에 머무르지 않고 뭇사람들이 싫어하는 낮은 곳으로 흘러내려가 마지막에는 우주의 일부로서 영원성의 생명을 이어가는 바다를 이룬다. 그래서 물은, 천지(天地)의 시원(始原)이요, 세상 만물의 근원(根源)이라 할 도(道)에 가장 가까운 존재'라고 결론지었다.

그리고 구체적으로 물의 일곱 가지 덕성에 대해 차례로 설명을 이어간다. 첫째, 물은 스스로 머물 만한 곳을 잘 가려서 머

물고, 둘째 물은 스스로의 마음가짐을, 깊이를 헤아릴 수조차 없을 정도의 맑고 깊은 연못처럼 지니고 있으며, 셋째 어떤 것과도 잘 어울리고 누구에게나 차별 없이 인자하게 대하며, 넷째 비탈이 심한 곳에서는 굉음을 내고 평평한 곳에서는 잔잔한 음성을 발하는 등 언제나 때와 장소에 걸맞은 신뢰받을 만한 말

을 한다.

다섯째, 만물을 다 같이 이롭게 하는 훌륭한 정치를 펴고, 여섯째 세상의 어떤 어려운 일도 능수능란하게 물 흐르듯 막힘없이 처리하며, 일곱째 적절한 시기에 맞추어 움직여야 할 때에만 움직이는 훌륭한 행동가의 표상처럼 행동한다.

노자는 물의 일곱 가지 덕성을 설명한 뒤에 최종적으로 '물은 그 누구와도 다투거나 경쟁하지 않으므로 일절 허물이 없다'는 점을 강조하면서 도의 속성을 가장 잘 드러내 보여주는 '물의 예찬론'을 마무리한다.

물 흐르듯 자연스러운 삶을 살 필요가 있다는 노자의 가르침에 부합하여 그야말로 순리(順理)와 자연(自然)의 삶을 영위한 분들이 적지 않은데 그중 대표적인 두 분의 삶을 살펴본다. 경상남도 함양 고을 죽림리 삼봉산 깊은 산중에 은거하며 부부가 다 함께 글자 그대로 백년해로한 권병호 선생, 김은아 여사는 백 년이 넘는 세월을 물 흐르듯 자연스런 삶을 영위하여 순리적 삶의 상징으로 여겨졌던 분들이다. 2014년 5월 16일 권병호 선생께서 세상과의 인연을 마무리하고 107세를 일기로 선계(仙界)로 떠난 뒤 2014년 현재 104세의 김은아 여사는 지금도 여전히 순리와 자연의 건강한 삶을 살아가고 있다.

인산가에서 발행하는 건강 월간지 《신토불이 건강》 2002년 10월호에 "자연과 조화 이루며 순리대로 살지"라는 제목으로 권옹 내외의 순리적이고도 자연스러운 삶의 모습을 상세하게 다룬 바 있다. 그 기사에서 권옹은 "무병장수란 무엇을 먹는가에 앞서 어떤 생각으로 사는가에 따라 좌우된다"며 어떤 것에도 구애받지 않고 마음 편하게 자연과 더불어 살면 그게 가장 훌륭한 보약인데도 대개의 사람은 장수의 비결을 먹는 것에서 찾으려는 경향이 있다고 개탄하면서 순리적 삶의 소중함을 누누이 강조한 바 있다.

1883년에 태어나 자신보다 스물한 살 어린 헬렌 니어링과 마흔다섯 살에 만나 그 뒤 100년의 삶을 마무리하고 스스로 생명을 거두어 1983년 8월, 영계(靈界)로 떠난 미국의 스콧 니어링의 삶 역시 순리 자연의 삶이라 하겠다.

두 사람은 1930년대 미국 버몬트라는 시골로 들어가 흙과 나무, 돌을 이용해 손수 집을 짓고 밭을 일구어 채소를 길러 자급자족의 전원생활을 하다가 100세의 생일을 지난 지 20여 일쯤 되었을 때 스스로 음식을 끊어 달관한 선사(禪師)의 죽음을 연상시키는 평화로운 죽음을 통해 사랑과 삶, 죽음이 하나임을 보여주고 떠났다. 스콧의 백 번째 생일 되던 날, 이웃 사람들이 깃발을 들고서 찾아왔는데 그 깃발에는 "스콧 니어링이 백 년 동안 살아서 이 세상이 더 좋은 곳이 되었다"고 쓰여 있었다.

권병호 선생과 스콧 니어링의 삶은 다 같이 물 흐르듯 순리적이고 자연스러운 삶을 영위하다가 죽음이 끝이 아닌, 새로운 시작이라는 사실을 몸소 보여주며 훌륭한 마무리를 하고 초연하게 고향으로 돌아가듯 떠났다는 공통점을 지니고 있다. 이런 순리 자연의 삶을 본받아 이 글을 읽는 모든 분 역시 물 흐르듯 자연스러운 삶을 통해 몸과 마음이 다 같이 건강한 신천지(新天地)를 스스로 만들어 120년의 천수(天壽)를 온전하게 누리시기를 기원한다.

運夷

그쳐야 할 때 그침이 자연의 道

도덕경 제9장

持而盈之, 不如其已. 揣而銳之, 不可長保.

金玉滿堂, 莫之能守. 富貴而驕, 自遺其咎.

功遂身退, 天之道也.

지이영지, 불여기이. 췌이예지, 불가장보.

금옥만당, 막지능수. 부귀이교, 자유기구.

공수신퇴, 천지도야.

가질 만큼 가졌는데도 더 채우려 드는 것,
그만두느니만 못 하다네.
이미 날카로운데도
더욱 날카롭게 만들려고 애쓰는 일,
결코 길게 보전하지 못하리니,
황금과 옥이 집 안에 가득하다 한들
제대로 지켜낼 수 없다네.
부유하고 고귀하더라도 교만하면
스스로 그 허물을 남기게 되는 법.
공을 이룬 뒤에 미련 없이 물러나는 게
자연의 도리에 부합하나니.

온 국민을 슬픔 속에 몰아넣은 '세월호 사건'은 우리 사회에 만연한 안전 불감증, 도덕 불감증이 초래한 비극임을 다시금 깨닫게 해주었다. 특히 사건을 잉태시킨 주역들이 먹고살기 어렵거나 빠듯한 사람들도 아니고 배움의 기회를 갖지 못한 무식한 사람들도 아니라는 점에서 지도층의 타락이 공동체 전체에 얼마나 지대한 악영향을 미칠 수 있는지를 여실하게 보여준 대표적 사건이라 하겠다.

세상에서 시도 때도 없이 발생하는 수많은 사건·사고는 때로는 우연인 것처럼 보이기도 하지만 잘 관찰해 보면 대개 명백한 원인에 의해 잉태되어 태어나고 자라는 인과(因果)의 법칙을 벗어나지 못한다. 그것은 마치 암(癌)이라는 결과가 암이 되지 않을 수 없는 자연환경, 신체조건, 무리와 비자연(非自然)에 따른 심신의 부조화, 혈액의 오염과 기력(氣力)의 약화 등 복합적 원인에 의해 나타나는 것과 같은 이치라 하겠다.

병의 근본 원인에 대해 충분하게 인식하고 대처하지 않을 때, 병증의 일시적 증세 호전은 기대할 수 있겠지만 근원적 해결은 어려울 것이다. 세상의 크고 작은 모든 사건·사고 역시 철저히 결과를 분석하여 원인을 찾아내고 그 원인을 원천적으로 제거하여 문제의 발생을 사전에 예방하지 못한다면 비슷한 사건·사고는 끊임없이 되풀이될 것이다.

이제는 역사의 한 페이지로 남은 삼풍백화점 참사와 성수대교 붕괴 같은 대형 사고는 참으로 끔찍한 악몽의 현장이었지만, 과거와 현재의 '위험한 세상'을 '안전하고 살기 좋은 세상'으로 바꿀 수 있는 값진 교훈들을 헤아릴 수조차 없을 만큼 찾아내는, 그야말로 우리 사회 전체의 생생한 교육장이요, 재앙을 복으로 바꿀 전화위복의 기회이기도 했었다.

그럼에도 불구하고 우리 사회는 크고 작은 사건·사고가 발생할 때마다 서로 책임 회피와 전가, 사건·사고의 본질 흐리기, 시급히 문제 덮어버리기 등의 불합리한 처리 방식을 통해 별다른 '교훈'을 도출해 내지 못하고 잊어버리거나 세월의 물결에 휩쓸려가 버리게 만드는 우(愚)를 반복해 왔다.

가뭄대책이라는 게 별궁리, 별소리, 별짓을 다 하다가도 비만 내리면 그것으로 끝이고 장마대책이라는 것도 똑같이 별의별 궁리와 계획을 추진하다가도 비만 그치면 '기억상실증'에라도 걸린 것처럼 하늘을 바라보며 천우신조(天佑神助)라 반기면서 일손을 놓는다. 이듬해 가뭄과 장마는 또 그때 가서 생각하기로 하고 골치 아픈 일, 골치 아픈 소리와 담쌓고 또다시 일상적 업무로 복귀하여 그럭저럭 대과(大過) 없이 잘 지낼 궁리나 한다.

이러한 '안일무사주의'가 어찌 일부 공무원만의 일이며 특정 집단이나 회사원들만의 일이겠는가. 또한 세상일을 그렇게 하는 사람들이 저 자신의 심신(心身)이라고 달리 뾰족한 관리 방식이나 문제의 사전 예방 노력을 기울일 것이라 기대할 수 있겠는가. 자신과 남, 인간과 자연, 마음과 자연현상, 몸과 우주, 근본과 지엽(枝葉), 질병과 건강, 삶과 죽음 등 안팎을 이루는 상호관계의 균형과 조화를 유지하지 못한다면 사건·사고·질병·재난 등 어떤 형태의 결과로든지 반드시 나타나게 되는 것이다.

도(道)에 어긋나는, 맑음과 밝음이 없는 마음은 그 몸을 병들게 할 뿐 아니라, 세상 사람들에게까지 적지 않은 악영향을 미치게 되어 결국 지구촌 전체를 병들게 만드는 데 기여하게 된다. 지식과 재물, 권력을 획득하여 잘못 운영한 결과, 자신과 가족, 타인, 나아가 세상의 안녕과 평화까지도 파괴하는 사람들이 적지 않다. 그런 마음의 근저에 자리 잡은 어둠과 어리석음, 탐욕의 뿌리를 제거하지 않는 한 파멸은 예고된 것이나 다름없다. 지위의 높고 낮음, 재산의 많고 적음, 학식의 있고 없음에 크게 관계없이 삶의 바른길에 대한 무지(無知)와 편견, 몰이해로 인한 '무명(無明)의 삶'을 영위하고 있는 이들에게 노자(老子)는 말한다.

"먹고사는 데 지장 없을 정도로 재산을 모았으면 더 채우려 들지 말고 제발 그만두어야 한다. 무슨 연장이든지 숫돌에 잘 갈아서 어느 정도 날카롭게 만들었으면 더 갈아서 더욱 예리하게 하지 말아야 그나마 좀 더 오래갈 수 있는 법이다. 집 안에 금은보화가 아무리 많더라도 인성(人性), 심성(心性)의 문제를 머금은 가족 구성원이 있다면 그것은 온전하게 보전하기 어렵게 된다. 부귀한 사람들이 교만한 마음을 버리지 못해 스스로 허물을 남기게 되고 큰 공을 이루고도 적절한 시기에 물러날 줄 모를 경우 토사구팽(兎死狗烹)의 화를 면치 못하는 법이다."

能爲

갓난애 유연성을 유지할 수 있나

도덕경 제10장

載營魄抱一, 能無離乎? 專氣致柔, 能如嬰兒乎?

滌除玄鑒, 能無疵乎? 愛民治國, 能無爲乎?

天門開闔, 能爲雌乎? 明白四達, 能無知乎?

재영백포일, 능무리호? 전기치유, 능여영아호?

척제현감, 능무자호? 애민치국, 능무위호?

천문개합, 능위자호? 명백사달, 능무지호?

혼백을 실은 존재가 하나를 품고 가면서
이탈하지 않게 할 수 있겠는가?
기운을 전일하게 하여 부드러움을 이룬 뒤에
마치 갓난아이처럼 유연성을 유지할 수 있겠는가?
현묘한 거울을 잘 닦아내어 티 없이 할 수 있겠는가?
백성을 사랑하고 나라를 통치함에 있어서
무위자연의 정치로 다스릴 수 있겠는가?
하늘 문을 여닫는 일을
암컷처럼 자연스레 할 수 있겠는가?
모든 방면에 명명백백하게 통달하는 것을
인위적 지식이 아닌 자연적 지혜로 할 수 있겠는가?

몸과 마음을 다 같이 건강하게 하여 주어진 수명을 온전하게 살고, 사는 동안 삶의 바른길을 깨달아 제 가야 할 미래로 갈 수 있기 위해서는 복잡다단한 지식이 요구되거나 매우 어려운 관문을 통과해야 하는 것은 아닐 것이다.

인위(人爲)와 인공(人工), 조작을 떠나 무위(無爲)의 자연스러움을 잃지 않아야 하며[爲無爲], 이 일 저 일 복잡다단하게 얽히고설키게 만드는 일들을 하지 말고 자연에 뿌리를 둔 순리적인 일들을 하는 게[事無事] 바람직하리라. 혀의 감각을 좇아 다섯 가지 맛[五味]에 현혹되지 말고 무미(無味)처럼 느껴지는 담담한 맛을 음미하며, 다섯 가지 색깔의 현란함에 눈길 팔지 말고 자연색 그대로를 즐길 줄 알아야 하리라[味無味].

한마디로 자기 자신의 비물질적 존재가 타고 운행하는 탈것[小乘·육체]을 이용해 목적지까지 가려면 첫째, 궤도를 벗어나지 말고 길[道]을 따라서 운행하되, 둘째 기계적 무리가 일어나지 않도록 순리적으로 몰아야 도중에 고장 안 일으키고 끝까지 갈 수 있는 것과 같은 이치다. 무리와 비자연으로 점철된 삶의 행태들을 갖고서 자연수명을 다 누릴 수는 없을 것이다. 더욱 아쉽고 안타까운 것은 자신의 삶을 돌아볼 줄도 모르고 문제의식도 없으며 그런 생각조차 하지 않고 있다는 사실이다.

건강한 삶의 바탕에는 순리와 자연이 자리하고 병들거나 고통받는 삶의 뿌리에는 예외 없이 무리와 비자연이 깃들어 있다. 즉 도리에 맞는 삶인가 무도(無道)한 삶인가에 따라 건강과 질병, 삶과 죽음이 갈리는 것이다. 의학이 지식 또는 기술에 머물거나 집착해서는 안 되는 소이(所以)가 여기에 있다.

작은 문제나 탈은 기술적 수리 또는 처치가 가능하겠지만 삶의 방식 자체가 궤도를 이탈한 사람들의 경우, 탈것만 수리해 본들 그 운전자의 무리와 비자연의 운행방식으로 말미암아 재고장은 시간문제일 뿐인 것이다. '물고기가 물을 떠나서 어찌 살겠으며 사람이 궤도를 이탈하여 어떻게 존재할 수 있겠는가[魚離水必死 人失道豈存]'라고 말한 선현(先賢)의 가르침은 현대인들에게 시사하는 바가 적지 않다.

노자는 세상에 영향을 미치는 정치 지도자들에게 좀 더 훌륭한 삶을 영위하기 위해, 그리고 더욱 훌륭한 정치를 펴기 위해 생각하지 않으면 안 될 매우 중요한 화두(話頭)를 던진다.

"혼백을 담은 존재를 도에서 벗어나지 않게 잘 이끌어 갈 수 있겠는가? 기운을 자연스레 운용하여 마치 갓난아이처럼 유연성, 즉 부드러움을 유지할 수 있겠는가? 우주 삼라만상을 비출 마음의 현묘한 거울을 깨끗이 닦아서 티 없이 할 수 있겠는가? 무위자연의 정치로 백성을 사랑하고 나라를 다스릴 수 있겠는가? 우주 삼라만상과 소통하는 천곡궁(天谷宮)의 하늘 문 여닫기를 여성성(女性性)의 자연스러움으로 할 수 있겠는가? 모든 방면에 밝게 통달함에 있어서 유한한 인위적 지식이 아니라 무한의 자연적 지혜로 할 수 있겠는가?”

無用

'비움'에서 '쓰임새'가 나온다

도덕경 제11장

三十輻, 共一轂, 當其無, 有車之用.
埏埴以爲器, 當其無, 有器之用.
鑿戶牖以爲室, 當其無, 有室之用.
故有之以爲利, 無之以爲用.

삼십복, 공일곡, 당기무, 유거지용.
선식이위기, 당기무, 유기지용.
착호유이위실, 당기무, 유실지용.
고유지이위리, 무지이위용.

서른 개의 바큇살이
하나의 살통으로 연결되어 수레를 이룬다.
비었으므로 말미암아
수레로서의 쓰임새가 나온다.
찰흙을 잘 이겨 그릇을 빚는다.
비었으므로 인해
그릇으로서의 쓰임새가 나온다.
벽에 문을 내고 창을 뚫어 방을 만든다.
비었으므로 인해
방으로서의 쓰임새가 나온다.
그러므로 있음(가짐)에서 이로움이 나오는 것이고
없음(비움)에서 쓰임새가 나오는 것이다.

———

컴퓨터를 활용해 많은 정보를 검색하고 저장하며 메일로 주고받는 과정에서 삭제해야 할 '자료'들을 효율적으로 처리하는 휴지통이 방치되어 제 역할을 다하지 않으면 불필요한 정보의 분량이 많아져 필요한 정보와 자료들을 그때그때 찾아서 활용하기 어려울뿐더러 과부하가 걸려 컴퓨터가 제 기능을 제대로 못한다는 점을 감안할 때 '비움'의 중요성은 굳이 강조하지 않더라도 충분히 이해되리라 여겨진다. 우리 머릿속의 지식이나 정보를 위시하여 다른 모든 쓰임새의 근원 역시 없음과 비움에서 시작된다는 불변의 진리(眞理)를 간과하지 말아야겠다.

모든 풀과 나무를 통틀어 속이 빈 나무는 대나무뿐이다. 그래서 대나무는 예부터 동양의 현자(賢者)들이 매우 존중하여 세상에서 가장 오랜 수명을 유지하는 열 가지 대표적 존재, 즉 산수지일록운학죽구송(山水芝日鹿雲鶴竹龜松) 십장생(十長生) 중 하나로 포함시켰고 시인(詩人) 묵객(墨客)들의 시 소재와 사군자(四君子) 등 그림 소재로도 단골로 등장할 정도로 각광을 받은 존재이다. 마음을 비우고 무심(無心)으로 도(道)를 추구함으로써 대나무는 대금, 퉁소, 피리로 거듭나 묘음(妙音)을 빚어내는 악기(樂器)로 새로운 생명력을 이어가기도 하고, 한 마디 한 마디 절도 있게 성장하여 역사상 오랜 세월에 걸쳐 절제와 절개의 상징으로 칭송받기도 한다.

그러나 뭐니 뭐니 해도 대나무의 효용성이 가장 빛을 발하는 때는 영원한 진리를 상징하는 소금을 만나 서로 조화를 이루는 가운데 자신의 존재를 불살라 새로운 불멸의 신약(神藥), 죽염(竹鹽)으로 거듭나는 때라 하겠다. 대나무는 인류에게 크나큰 생기(生氣)를 불어넣을 놀라운 생명력을 지니고도 '무심한 도인(道人)의 마음'을 체득하여 상대를 가리지 않고 받아들이는 포용력을 발휘해 또 다른 만고불변의 진리의 물질인 소금을 몸 안으로 받아들여 마지막 구도(求道)의 열정(熱情)을 불살라 스스로 재가 되어 사라지면서 마침내 시공(時空)을 초월해 수많은 이를 각종 암, 난치병, 괴질의 위험으로부터 구제할, 다이아몬드처럼 빛나는 불멸의 보물, 죽염을 완성해 내는, 참으로 거룩한 존재이다. 이것이야말로 노자께서 누누이 강조한 없음과 비움의 쓰임새의 극치가 아니겠는가?

檢欲

눈·귀·입에 마음 쓰지 않는다

도덕경 제12장

五色令人目盲, 五音令人耳聾, 五味令人口爽.
馳騁畋獵, 令人心發狂. 難得之貨, 令人行妨.
是以聖人, 爲腹不爲目. 故去彼取此.

오색영인목맹, 오음영인이롱, 오미영인구상.
치빙전렵, 영인심발광. 난득지화, 영인행방.
시이성인, 위복불위목. 고거피취차.

온갖 빛깔은 사람의 눈을 멀게 하고
갖가지 소리는 사람의 귀를 먹게 하며
맛 좋은 먹거리들은 사람의 입맛을 버려놓는다.
말달리며 사냥질하는 것은 사람의 마음을 돌게 만들고
얻기 어려운 재화는 사람들에게 못된 짓을 하게 만든다.
따라서 훌륭한 위정자는 자연스레 배를 채울 뿐
눈과 귀와 입을 위해 마음을 쓰지 않는다.
그러므로 보기 좋은 빛깔, 듣기 좋은 소리,
맛 좋은 먹거리에 마음을 쓰지 않고
'생명의 자연'을 온전하게 간직할 뿐이다.

사람이 태어나 살아가면서 오랜 세월에 걸쳐 자연스럽게 형성된 관념들은 죽는 순간까지도 깨뜨려버리거나 여의지 못하고 그대로 지니고 살다가 가게 마련이다. 몇 달 전 한 뉴스에서 지구상 인류의 숫자가 70억이 넘었다고 밝혔는데 그 숫자만큼이나 다양하게 각자 나름의 고정관념들을 만들고 그 단단한, 마치 은산철벽(銀山鐵壁)과도 같은 고정관념의 껍질로 둘러싸인 속에서 벗어나지 못한 채, 즉 참된 자아(自我)의 탁 트인 안목으로 제반 실상(實相)을 보지 못한 채 맹목적인 삶, 또는 그릇된 인식에 의해 스스로 선택한 무명(無明)의 인생 노정(路程)을 다 같이 힘겹게 걸어간다.

해마다 단풍이 곱게 물드는 계절이면 지리산, 한라산, 설악산을 비롯한 전국의 명산대천을 찾는 인파로 모든 도로가 몸살을 앓을 정도로 북적거린다. 산마다 단풍은 제 나름의 빛깔과 고운 자태를 보여주지만 정작 그것을 보는 이들은 사람마다 생각이 다르고 느낌이 다른 탓에 어떤 이는 눈부시게 아름답다고 여기는가 하면 또 다른 이들은 그 고운 빛깔을 육안으로 보면서도 이런저런 이유로 마음에 먹구름이 잔뜩 드리운 탓에 그저 잿빛으로만 여기며 고단한 인생길을 이어간다.

보는 모든 이에게 전혀 다를 리가 없는 '가을 산'의 모습조차 보는 사람마다 생각과 느낌과 표현이 다른데 하물며 깊은 통찰을 요하는 민감한 사안에 대해서야 얼마나 서로 다른 형형색색의 반응이 쏟아져 나오겠는가? 그러고는 이어서 서로 옳네, 그르네 하면서 박 터지게 싸우는 볼썽사나운 모습들을 다반사로 연출하지 않는가?

제 고정관념의 두꺼운 틀을 과감하게 깨지 않고는 절대로 닿을 수 없는 인식의 영역을 불가(佛家)에서는 피안(彼岸)이라는 표현을 쓰는데 그 영역에 도달하는 것을 고대 인도어로는 '파아라미타'라 하고 소리대로 써서 바라밀(波羅蜜)이라고 하며 뜻으로 번역해 도피안(到彼岸)이라고 한다. 종교적으로 이상향 또는 유토피아를 뜻하는 말로 풀기도 하지만 본래의 뜻은 인간이 제 고정관념의 틀을 깬 뒤에 자연스럽게 도달할 수 있는, 즉 '깨다'와 '닿다' 두 가지 뜻으로 구성되어 있는 '깨닫다'라는 말과 궤를 같이하는 것으로 판단된다.

'불세출의 신의(神醫)'로 일컬어지는 인산 김일훈(仁山 金一勳·1909~1992) 선생의 천부적 혜안과 오랜 구료(救療) 경험에 의해 그 제조방법과 활용방법이 정립되어 세상에 등장한 죽염

(竹鹽)은 역사상 그 어떤 물질과 비교해도 유례를 찾아보기 어려울 정도로 그릇된 인식과 편견에 의한 고정관념으로 인해 잘못 인식되고 있는 대표적 신물질이다. 그것은 소금에 대한 일반적 인식이 진리와 정면으로 상반되고 진실과 거리가 먼 데다 사실과도 판이하게 다른 데서 빚어진 오해임에 틀림없지만 대부분의 인류가 소금에 대한 무지와 편견에서 비롯된 잘못된 소금 인식을 상식으로 알고 있다는 점에서 그런 인식을 단기간에 바꾸기 어려우리라는 것을 쉽게 짐작할 수 있을 것이다.

폴란드의 천문학자 코페르니쿠스가 1543년에 펴낸 그의 저서《천체의 회전에 관하여》라는 책을 통해 아리스토텔레스, 프톨레마이오스에 의해 정립되어 수천 년 동안 줄곧 이어져 온 천동설(天動說)에 대한 고정관념이 타파되고 사실과 다른 종교적 우주관의 오류가 완전하게 바로잡히기까지 대략 400여 년의 세월이 소요되었음은 오늘날에도 시사하는 바가 적지 않다고 하겠다. 태양을 중심으로 우주의 모든 천체가 자전, 공전한다는 지동설과 달리 지구를 중심으로 태양을 위시하여 다른 모든 천체가 돈다고 잘못 알고 있다 하더라도 인류의 삶에 어떤 피해를 끼친다든지 악영향을 미칠 가능성은 거의 없다고 해도 과언이 아니지만 인체에 지대한 영향을 미치는 소금에 대한 그릇된 인식은 돌이키기 어려울 정도로 크나큰 건강상의 피해를 야기할 수 있다는 점에서 시급히 해결해야 할 전 인류의 중차대한 과제라 할 것이다.

염화나트륨은 소금을 구성하는 하나의 물질일 뿐, 염화나트륨이 소금은 아닌데도 '소금 유해론'은 그러한 그릇된 인식의 전제에서 출발한 것이어서 그 자체로 신빙할 만한 근거도 희박한데다 사실과도 전혀 다른 잘못된 이론이요, 주장에 불과한 것임에도 전 인류의 상식으로 굳어져 그 고정관념을 타파하기란 참으로 어렵게 되었다. 인위(人爲), 인공(人工), 조작(操作)이 난무하는 지식 너머의 실상(實相)을 보는 혜안(慧眼)에 의한 직관(直觀)으로 파악하여 제시한 물성(物性)의 비밀을 이해하는 것 역시 간단하지 않다는 것이 더욱 심각한 문제라 할 것이다.

그래서 세상 사람 대부분이 죽염 이야기, 소금 이야기만 나오면 고정관념 속에서 벗어나지 못한 채 혈압이 오르고 위장이 헐게 되며 콩팥에 악영향을 미치는 것 아니냐며 우려부터 표하는 경우가 적지 않다. 비록 죽염의 자세한 내용에 대해 과학적 연구 결과를 근거로 제시하며 고구정녕 설명을 해도 대개는 믿으려 들지 않고 쉽게 이해하지도 못하는 경향을 보인다.

화려한 빛깔을 좇다 보면 실상의 본래 빛깔을 보지 못하게 될 우려가 높고 인위적 음악과 기예(技藝)를 중시하다 보면 자연계의 존재들이 연주하는 화음(和音)을 놓치게 될 확률이 커지게 되리라. 외부의 보이는 것을 좇아 이리 뛰고 저리 뛰며 유한한 인생의 시간을 허비하거나 돈을 벌기 위해 스스로의 생명을 손상하는 본말전도(本末顚倒)의 삶의 방식을 지양하고 제 '생명의 자연'을 잃지 않도록 순리대로 살아야 하리라.

'無身'에 이르면 어떤 患難도 없다

도덕경 제13장

寵辱若驚, 貴大患若身. 何謂寵辱若驚?
寵爲下, 得之若驚, 失之若驚, 是謂寵辱若驚.
何謂貴大患若身?
吾所以有大患者, 爲吾有身, 及吾無身, 吾有何患?
故貴以身爲天下, 若可寄天下, 愛以身爲天下, 若可託天下.

총욕약경, 귀대환약신. 하위총욕약경?
총위하, 득지약경, 실지약경, 시위총욕약경.
하위귀대환약신?
오소이유대환자, 위오유신, 급오무신, 오유하환?
고귀이신위천하, 약가기천하, 애이신위천하, 약가탁천하.

치욕을 총애로 받아들여 깜짝 놀라며 좋아하고
큰 환란을 제 몸처럼 귀하게 여긴다.
치욕을 총애로 받아들여
깜짝 놀라며 좋아한다는 말은 무슨 뜻인가?
누군가의 아랫사람 되는 것을 총애로 여겨
그 지위를 얻어도 놀라며 좋아하고
잃어도 놀라며 슬퍼한다.
그래서 치욕을 총애로 받아들여
깜짝 놀라며 좋아한다고 말한 것이다.
큰 환란을 제 몸처럼 귀하게 여긴다는 것은 무슨 말인가?
나에게 큰 환란이 있는 까닭은
내가 '있음의 몸[有身]'으로 살기 때문이다.
내가 '없음의 몸[無身]'으로 살아간다면
나에게 무슨 환란이 있겠는가?
그러므로 개체적 자아를 넘어 우주적 자아인
'없음의 몸'으로 거듭나게 해서
제 몸과 천하를 똑같이 귀하게 여기는 이에게는
천하를 맡길 만하고
제 몸과 천하를 똑같이 사랑하는 이에게는
천하를 부탁할 만한 것이다.

우주 삼라만상과 세상만사를 보는 것은 보는 이의 안목과 시각에 따라 제각기 다른 모습으로 그려지고 표현되게 마련이

어서 천차만별상을 나타낸다. 시대에 따라 시시비비(是是非非)와 선악미추(善惡美醜)의 판단 기준도 다르고 가치관도 다르지만 유독 진리(眞理)의 언어만은 시공(時空)을 초월하여 언제나 여여(如如)함을 보여주는 법이다.

《도덕경》 풀이에 있어서 이 장만큼 해석이 천 갈래 만 갈래로 쪼개지고 갈라지며 도무지 무슨 이야기인지 알 수 없는 장도 없다. 노자께서 다시금 이 땅에 출현하여 고구정녕 설명해주지 않는 한 누구의 어떤 해석이 맞다, 틀리다 결론 내릴 수는 없는 것이지만 그래도 불생불멸(不生不滅)의 저 세계로부터 잠시 이 땅에 등장하여 세인(世人)들이 알아들을 가능성이 매우 희박한 언설(言說)을 통해 세상에 알리고 싶었던 이야기의 근본 취지가 무엇일까를 생각해 보면서 풀이할 경우 크게 어긋나지는 않으리라 여겨진다.

당시 사람들의 가치관과 너무도 다른 가치관의 소유자였던 만큼 노자께서는 자연으로 돌아가 자연과 하나 되어 인간미 넘치는 소박한 삶을 사는 것이 바람직하고 따라서 위정자들은 그러한 사람들이 지니고 사는 그들의 '자연'을 손상시키지 않는, 물 흐르듯 자연스러운 정치를 해야 한다고 누누이 강조하고 있는 것이다.

노자는, 나라의 정치에 참여하여 왕의 눈에 들고 마음을 사서 벼슬 한자리 얻었다고 기뻐하는 사람들을 보면서 자연으로부터 지니고 나온 제 천성(天性)에 따른 소박한 삶의 궤도에서 벗어나 온갖 시기 질투와 중상모략이 난무하는 복마전으로 제 발로 들어가 재앙과 환란을 자초하는 삶을 연민의 정으로 바라보며 일갈한다. 치욕을 도리어 총애로 여겨 깜짝 놀라는 것처럼 좋아하다가 퇴직에 따라 자연으로 돌아갈 좋은 기회를 얻고도 지위를 잃은 슬픔에 또다시 깜짝 놀라 충격을 받고 비통한 마음으로 지내는 못난 인간 군상에게 "치욕을 총애로 여겨 착각 속에 사는 잘못된 고정관념에서 벗어나 제정신 차려 자연의 소박한 삶으로 돌아가라"고 타이른다.

노자의 가르침에 공감이 가지만 과연 이런 말을 듣고 그 누가 '노자의 충고를 받아들여 제 삶의 방향을 수정할 수 있을 것인가'라는 물음에는 자신 있게 대답하기 어려울 듯싶다. 전도(顚倒)된 몽상(夢想) 속에 살아가는 사람들에게 기사회생(起死回生)의 묘약(妙藥)이 되는 가르침이라 해도 관성의 법칙에 의해 이미 탄력받아 굴러가고 있는 삶의 수레바퀴를 스스로 제어하여 방향을 바꾸는 게 그리 쉽지만은 않을 것이기 때문이다.

보이는 형상의 몸, 즉 '있음의 몸[有身]' 위주로 살아가는 이들은 그 몸 너머에 여여히 존재하는 또 다른 자아를 죽을 때까지 인식을 하지 못하고 유형(有形), 유상(有相), 유신(有身)의 몸을 자기 자신의 전부로 알고 그러한 고정관념의 틀을 벗어나지 못하고 사는 관계로 그로 인해 무명(無明)의 자아에서 해탈하지 못하는 것은 물론이려니와 여러 유형의 환난을 피할 길 없는 삶을 살아갈 수밖에 없는 것이다.

노자의 안목으로 볼 때 세상 사람들은 제게 큰 환난거리임에도 그것을 감지하지 못하고 제 몸처럼 애지중지하며 살아간다. 그릇된 고정관념의 틀을 탈피해 사물과 현상의 실상(實相)을 파악하여 온갖 번뇌를 여의고 대자유의 삶을 사는 것이 아니라 진리를 등진 채 무명의 힘겨운 삶을 살아가는 과정에서 삼재팔난(三災八難)으로 요약되는 온갖 환난이 닥쳐와 삶을 고통으로 지치게 만든다. 그 환난의 뿌리는 어디인가?

노자는 말한다. "나에게 큰 환난이 있는 까닭은 내가 '있음의 몸'으로 살기 때문이다. 내가 '없음의 몸[無身]'으로 살아간다면 나에게 무슨 환난이 있겠는가?"

'있음의 몸'은 시간과 공간의 유한성을 지닌 존재인지라 덧없음[無常]과 온갖 고통, 영원성의 참된 자아가 아닌 임시적 자아라는 속성을 벗어날 수 없는 법이어서 한마디로 말해 '환난덩어리'라고 할 수 있겠다. 더 난감한 것은 존재의 그러한 속성에 대해 스스로 문제의식을 갖고 있지 못함으로써 도리어 환난 덩어리에 집착하는 참으로 기이한 삶의 모습을 보인다는 점이다.

석가모니 부처님 역시 보이는 유형의 모습에만 집착하여 살아가는 이들에게 전혀 다른 차원의 존재에 대해 여실하게 깨달음으로써 우리네 삶의 질을 획기적으로 높일 수 있다는 점을 역설한 바 있다. "사람들이 제 생각으로 빚은 그 어떤 관념이나 모습들이 모두 실체가 없는 허망한 것일 뿐임에도 그 망상에서 벗어나지 못한다. 만약 그런 허망한 관념이나 모습들 너머의 실상을 볼 수 있다면 그것은 곧 참 존재 여래(如來)를 보는 것이다.[凡所有相 皆是虛妄 若見諸相非相 卽見如來-《金剛經》]"

아상(我相), 인상(人相), 중생상(衆生相), 수자상(壽者相)으로 대별되는 다양한 고정관념의 틀을 깨지 못하는 한 풍파(風波)

끊이지 않는 고통의 바다를 건너 안락의 저 언덕(彼岸)에 도달하여 영원성의 우주적 자아로서의 새로운 차원의 삶을 살 수 없는 것이다. '무상(無相)의 존재'가 실은 존재의 참모습[實相]이요, '무신(無身)의 존재' 역시 모든 환난으로부터 벗어나 진정 자유로운 삶을 구가할 수 있는 차원이 다른 존재라 하겠다.

贊玄

보이지도, 들리지도 않는 道

도덕경 제14장

視之不見, 名曰夷, 聽之不聞, 名曰希, 搏之不得, 名曰微.
此三者不可致詰, 故混而爲一. 其上不皦, 其下不昧.
繩繩兮不可名, 復歸於無物.
是謂無狀之狀, 無物之象, 是謂惚恍.
迎之不見其首, 隨之不見其後. 執古之道, 以御今之有.
能知古始, 是謂道紀.

시지불견, 명왈이, 청지불문, 명왈희, 박지부득, 명왈미.
차삼자불가치힐, 고혼이위일. 기상불교, 기하불매.
승승혜불가명, 복귀어무물.
시위무상지상, 무물지상, 시위홀황.
영지불견기수, 수지불견기후. 집고지도, 이어금지유.
능지고시, 시위도기.

도(道)는 색깔이 없기에
보려 해도 보이지 않으므로 어슴푸레함이라 하고
또한 소리가 없기에
들으려 해도 들리지 않으므로 희미함이라 하며
더구나 형체가 없기에
잡으려 해도 잡히지 않으므로 미묘함이라 하리라.
이 세 가지를 말로 따진다고 해서
낱낱이 분별해 낼 수는 없으리라.
그러므로 이 세 가지는 혼연일체로 이루어진
본디부터 하나였던 것이라 하리.
그것의 위라 하여 밝은 게 아니요
밑이라 하여 어두운 것도 아니라네.
끊임없이 이어져 개념을 정립할 수 없는지라
만물이 생겨나기 전의 상태로 돌아가 보나니
이것을, 모양 없음의 모양이라 하고
아무것도 없음의 형상이라 하며
이것을, 느낄 수는 있지만 볼 수는 없는
황홀의 경지라 하리라.
앞에서 맞이하여도 그 머리를 볼 수 없고
뒤에서 쫓아가도 그 뒷모습을 볼 수 없구나.
옛 도를 가지고 오늘의 일을 다루나니
아득한 옛적의 시원을 알겠어라.
이를 도의 실마리라 이르리…

세상 사람들은 대부분 눈으로 볼 수 있고, 귀로 들을 수 있고, 손으로 잡을 수 있는 것들, 즉 형이하학(形而下學)적 사물과 현상을 보고 듣고 잡아야만 사실이라고 생각하는 경향이 짙다. 심지어 가시적, 객관적, 과학적으로 증명할 수 없는 것들에 대해서는 누구의 어떤 설명을 듣더라도 그것은 황당한 것이니만큼 현혹되지 말아야 하며, 심지어 어떤 신뢰도 해서는 안 된다는 철저한 입장을 고수하고, 다른 이들에게도 거듭거듭 그런 점들을 강조하면서, 과학적으로 검증되지 않은 그런 주장이나 이야기를 신뢰하는 사람들을 '무지(無知)'하다고 질타하곤 한다.

언뜻 들으면 듣기에 따라 그 이야기가 타당성을 지닌 것 같다는 느낌이 들 수도 있겠지만 깊이 통찰할 경우 그런 것 같지만 사실은 그렇지 않다는 것을 누구나 판단할 수 있으리라 여겨진다. 모든 사물과 현상은 태초부터 그렇게 흘러 흘러 이어져 왔고 인간의 두뇌로 판단할 때 천변만화(千變萬化)하는 그러한 현상들의 이면에 어린 이치가 무엇이고 어떻게 왜 그런 현상이 나타나는 것인가라는 물음에 나름 인류가 공감할 수 있도록 답을 제시하고 그 타당성을 설명하기 위한 논리를 펴는 과정에서 '과학논리'가 등장한 것이라는 점을 간과(看過)하지 말아야겠다.

과학적 방식으로 세상의 사물과 현상을 확실하게 파악하여 논리적으로 정립해 설명한 부분은 광대무변한 우주 삼라만상 중에서 극히 일부분에 불과한 것임에도 미시적 논리에 집착해 확인된 것만 믿는다는 방식의 관견(管見)과 그에 따른 고집을 버리지 못하고 제 견해와 주장을 극력 내세우는 우(愚)를 범하게 된다.

지금까지 그런 주장들이 힘을 얻고 득세하여 세상을 좌지우지하다가 세상 사람들 대부분이 철석같이, 종교처럼 믿는 상식화된 논리조차 어제까지는 진리인 줄 여겼지만 다음날에는 명백하게 그렇지 않다는 것이 도리어 증명되어 180도 이론이 뒤집히는 그런 과학의 시대에 살고 있다는 것을 제대로 인식하지 못하는 데서 오는 시대착오적 발상이라 하겠다. 시대에 따라 달라지는 비진리적 주장과 논리들은 역사적으로 볼 때 대략 500년만 한정해서 보더라도 이루 말할 수 없을 정도로 많다는 것을 그리 어렵지 않게 알 수 있을 것이다.

고대 이후 그 누구도 의심하지 않았던 천동설(天動說), 즉 지구를 중심으로 모든 천체(天體)가 회전하고 있다는 논리가 폴란드의 천문학자 코페르니쿠스에 의해 '지구를 포함하여 모든 천체가 태양을 중심으로 회전한다'는 논리로 전면 뒤집혀 지동설(地動說)이 과학적 진리라고 밝혀진 것을 위시하여 가까이로는 심장의 펌프질에 의해 전신 모세혈관까지 약 12만여 킬로미터에 달하는 혈관으로 피가 돌게 된다는 '심장박동설'에 이르기까지, 이미 상식이 되어버린 많은 과학적 논리가 사실과 다른, 이치에 부합하지 않는 잘못된 주장에 불과했다는 것이 도리어 증명된 바 있다는 것을 깊이 생각해 볼 필요가 있겠다.

인류 의학사에 큰 획을 그은 항생제가 병을 일으키는 세균을 죽인다는 사실로 마치 만병통치약처럼 광범위하게 쓰여 오다가 병을 일으키는 해로운 균뿐 아니라 체내의 밸런스를 유지하는 데 기여하는 이로운 균조차 가리지 않고 죽인다는 사실이

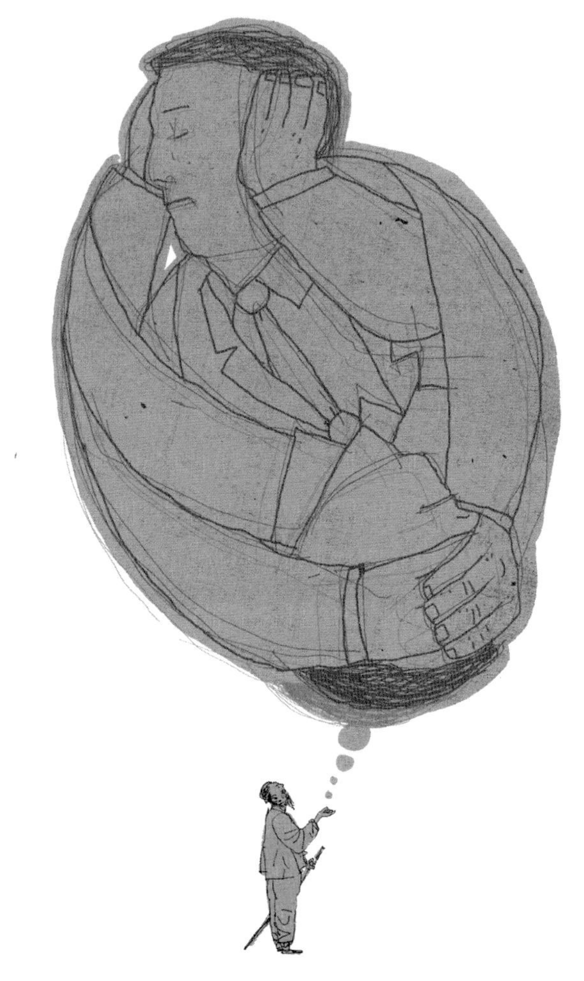

추가로 밝혀지면서 '사용에 신중을 기해야 한다'는 새로운 지침을 전 세계 의료진에게 내리게 된 것도 항생제의 양면을 보지 않고 한 면만을 본 데서 빚어진 단견(短見)의 소치라 하겠다.

전 세계 과학자들을 위시하여 수많은 지식인에 의해 소금 또는 염화나트륨이 혈압을 상승시키는 등 건강에 해롭다는 주장과 논리가 세상을 풍미하고 있지만 그러한 논리는 처음부터 앞뒤가 맞지 않을뿐더러 이치에 전혀 부합하지 않는 '무지(無知)와 편견(偏見)의 대표적 사례'로 길이 역사에 남을 만한 것이라 하겠다.

소금은 염화나트륨을 비롯한 칼륨, 칼슘, 마그네슘, 철, 구리, 인, 유황 등 인체 필수 원소들의 함유량이 제각기 다르므로 소금마다 인체에 미치는 물리화학적 작용이 다르게 나타나고 같은 사람이라 할지라도 계절과 운동량에 따라 항시 인체의 섭취 요구량이 달라지므로 지난 2014년 11월 12일 국제소금심포지엄에서 미국 캘리포니아 주립대학의 데이비드 맥캐런 교수가 발표한 대로 "소금 섭취량은 공공정책이 아니라 사람마다 각자의 뇌가 판단하도록 해야 한다"는 주장이 논리적 타당성을 지닌다 할 것이다. 즉 소금의 질에 따라 적은 섭취량으로도 문제를 초래할 수 있고 다소 많은 분량을 섭취하더라도 인체에 해가 미치지 않을 수 있다는 사실을 인식할 필요가 있겠다.

그리고 지금까지 수십 년간 '소금의 유해론'을 강조해 왔는데, 솔직히 어느 누가 소금을, 자기 건강에 해를 끼칠 만큼 과잉 섭취하여 실제로 문제를 야기하겠는가? 대부분 염화나트륨으로 구성된 소금이 아닌 소금을 섭취하거나 질이 떨어지는 소금을 섭취, 적정량을 섭취하더라도 혈압 상승이나 소화기 장애를 유발하는 등의 문제를 일으키는 것임에도 잘못된 소금 인식을 근거로 이를 모든 소금의 문제로 침소봉대(針小棒大)하여 주장한 것으로 판단된다.

이때 이러한 그릇된 인식의 오류를 일찍이 간파하고 자신의 저서《신약(神藥)》을 통해 공식적으로 국산 서해안 천일염은 약간의 유독성 물질을 지니고 있지만 인체에 약리작용을 할 수 있는 물질이 더 많으므로 독성을 제거하고 약성을 보완하여 암, 난치병이 극성을 부리는 시기의 국민 건강에 폭넓게 활용할 필요가 있다는 논리를 편 선각자(先覺者)가 있었으니 바로 불세출의 신의(神醫)라 불리는 인산 김일훈(仁山 金一勳·1909~1992) 선생이 그분이다.

노자께서《도덕경》을 통해, 도(道)의 속성은 희미(稀微)하여 보이지도 않고 들리지도 않지만 태초 이래 만물의 생성과 소멸, 질병과 재액(災厄)이 모두 그로 말미암지 않음이 없다는 점을 간단명료한 어조로 누누이 세상 사람들에게 들려주고 있다. 비록 보이지도 않고 들리지도 않으며 잡을 수도 없지만 우리 인체의 병마(病魔)를 물리치는 보이지 않는 위대한 힘은 '생명의 자연'을 회복함으로써 저절로 얻어지는 도의 힘, 즉 '자연치유 능력'이라는 사실을 노자는 명명백백하게 깨우쳐 주고 있는 것이다.

顯德

텅 빈 골짜기처럼 탁 트인 사람

도덕경 제15장

古之善爲道(士)者, 微妙玄通, 深不可識. 夫唯不可識, 故强爲之容.

豫兮若冬涉川, 猶兮若畏四隣, 儼兮其若客,

渙兮其若冰釋, 敦兮其若樸, 曠兮其若谷,

混兮其若濁, 澹兮其若海, 飂兮若無止.

孰能濁以靜之徐淸, 孰能安以動之徐生.

保此道者, 不欲盈. 夫唯不盈, 故能蔽不新成.

고지선위도(사)자, 미묘현통, 심불가식. 부유불가식, 고강위지용.

예혜약동섭천, 유혜약외사린, 엄혜기약객,

환혜기약빙석, 돈혜기약박, 광혜기약곡,

혼혜기약탁, 담혜기약해, 요혜약무지.

숙능탁이정지서청, 숙능안이동지서생.

보차도자, 불욕영. 부유불영, 고능폐불신성.

옛적에 도를 터득하여 잘 실천한 이는 은미하고 오묘한 데다
보이지 않는 세계에 통달하여 그 깊이를 알 수 없나니.
그렇듯 알 수 없겠지만 그래도 굳이 형용하여 보리라.
조심스레 머뭇거리는 모습은
마치 큰 코끼리가 겨울 내를 건너는 듯하고
신중하기 그지없는 태도는
마치 개가 사방의 적을 경계하고 대비하는 듯하네.
숙연한 자세는 마치 초대받은 손님처럼 조심스러워하고
격의 없이 소탈한 모습은
마치 굳은 얼음을 녹이듯 시원스럽네.
투박한 것은 다듬지 않은 통나무 같고
탁 트인 모습은 텅 빈 골짜기처럼 걸림 없네.
흙탕물처럼 흐리멍덩해 보이지만
바다처럼 담박한 모습을 보이기도 하네.
머물 데 없는 나그네처럼 바람 따라 구름 따라 떠도네.
그 누가 흐린 물을 고요하게 하여 서서히 맑아지게 할 수 있으랴.
그 누가 가만히 있는 것을 움직여 서서히 살아나게 할 수 있으랴.
이러한 도리를 지키는 이라면 채우려 들지 않는 법
채우려 들지 않으므로 낡은 것들이라 해도 새롭게 만들지 않나니.

21세기 신문명 시대인 요즘, 누구든 만나보면 제각각 한 소식 못한 사람이 없고 죄다 한 가닥 하는 사람들이라서 자칫 이런 저런 이야기를 하다가는 정말 번데기 앞에서 주름잡고 포클레

인 앞에서 삽질하는 형국이요, 도사(道士) 앞에서 요령 흔드는 격이 되는 수가 적지 않다.

'도사'와 '도척'으로 구분되는 도사 이야기를 들어보았는가? 어느 분야가 됐든, 그 방면에서 오랜 세월 갈고 닦고 연찬(硏鑽)을 거듭해 완전 달통한 진정한 도사가 없지는 않으나 결코 그리 흔하지 않고 자칭 타칭 가릴 것 없이 도사라 칭하고 떠벌리는 사람 중 상당수는 제 과대망상증에서 벗어나지 못하는, 일종의 정신질환자에 불과한 경우가 적지 않음을 보게 된다.

본디 타고난 자질이 신통치 못한 데다 치열하고 처절할 정도의 노력도 없다가 어느 단계에 이르러 마치 지고(至高)의 경지에 도달한 것으로 스스로 착각하고 그 착각에 근거해 떠벌리고 다니다가 그것을 진실로 여겨버리는 부류들이 적지 않아 세상 사람들의 이목을 혼란스럽게 한다. 박세리, 김연아 등 세계적 스포츠 스타들이 대강 연습했다면 그러한 경지에 도달하고 세계인들의 경탄을 자아내는 신기(神技)를 연출할 수 있었을까?

경기장이나 TV 화면을 통해 보이는 그들의 절묘한 기술과 화려한 성공의 장면들을 보면서 대개 그 이면에 숨겨진 참모습, 즉 오랜 세월 땀과 고통의 눈물로 얼룩진 각고(刻苦)의 훈련 과정, 다시 말해 무서울 정도의 '수도(修道) 과정'이 있었다는 것을 깊은 관심을 갖고 통찰하는 이들은 그리 많지 않다는 게 '아무나 도사가 될 수 없는 이유'라 할 것이다. 부귀와 또 다른 성공은 갖고 싶지만 오랜 세월에 걸쳐 초지일관하며 각고의 정진과 수도의 과정에서 만나게 되는 시련과 고통은 감내하려 들지 않는 것이 작금의 일반적 추세임을 감안할 때 어느 한 분야에서 도사가 된다는 것은 그리 쉽지 않으리라는 결론에 도달할 수밖에 없는 것이다.

어떤 사람이 스스로 도사인 것처럼 이야기할 때, 액면 그대로 믿어야 할지 아니면 무슨 검증을 해야 할지 궁금할 때가 적지 않다. 그럴 때 노자(老子)의《도덕경》제15장은 비록 말로 표현하기 어렵기는 하지만 억지로나마 도사들이 일반적으로 지니고 있는 모습들을 형용함으로써 도사인 척하는 '도척', 즉 엉터리 도사들이 '왜 도사가 못 되는가'라는 점을 간접적으로나마 판단할 수 있게 하는 하나의 기준을 제공하고 있다는 점에서 각별한 의미를 지닌다 하겠다.

우선 진정한 도사들은 스스로 도사라고 떠벌리지도 않을뿐더러 제 실력을 과장하거나 뽐내는 소아병적인 태도를 보이지 않는 것이 일반적이다. 이러한 점을 노자는, 한겨울 얼음이 언 강을 건너려는 큰 코끼리가 혹여라도 얼음이 꺼지지 않을까 신중하게 접근하여 이리저리 다양한 시험을 해보면서 상당한 시간이 흐르는 것을 감수하는 데 반하여 그렇지 못한 '도척'들은 신통치 않은 제 실력을 뽐낸답시고 성큼성큼 걸어 들어갔다가 얼음이 갈라지면서 언 강에 빠져 비명횡사하게 된다는 예를 들어 잘 설명해 주고 있다.

어느 방면의 어떤 도사이든 도사가 촐랑거리는 것을 본 일이 있는가? 노자께서 간파한 도사의 일반적 모습은 마치 어리숙한 사람처럼 보이는 경우가 많고, 투박한 모습, 격의 없이 소탈한 모습, 텅 빈 골짜기처럼 걸림 없는 모습, 일일이 구별하거나 구분 짓지 않고 마치 흙탕물처럼 흐리멍덩해 보이지만 자세히 들여다보면 깊고 너른 바다처럼 잔잔하고 담박한 모습을 보이며 바람처럼 어느 한곳에 머물거나 집착하지 않는 그런 독특한 모습을 보이는 이들이다.

그리고 이러한 도사들은 평범해 보이지만 나름 불변의 진리를 터득하여 육화, 체화한 이들이라서 혼자만 진리를 받아들여 음미하고 스스로 만족하며 사는 게 아니라 세상 사람들의 혼탁한 심성을 마치 흙탕물이 흐리지 않게 정지시켜 서서히 맑아지게 하고, 안일함과 나태함에 물들어 성장 발전이 정체되는 세상을 자연스럽게 혁신하여 사람들에게 생기를 불어넣어 생동감 넘치는 새로운 세상으로 만들어 나간다.

그릇에 물이 가득 차면 넘치듯이 분에 넘치는 지나친 욕심을 스스로 내지 않도록 인도하여 다 같이 풍족하고 여유로운 삶을 구가할 수 있도록 가르친다. 뿐만 아니라 나라나 가정 경영에 있어서도 비록 낡은 것이라 해도 새것으로 만들어 끊임없이 교체하는 불필요한 수고와 재정적 낭비를 미연에 방지하여 예스러움을 잘 보존하고 느림의 미학으로 삶의 질을 한껏 높일 수 있도록 새로운 정치적 이정표를 제시한다.

이 장은 시작이 古之善爲道者(고지선위도자)로 되어 있는 본과 古之善爲士者(고지선위사자)로 되어 있는 본, 두 가지가 있는데 말하고자 하는 뜻이 다르지 않으므로 시시비비를 논할 것은 없지만 굳이 명확하게 결론을 짓는다면 과거 어느 주석가의 논리대로 古之善爲道之士(고지선위도지사), 즉 '옛적에 도를 터득하여 잘 실천한 이'로 풀면 의문을 해소할 수 있을 것이다.

어쨌든 세상의 자칭 도사들의 혹세무민하는 수법에 피해를 보지 않고 자기 스스로 도를 터득하여 순리와 자연의 물 흐르듯 사는 삶을 구가하기 위해서라도 노자의 가르침에 귀를 기울일 필요가 높을 것으로 판단된다.

歸根

道를 따르면 위태로울 일이 없다

도덕경 제16장

致虛極, 守靜篤. 萬物並作, 吾以觀復. 夫物芸芸, 各復歸其根.
歸根曰靜, 靜曰復命. 復命曰常, 知常曰明. 不知常, 妄作凶.
知常容, 容乃公, 公乃全(王), 全(王)乃天, 天乃道, 道乃久, 沒身不殆.

치허극, 수정독. 만물병작, 오이관복. 부물운운, 각복귀기근.
귀근왈정, 정왈복명. 복명왈상, 지상왈명. 부지상, 망작흉.
지상용, 용내공, 공내전(왕), 전(왕)내천, 천내도, 도내구, 몰신불태.

비우기를 극진히 하고 고요함을 철저히 유지한다.
그리하면 만물이 다 같이 생겨나 움직이더라도
나는 그들이 본래의 고요한 자리로 되돌아가는
본연의 참모습[實相]을 볼 수 있다네.
세상 만물이 무성하게 자라더라도
마지막에는 제각기 그들의 뿌리로 되돌아간다네.
뿌리로 되돌아간다는 것은
본래의 고요함으로 되돌아감을 이름이네.
고요함으로 되돌아간다는 것은
천명(天命)으로 복귀한다는 말이네.
천명으로 복귀하는 것은 정상(正常)적 도리(道理)요.
정상적 도리를 아는 것을 밝음이라 하리라.
정상적 도리를 알지 못하면
망령 되이 좋지 못한 짓을 하게 되리라.
정상적 도리를 알면 세상을 포용할 수 있게 되고
세상을 포용하게 되면
지공무사(至公無私)의 공적인 삶을 살 수 있게 되리라.
공적인 삶을 살게 되면
주인공으로서의 온전한 삶을 살 수 있게 되고
하늘을 본받아 더욱 존귀한 삶을 살 수 있게 되리라.
그리고 존귀한 삶에서 더 나아가
자연의 도리에 부합하는 삶을 살게 되고
도리에 부합하는 삶을 살면
천지(天地)와 더불어 하나가 되어

장구한 삶을 살 수 있게 되리라.
죽을 때까지 위태로울 일이 없는
거룩한 존재로서의 삶을 살 수 있게 되리라.

세상 사람들은 대부분 더 많이 가지려고 노력하고 머릿속의 곳간이든 집 안의 곳간이든 더욱 채우려고 애쓴다. 이러한 인간의 기본적 욕구는 인간사회의 정상(正常)적 도리(道理), 다시 말해 만고불변의 진리(眞理)를 제대로 인식하지 못하는 데서 비롯된 것으로서 그것이 얼마나 허망한 것인가를 일깨우고 나아가 자연의 도리에 부합하는 삶으로 이끌기 위해 노자는 직설적으로 말한다.

"순리 자연의 삶을 직접적으로 가로막고 있는, 머릿속을 가득 채우고 있는 허접스런 지식들을 비우되 남김없이 비워버리고 마음속에 깃든 잡다한 번뇌와 욕심을 비워 없애야 하리라. 끝없이 흔들리고 변화하는, 자신의 삶을 뿌리째 뒤흔드는 온갖 욕망에서 비롯된 몸과 마음의 동요(動搖)와 시끄러움을 모두 그치게 하여 고요함으로 돌아가되 그 고요함을 철저하게 유지해야 할 필요가 있다는 것을 깨달아야 한다."

만물이 다 같이 생장소멸(生長消滅)을 거듭하며 끝없이 움직이더라도 마지막에는 그 생명이 시작된 본래의 고요한 자리로 돌아가는 것이 생명을 지닌 모든 존재의 참모습이 아닌가? 불가(佛家)에서 죽음을 입적(入寂), 즉 '고요함의 세계로 들어갔다'고 표현하는 것 역시 이러한 이치를 잘 보여주는 말이라 하겠다.

그러나 세상 사람들은 눈에, 그것도 육안(肉眼)으로 보이는 세상에만 집착하고 보이는 세상 너머의 실상(實相)을 여실하게 보는 것에 대해서는 꿈에서조차 시도하거나 생각하지 못하고 일생을 '진리에 눈먼 소경'으로 살아감으로써 자연의 도리에 어긋난 삶, 천명(天命)으로부터 이탈한 삶에서 벗어나지 못한 채 별다른 생각 없이, 사는 대로 그럭저럭 살아가는, 꿈속을 헤매는 삶을 영위하고 있는 실정이다.

유가(儒家) 정신의 진수(眞髓)라고 일컬어지는 《중용(中庸)》의 첫머리에 등장하는 "자연계로부터 부여받은 것을 성(性)이라 하고 천성에 따르는 것을 도(道)라고 하며 도를 닦고 도를 실천하게 인도하는 것을 교(敎)라고 한다[天命之謂性 率性之謂道 修道之謂敎]"는 공자(孔子)의 가르침 역시 자연계로부터 부여받은 천성(天性)에 따라 사는 삶, 다시 말해 자연의 도리, 하늘의 도리, 인간의 도리에 부합하는 삶으로 인도하는 것이 가장 중요한 교육의 본질임을 역설하고 있다.

공자는 또한 《논어(論語)》에서 "천하 다스림의 정점에 선 위정자(爲政者)가 하루라도 자기중심적 자아를 넘어 우주 자연의 질서에 부합하는 삶으로 복귀할 수 있다면 천하 사람들이 다 같이 자연법칙을 근거로 한 인간의 도리[仁]를 받아들여 실천함으로써 세상이 혁신적으로 달라질 것[一日克己復禮 天下歸仁焉]"이라고 역설하며 세상을 이상적으로 변화시킬 핵심 가치로 인(仁)을 제시한 바 있다.

《도덕경》의 이 장에서 "천명으로 돌아가는 것이 정상적 도리이자 불변의 진리[復命曰常]"라고 강조한 대목은 천명의 궤도에서 벗어난 삶으로는 천장지구(天長地久)의 장구한 삶은 고사하고 자연계로부터 부여받은 제 천수(天壽)조차 온전하게 누리기 어렵다는 노자 가르침의 핵심을 잘 설명해 준다. 자연계로부터 부여받은 사명(使命)이 무엇인가를 올바로 인식하여 그것을 완수한 뒤에 천명을 성실하게 이행한 결과에 대해 보고하는 것은 명을 받은 사람으로서 정상적 도리이자 불변의 진리라 할 것이다.

이러한 불변의 진리이자 정상적 도리에 대해 아는 것을 밝음이라 할 것이고 밝음의 부족으로 인해 이러한 진리와 도리에 대해 알지 못하면 대가를 치를 좋지 못한 일을 하게 될 가능성이 한층 더 높아지게 될 것이다. 어떤 것이 정상인지를 제대로 아는 사람들, 즉 불변의 진리를 터득한 이들은 자기중심적 틀을 타파함으로써 스스럼없이 세상을 포용할 수 있을 것이고 참으로 극복하기 어려운 아상(我相)에서 벗어나 지공무사(至公無私)의 공적 삶의 궤도로 돌아오게 될 것이다.

이를 우리 생명에 비추어 논하자면 자기 자신의 몸과 마음이 어떤 것이 정상인지를 알아야 비정상적 상태인 암과 난치병을 물리치고 생명을 정상화시키려는 노력을 하게 되고 그러한 노력을 통해 생명의 정상적 상태인 건강을 회복할 수 있게 되는 것이다. 다치거나 병들면 아픈 게 당연하고 심하게 아프거나 질병이 악화되면 죽는 게 당연한 것처럼 받아들이는 것은 바로 우리 몸과 마음의 정상에 대해 올바른 인식을 갖고 있지 못하고 인식을 하더라도 그 정상 상태를 유지하거나 회복하기 위한 어떤 시도와 노력도 하지 않기 때문이다.

지공무사의 삶의 자세는 천하를 다스리는 왕을 비롯하여 어느 곳, 어느 집단을 막론하고 주인공으로서의 온전한 삶을 영위할 수 있는 바탕이 될 것이고 나아가 하늘을 본받아 더없이 존귀한 삶을 살아갈 수 있는 원동력으로 작용하게 될 것이다. 그리고 마지막에는 자연의 도리에 부합하는 삶으로 승화되어 천지와 더불어 하나가 되어 장구한 삶을 살아가게 되리라.

자연의 이치를 잘 설명해 놓은 대표적 저술로 알려진 《주역(周易)》 건(乾)괘의 효사를 풀이하면서 공자는 대인(大人)에 대해 이렇게 말하고 있다.

“대인은 천지와 더불어 그 덕을 합하고[與天地合其德] 일월과 더불어 그 밝음을 합하며[與日月合其明] 사시와 더불어 그 질서에 부합하고[與四時合其序] 귀신과 더불어 그 길흉을 합해서[與鬼神合其吉凶] 하늘에 앞서더라도 하늘과 어긋나지 않으며 하늘을 뒤따르더라도 하늘의 때에 맞게 하나니 하늘과 어긋나지 않거늘 하물며 사람이나 귀신에 있어서랴!”

또한 “나이 70에 이르니 마음이 원하는 대로, 하고 싶은 대로 해도 우주 자연의 법칙에 어긋나는 일이 없게 되었다[七十而從心所欲不踰矩]”는 이야기를 통해 자신의 삶을 점진적으로 자연의 도리에 부합하는 삶으로 승화시켜 천지와 더불어 하나가 되어 거룩한 삶을 영위할 수 있게 되었음을 밝히고 있다(《論語》 爲政編).

조선조 중기 임진란(壬辰亂)으로 나라의 운명이 풍전등화(風前燈火)처럼 위태로울 때 선조(宣祖) 임금의 부촉을 받아 감연히 세상에 등장해 격문(檄文)을 통해 의승병(義僧兵)들을 규합하여 전쟁터로 나아가 왜군을 격퇴하고 나라와 백성을 구하는 데 결정적 공헌을 한 서산(西山)대사의 법호, 법명이 '청허 휴정(淸虛休靜)'이라는 것은 당시 불교가 노장사상(老莊思想)의 영향을 그대로 받았다는 상징으로 파악된다. '치허극(致虛極) 수정독(守靜篤)'의 허(虛)와 정(靜)을 법호, 법명으로 삼은 서산대사의 정신세계 수준이 어느 정도인지를 짐작게 하는 특이한 이름이라 하겠다.

아무튼 노자께서 '비우기를 남김없이 하고 고요함을 철저하게 유지해야 보이는 세상 너머의 참모습을 여실하게 볼 수 있으며 궁극적으로 각자의 삶을, 자연의 도리에 부합하는 삶으로 승화시켜 천장지구의 거룩한 삶의 주인공이 될 수 있음'을 천명한 것은 인류의 삶의 질을 향상시킬 수 있는 묘방(妙方) 중의 묘방을 제시한 것이라 하겠다.

淳風

良醫는 단지 팔짱만 끼고 있을 뿐…

도덕경 제17장

太上 不知有之, 其次 親而譽之, 其次 畏之, 其次 侮之.

信不足焉, 有不信焉. 悠兮其貴言.

功成事遂, 百姓皆謂, '我自然'.

태상 부지유지, 기차 친이예지, 기차 외지, 기차 모지.

신부족언, 유불신언. 유혜기귀언.

공성사수, 백성개위, '아자연'.

물 흐르듯 자연스러운 정치로
천하를 잘 다스리는 최상의 위정자는
천하 사람들이 그런 이가 존재하는지조차 알지 못한다.
그다음으로 천하를 잘 다스린 이는
백성들이 위정자를 가까이하며 그 공덕을 칭송하게 된다.
그다음의 위정자에 대해서는 백성들이 두려워하고
그다음의 위정자에 대해서는 백성들이 그를 업신여기게 된다.
스스로 진실성이 부족하면
다른 이들에게 신뢰를 받지 못하는 법이니
깊이 생각하고 또 생각하여 말을 아끼고 생색을 내지 않아야
백성들로부터 무한한 존경과 신뢰를 얻을 수 있으리라.
이러한 무위자연의 정치라야
그러한 정치에 의해 위대한 공을 이루고 대역사를 완성하더라도
백성들이 다 같이 위정자의 정치 역량이
주된 성공의 요인이라는 사실을 인식하지 못하고
"우리 모두의 노력에 의해 자연스레 이루어진 것이다"라고
이야기하게 된다.

중국 선(禪)의 황금시대로 일컬어지던 당나라 때, 조동종(曹洞宗)의 종조 동산 양개(洞山良价·807~869)선사의 어록에는 "세상의 가장 훌륭한 의료인은 단지 팔짱만 끼고 있을 뿐 치료라는 이름 아래 환자의 자연치유 능력을 도리어 손상시키는 무리한 치료를 하지 않는다"는 요지의 '양의공수(良醫拱手)'

이야기가 등장한다. 양개는 출가 이래 자신을 지도해 줄 선지식을 찾아 오랫동안 돌아다니다가 마침내 운암 담성(雲巖曇晟·772~841)선사를 만나 몇 년간 그의 회상에 머물며 수행하였다. 담성이 입적하기 전, 양개가 스승에게 물었다.

"스승님께서 입적하신 뒤에 누군가 '화상의 진면목(眞面目)을 그릴 수 있는가?'라고 물으면, 뭐라고 대답해야 합니까?"

"그에게 '다름 아닌 이것이 바로 그것이다'라고 하면 될 걸세."

양개는 이 말을 이해하지 못했다. 담성이 입적한 뒤에 제를 지내기 위해 위산(潙山)으로 가던 중, 담주(潭州)에 이르러 큰 개울을 건널 때 양개는 물속에 비친 자기 모습을 보고 크게 깨달아 비로소 담성의 말을 이해할 수 있었다. 그래서 읊기를

切忌從他覓 迢迢與我疎 我今獨自往 處處得逢渠
절기종타멱 초초여아소 아금독자왕 처처득봉거

절대로 남을 쫓아다니며 찾으려 말라
멀어지고 멀어져 나와는 더욱 멀어지나니
나 이제 홀로 가노라니
곳곳에서 그를 만날 수 있다네

이후, 양개는 스승에 대해 대중에게 늘 이렇게 말하곤 했다.

"스승 담성이 나를 위해 자상하게 법을 설해주지 않은 것에 대해 감사하게 여길 뿐이다."

양개는 그의 어록에서 '훌륭한 의사는 단지 팔짱만 끼고 있을 뿐 복잡다단한 치료를 하지 않는다[良醫拱手]'라는 이야기를 통해 "훌륭한 의사는 환자가 자신의 자연치유 능력을 회복해 본래의 건강을 되찾을 수 있도록 도울 뿐이지, 지나치게 방약(方藥)을 베풀어 오히려 환자의 생명에 해악을 끼치지 않는다"는 점을 강조하였다.

고금동서(古今東西)에 유례를 찾아보기 어려울 정도의 독특한 묘방(妙方)과 신약(神藥)을 통해 각종 현대 암, 난치병, 괴질로 고통받거나 목숨이 위태로운 병자들을 죽음의 위기로부터 기사회생(起死回生)시킴으로써 세인(世人)들로부터 '불세출의 신의(神醫)'로 일컬어지는 인산 김일훈(仁山 金一勳·1909~1992) 선생의 의료철학의 원류는 '무위자연(無爲自然)'이요, 그 의료철학을 한마디로 요약하자면 '무의자유(無醫自癒)'라 하겠다.

병든 사람에게 인술(仁術)과 방약은 필요한 것이지만 우주자연의 법칙에 어긋나지 않는 순리와 자연의 방약을 활용해 인체에 무리를 가하지 않으면서 자연스레 치유되도록 이끌어주는 의사가 '참 의료인'이라 할 수 있을 것이다.

감기에 별다른 고민 없이 항생제를 곧바로 투여한다든지 암 덩어리가 뭉친 것이 드러났다고 해서 수술 등의 방법을 동원해 파괴, 제거를 시도하고 항암제를 투여하는 등의 치료가 지극히 상식적이고 심지어 과학에 근거한 것이라는 생각과 주장까지 나오는 오늘의 현실은 '참 의료가 실종된 세상, 몸과 마음이 다 같이 심각하게 병든 세상'이라 아니할 수 없겠다.

인산 선생의 '무의자유' 사상의 핵심은 무리와 부작용이 따

를 수밖에 없는 인위, 인공, 조작의 의료에 의존하지 않을 경우 인위, 인공, 조작을 배제한 무위자연의 의료에 의해 인체의 자연치유 능력이 복원되어 차츰 인체 생명을 순리적으로 정상 회복시켜 준다는 것이다.

가장 훌륭한 위정자는 무위자연의 정치를 함으로써 천하 사람들이 그의 존재 여부조차 잘 알지 못할 정도이고 그의 통치 행위가 자신의 실생활에 미치는 영향을 거의 인식하거나 느끼지 못하는 특징을 보여준다.

마찬가지로 가장 훌륭한 의료인은 전문적 지식이나 고도의 기술을 동원해 항공기나 자동차를 다루듯 고장 난 인체를 수리하는 것이 아니라 자연의 궤도를 벗어난 삶의 패턴을 자연으로 돌아가게 하고 인체의 자연치유 능력을 복원시켜 인체 스스로의 복원력으로 비정상적 생명을 정상화시키도록 인도하는 역할을 한다.

따라서 당나라 명의 손사막(孫思邈) 선생이 삼의론(三醫論)에서 '상의 치미병(上醫治未病), 중의 치욕병(中醫治欲病), 하의 치이병(下醫治已病)'이라고 했듯이 상의는 아직 발생하지도 않은 병의 싹을 미리 다스려 아예 병이 생겨나지 않게 하므로 의료인으로서의 본분을 다하고, 중의는 병이 생기려 할 때 다스려 인위적 의료이기는 하지만 뭔가 일정 부분 역할을 하고, 하의는 이미 병이 생겨나 생명이 위태롭고 고통이 심각한 상태에서 다소 무리가 따르더라도 인위, 인공, 조작의 모든 수단을 동원해 근본적 해결은 못 되지만 드러난 문제를 우선 처리하여 증상을 완화시키거나 제거해 건강을 회복하는 데 기여함으로써 생명의 은인이자 훌륭한 의료인으로서 두고두고 칭송받게 되는 것이다.

인산 선생의 신묘한 방약들의 대부분은 우리 주변에 흔한 농림축수산물의 약성을 활용해 인체의 면역 기능을 복원시키는 데 초점을 맞추고 있다. '인산의학'은 약 아닌 약, 즉 우리가 늘 먹어왔던 음식을 활용해 난치성 병마를 물리치는 묘법을 제시함으로써 누구나 제 병, 제 스스로, 제 집에서 자연물의 약성을 활용해 얼마든지 고칠 수 있도록 했다는 점에서 그 누구도 무위자연에 근거한, 더없이 훌륭한 의료라는 사실을 쉽사리 알아차리지 못하지만 그래도 눈 밝은 이들의 지속적인 체구연마(體究硏磨)에 의해 시공(時空)을 초월한 인류의 '참 의료 복음'으로 자리 잡아가고 있음을 느끼게 된다.

노자의 무위자연의 정치와 인산의 무의자유의 의론, 동산선사의 양의공수론, 손사막의 삼의론 등의 공통분모에는 순리와 자연의 정치로 요약되는 '태상의 정치', 순리와 자연의 의료로 귀결되는 '태상의 의료'가 만고불변의 진리로 자리 잡고 있음을 보게 된다.

俗薄

大道가 사라진 뒤 仁義 등장

도덕경 第18장

大道廢, 有仁義, 智慧出, 有大僞,

六親不和, 有孝慈, 國家昏亂, 有忠臣.

대도폐, 유인의, 지혜출, 유대위,

육친불화, 유효자, 국가혼란, 유충신.

세상 사람들이 처음에는 위대한 도에 의해
인위, 인공, 조작이 가미되지 않은
순리와 자연의 소박한 삶을 영위하다가
점차 도덕의식이 미약해지면서
어느 정도 인위적 노력이 가미된
어짊과 의로움을 강조하는 세상으로 되었고
따지고 분별하는 지혜를 중시하는 풍조가 등장하면서
거짓과 속임수가 횡행하는 불신의 사회로 바뀌었다.
부모, 형제, 부부간의 자연스러운 인간관계에
사사로운 욕심과 아집(我執)이 개입되어 화목하지 못하게 되면서
세상은 효성과 자애로움 등의 윤리적 가치관을 강조하게 되었고
국가의 도덕적 기본질서가 혼란스러워지고
나라가 위태로워지면서 그러한 위기를 온몸으로 막으려는
충신들의 행적이 부각되고 세상의 이목을 끌게 되었다.

무위자연의 위대한 도가 사람들의 의식 속에서 점차 빛을 잃어감에 따라 다소 인위적 노력이 가미된 것이라 하더라도 인도(仁道)와 의리(義理)를 내세워 세상 문제를 해결해 보기 위한 차선책이 등장하게 되었으며, '맞다, 틀리다' 따지고 분별하는 지혜가 등장하면서 그 반작용으로 오히려 거짓과 속임수가 횡행하는 불신의 사회로 바뀌는 부작용이 나타나게 되었다.

효성과 자애를 강조하게 된 것은 다시 말해 그만큼 부모, 형제, 부부의 육친이 화목하지 못하다는 사실을 방증하는 것이

고, 특별한 충신들의 이야기가 세상에 알려졌다는 것은 그 나라가 그만큼 혼란에 빠지고 위기에 처해 누군가 위기로부터 나라를 구하기 위해 제 목숨을 바쳤다는 뜻이 된다.

무위자연의 정치로 인해 세상이 평화롭고 사람들의 심성이 단순 소박하던 요순(堯舜)의 시대에 무슨 세상을 떠들썩하게 한 충신이 있겠으며, 부모에 대한 효성은 당연한 것이고 누구나 일상적으로 실천하는 생활의 덕목일 뿐인데 칭송받는 효자가 따로 있을 수 있겠는가?

따라서 인의와 충효는 혼란스러운 국가 또는 각박해져 가는 세상에서나 나타날 법한 상대적 덕목일 뿐 사람이면 누구나 절대로 소홀히 하거나 멀리해서는 안 될 절대적 덕목인 도와는 다르다는 점을 《도덕경》의 이 장은 새삼 상기시켜 주고 있다. 나라든, 집안이든 흥망성쇠를 가름하는 결정적 요인은 다른 데 있는 것이 아니라 도(道)의 있고 없음에 달렸다는 점을 노자는 완곡하게 설명해 주고 있는 것이다.

還淳

바탕색 지니고 질박함 보전하라

도덕경 제19장

絶聖棄智, 民利百倍, 絶仁棄義, 民復孝慈, 絶巧棄利, 盜賊無有.
此三者, 以爲文不足. 故令有所屬. 見素抱樸, 少私寡欲.

절성기지, 민리백배, 절인기의, 민복효자, 절교기리, 도적무유.
차삼자, 이위문부족. 고영유소속. 현소포박, 소사과욕.

거룩함을 끊고 아는 것을 버려야
백성들의 이로움이 백배에 달하리라.
가식이 깃든 인자함을 끊고 의로움을 버려야
백성들은 참으로 효성스럽고 자애로워지리라.
기교를 끊고 이익을 버려야 도적질이 없어지리라.
세상에서는 이 세 가지를 문물과 제도로 삼고 있으나
다소 미흡한 부분이 있으므로
더 근원적 가치 개념을 제시하여 그에 따르도록 하리라.
섬유의 본바탕 빛깔을 물들이지 말고 그대로 드러나게 하며
통나무의 질박한 속성을 훼손하지 말고
원형 그대로 안고 살아야 하리라.
개인적 이익을 추구하거나
자기 자신을 내세우는 것을 적게 하고
뭔가를 만들거나 이루려고 하는 의도와
사사로운 욕심을 줄여야 하리라.

큰 깨달음에 근거한 차원 높은 지혜와 거룩한 행실로 세상 사람들로부터 존경과 신뢰를 한 몸에 받는 이들을 거룩한 분, 즉 성자(聖者)라 칭한다. 역사상 석가모니 부처님을 위시하여 노자, 공자, 예수 등 '거룩한 이'들은 세상 사람들이 상상하기조차 어려운 현상 이면의 실상(實相)을 꿰뚫어 보는 혜안(慧眼)을 지닌 데다 인류가 나아가야 할 새로운 차원의 이정표를 제시하여 좀 더 건강하고 행복한, 훌륭한 삶을 살 수 있도록 인도하는 지난(至

難)한 과제를 차질 없이 잘 수행한 분들이라 하겠다.

이러한 분들에 대해 인류가 갖는 존경과 신뢰는 무한한 것으로서 사람들이 항용 필요에 의해 거룩해 보이게끔 포장한 어떤 이들과 비교해도 더없이 높은 일면을 갖고 있는 것이 보통이다. 그래서 당대의 제왕이나 임금들은 세상 사람들의 거룩한 이에 대한 열광적 호응에 대해 부정적으로 인식하고 배척하며 심지어 해치거나 죽이기까지 한 일을 역사는 잘 보여주고 있다.

노자의 "거룩함을 끊고 아는 것을 버려야 백성들의 이익이 백배에 달하리라"는 이야기는 자연스레 등장한 거룩한 성자들과의 단절을 말하는 게 아니라 어떤 목적에 의해 인위적 노력에 따라 부자연스레 부상(浮上)한 거룩한 존재들에 대해 자연스러움을 배제함에 따라 오래가기도 어렵거니와 백성들의 불편과 불이익이 이루 말로 설명하기 어려울 정도로 크다는 것을 직설적으로 표현하고 있다. 《도덕경》에서 표현된 거룩함[聖], 또는 거룩한 존재[聖人]는 대개 당대의 위정자를 지칭하는 말인데, 그것은 당대 최고의 거룩한 존재는 하늘의 아들[天子]이라고 여겼던 당시 분위기를 감안할 때 충분히 수긍이 가는 표현이라 하겠다.

성지(聖智)와 인의(仁義), 교리(巧利)는 세상의 가치 기준으로 볼 때는 더없이 훌륭한 것이지만 노자의 시각으로 볼 때는 자연스러움을 벗어난 인위(人爲), 인공(人工), 조작(操作)의 틀을 벗어나지 못한 것이어서 상위 개념으로 본바탕 빛깔을 그대로 드러내고 다듬기 이전의 통나무 속성을 그대로 간직하는 삶을 기본으로 해서 그러한 인식을 받아들여야만 문제가 발생하지 않을 것이라는 소신을 피력한 것이라 판단된다. 소박함을 잃지 않은 자연스러운 삶을 추구하는 노자의 인생관을 잘 보여주는 대목이라 하겠다.

異俗

배움을 그치면 근심이 사라지리

도덕경 제20장

絶學無憂, 唯之與阿, 相去幾何? 美之與惡, 相去若何?
人之所畏, 不可不畏. 荒兮其未央哉!
衆人熙熙, 如享太牢, 如春登臺.
我獨泊兮, 其未兆, 如嬰兒之未孩, 儽儽兮, 若無所歸.
衆人皆有餘, 而我獨若遺. 我愚人之心也哉! 沌沌兮!
俗人昭昭, 我獨昏昏. 俗人察察, 我獨悶悶. (澹兮其若海, 飂兮若無止)
衆人皆有以, 而我獨頑且鄙. 我獨異於人, 而貴食母.

절학무우, 유지여아, 상거기하? 미지여악, 상거약하?
인지소외, 불가불외. 황혜기미앙재!
중인희희, 여향태뇌, 여춘등대.
아독박혜, 기미조, 여영아지미해, 내래혜, 약무소귀.
중인개유여, 이아독약유. 아우인지심야재! 돈돈혜!
속인소소, 아독혼혼. 속인찰찰, 아독민민. (담혜기약해, 요혜약무지)
중인개유이, 이아독완차비. 아독이어인, 이귀식모.

더 많은 것을 알기 위한 배움을 그만두면
근심 걱정이 사라지리라.
'예'라는 대답과 '응'이라는 말의 거리는
얼마나 되는가?
좋다거나 아름답다는 개념과
나쁘다거나 밉다는 생각의 거리는 얼마나 되는가?
사람들이 신경 쓰고 두려워하는 바를
신경 쓰고 두려워하지 않을 수는 없겠지만
그런 식으로 일일이 따지고 든다면
세상은 얼마나 황량하고 거칠어지겠는가?
배운 지식을 잣대로 삼아
일일이 살피고 따지려 든다면
그것은 아마도 끝이 없을 것이다.
세상 사람들은 그저 희희낙락하는구나.
마치 큰 소를 잡아 잔치를 벌이는 듯,
남녀가 서로 어울려 봄놀이를 하는 듯….
나만 홀로 담백하나니.
그 어떤 표정도 없는 것은
아직 웃지도 못하는 어린아이 같구나.
초라한 모습은 마치 돌아갈 집도 없는 떠돌이 같구나.
사람들은 모두 여유롭고 넉넉해 보이는데
나만 홀로 부족해 보이고
뭔가 잃어버린 사람 같구나.
나는 어리석은 사람의 마음을 지녔구나.

어리숙하고 어리숙하도다.
사람들은 모든 부면에 밝은데 나만 홀로 어둡구나.
사람들은 매사 잘 살피는데 나만 홀로 흐리멍덩하구나.
(고요하고 깊구나, 마치 바다처럼. 바람결 같구나,
어디에도 머물지 않는 것은)
사람들은 다 쓸모가 많지만
나만 홀로 아무런 쓸모가 없는 사람처럼
완고하고 촌스럽구나.
나만 홀로 다른 사람들과 달리
먹여주는 어미를 존귀하게 여기는구나.

역사상, 세상에 그 이름을 드날린 어떤 성자(聖者)나 학자라 해도 배우는 것을 그만두어야 근심 걱정이 사라지리라는 충격적인 이야기를 한 이는 찾아보기 어렵다.《도덕경》전편을 통해 노자의 가르침은 바로 이런 식으로 표현되고 전개됨으로써 언뜻 이해하기에는 세상의 가치 기준에 반하는 정반대의 엉뚱한 이야기이거나 억지 주장처럼 들릴 수 있다. 그러나 읽고 또 읽고 생각하고 또 생각해 보면 처음 느꼈던 황당하다는 느낌에서 점차 벗어나면서 그 누구의 어떤 가르침과도 차원이 다른 새로운 사유 방식과 깨달음을 제공하고 있다는 것을 인식할 수 있게 된다.

깨달음이란 무엇인가? 그동안 오랜 세월에 걸쳐 스스로 나름 인식하고 파악한 것을 근거로 형성한 자기 자신의 고정관념의 틀을 어떤 계기로 인해 과감하게 타파하고 여실(如實)한 모습, 즉 실상(實相)에 올바른 인식이 도달하는 순간을 지칭하는 표현이다. 무지(無知)와 편견에 의한 고정관념의 틀에서 벗어나지 못한 채 오해와 갈등, 환상, 고통으로 가득 찬 바다를 헤매다가 오랜 수행과 연찬의 시간을 보낸 끝에 새로운 안목이 열려 발견한 실상의 저 언덕, 신천지(新天地)에 도달하는 것을 지칭하는 이야기인 것이다.

성현(聖賢)들께서 경전(經典)을 통해 제시하는 새로운 이정표는 올바른 인식을 가로막는 자기 자신의 무지와 편견의 고정관념의 틀을 깨부수어야 비로소 닿을 수 있는 세상이 있음을 일깨워주고 있는 것이다. 그러나 그러한 세상을 가리키고 있다 하더라도 궁극적인 수행 정진을 통해 그곳에 도달하느냐 못 하느냐 하는 문제는 전적으로 자기 노력 여하에 달려 있다는 사실을 간과(看過)하지 말아야겠다.

언뜻 들으면 마치 지식을 부정적으로 보는 것 같은 이야기이지만 우리 선인들께서도 '식자우환(識字憂患)'이라 하여 아는 게 많아서 좋은 점보다는 도리어 사사건건 따지고 지나치게 우려하는 부작용으로 나타날 수 있다는 점을 경계한 바 있다. 노자의 '절학무우(絶學無憂)'라는 가르침과 일맥상통(一脈相通)하고 여합부절(如合符節)하는 지혜로운 표현이라 하겠다.

다방면으로 배워서 많이 아는 것까지는 좋은데 지식과 정보도 급이 다른 만큼 차원 높은 고급 지식과 정보를 지닌 이들은 그런 병폐가 별반 드러나지 않지만 그렇지 못한 이들은 허구한 날 '어하고 아하고 다르다'며 다투고 '제 눈에 안경'이라는 생각을 못 하고는 '예쁘네, 안 예쁘네'라며 제 생각에 따라 우기는 것으로 황금보다 소중한 인생의 시간을 낭비하기 일쑤이다.

인위적 노력과 인공적 요소가 가미되어 세련되고 유식한 사람보다는 갓난아이의 때 묻지 않은 순수한 마음, 타고난 천성(天性)을 평생 그대로 간직한 채 꾸밈없이 순수 소박하게 살아가는 자연스러운 사람을 더욱 중시하는 노자 인생관의 한 단면을 엿볼 수 있는 장(章)이라 하겠다. 다른 사람들이 추구하는 바와는 거리가 멀겠지만 어쨌든 나(노자)의 모습과 내가 지향하는 바를 형용하면 대략 이런 모습으로 비치리라.

"세상 사람들이 뭔가 기뻐하며 희희낙락할 때 나만 홀로 담박하고 다들 똑똑하고 영리하며 쓸모가 많은 사람들인 데 반하여 나는 흐리멍덩하고 어리숙하며 아무런 쓸모도 없는 사람처럼 여겨진다. 모두 빠르게 발전하는 화려한 모습을 보이지만 나만 홀로 느림의 상징처럼 굼뜨고 초라한 모습을 탈피하지 못한다. 화려한 빛깔을 자랑하는 옷이 아니라 아무런 색깔을 가미하지 않은 섬유 원단을 그대로 입고, 잘 다듬어 세련된 모습을 보이는 게 아니라 다듬지 않은 통나무 그대로의 투박한 모습을 드러낼 뿐이다. 재물이나 권력, 명예를 좇는 세상 사람들과는 달리 나는, 나를 먹여 살리는 내 생명의 어미인 도(道)를 가장 존귀하게 여긴다."

無의 道에서 만물 만상이 나온다

도덕경 제21장

孔德之容, 惟道是從. 道之爲物, 惟恍惟惚.
惚兮恍兮, 其中有象, 恍兮惚兮, 其中有物.
窈兮冥兮, 其中有精, 其精甚眞, 其中有信.
自今及古, 其名不去, 以閱衆甫.
吾何以知衆甫之狀哉! 以此.

공덕지용, 유도시종. 도지위물, 유황유홀.
홀혜황혜, 기중유상, 황혜홀혜, 기중유물.
요혜명혜, 기중유정, 기정심진, 기중유신.
자금급고, 기명불거, 이열중보.
오하이지중보지상재! 이차.

태초(太初)에, 무형(無形)의 세계로부터
하나의 통로를 통하여
유형(有形)의 세계로 나오는 덕스러운 모습은
오직 도(道)로부터 나올 뿐이다.
다시 말해 덕(德)이란,
만물(萬物)의 시원이자 아버지인 도가
무(無)의 세계로부터 만물의 어머니인
유(有)의 세계로 통하는 구멍을 통해
만상(萬象), 만물로 드러나는 작용을 말한다.
보이지도, 들리지도 않고
붙잡을 수도 없는 도가
유형의 물상(物象)으로 변화하는 모습은
오로지 황홀하여 실체를 형용하기 어렵다.
홀연 나타나되 형체를 알아보기 어렵지만
그 속에 분명 만 가지 현상이 있고
형체를 알아보기 어렵되 홀연 나타나나니
그 속에 분명 만물이 있다.
고요하고 어둡지만 그 속에 만물의 바탕 물질[精]이 있고
그 바탕 물질은 참되고 그 속에 믿음이라는 씨앗이 있다.
예부터 지금에 이르기까지 그 이름이 떠난 적 없으니
그것으로써 만물 창조의 시원이자 아버지인
중부(衆父)를 본다.
나는 무엇으로써 만물 창조의 아버지인
중부의 모습을 알겠는가?

바로 이것으로써, 즉 도의 작용으로 나타나는
덕을 미루어 아는 것이다.

보려고 해도 눈에 보이지 않고[夷] 들으려 해도 귀에 들리지 않으며[希] 만지거나 붙잡으려 해도 잡히지 않는[微] 특성을 지닌 도(道)가 어떤 현상이나 물질이라는 매개를 통하여 그 기능과 작용을 드러내는 것을 덕(德)이라고 한다. 즉 도의 기능이 만상, 만물로 드러나는 것을 일컬어 덕이라고 한다는 이야기이다.

무형의 도가 유형의 덕으로 변화하기 시작할 때 물질과 비물질의 중간 단계에서 있는 듯, 없는 듯 황홀한 모습으로 등장하게 되고, 고요하고 어두운 가운데 만물을 이루는 바탕 물질인 정(精)으로 나타나게 된다. 또한 그것은 참된 것으로서 그 속에 믿음의 씨앗을 내포하고 있으므로 만상·만물을 빚어내는 덕스러운 모습을 드러낸다.

세상 사람들의 두뇌로 이해하기 힘들고 눈으로 확인하기 어려운 이야기를 하면 그런 이야기를 한 사람은 우선 세상의 부정적 시각에 의해 박해를 당하거나 공격을 받아 목숨을 잃거나 난처한 지경에 빠지게 되고 오랜 세월이 지난 뒤에야 다양한 검증 작업 끝에 사실 확인을 통해 그 이야기의 진실과 진리가 받아들여지게 되는 사례들이 역사상 적지 않다.

'지구가 우주의 중심이고 지구를 중심으로 태양과 달과 별들이 회전한다'는 기존 천동설(天動說)을 전면 부정하는 지동

설(地動說)이 폴란드의 천문학자 코페르니쿠스에 의해 제시, 1543년 《천체의 회전에 관하여》라는 제목의 책으로 나왔을 때 그 설을 앞장서서 주장하거나 동조한 많은 선각자가 죽임을 당하거나 박해를 당한 사실은 그 대표적 사례라 하겠다.

눈에 보이지 않는 우주 자연의 시원(始原)이나 흐름, 나타나는 현상에 대한 노자의 설명을 2,500여 년의 시간과 1만여 리의 공간을 초월하여 제대로 이해한다는 것은 기대하기 어렵겠지만 그래도 그나마 그이가 세상 사람들을 상대로 말하려고 한 핵심 내용이 무엇인가에 대해 언어나 문자를 초월하여 곰곰 생각해 볼 경우 근본 취지에 크게 어긋나지 않을 정도의 훌륭한 메시지를 적지 않게 발견할 수 있으리라 판단된다.

노자 《도덕경》을 이해하는 데 중요한 실마리를 제공하는 저술들은 《장자(莊子)》《한비자(韓非子)》 등 적지 않은데, 인산 선생의 저서 《신약(神藥)》 또한 우주 자연의 법칙과 그에 근거한 우주론, 생명론, 의론(醫論) 등 여러 부분에서 노자의 논리와 일맥상통하는 점들을 엿볼 수 있다.

"우주가 창조됨에 있어서 공(空)·허(虛)·극(極)이 삼소(三素)요, 시(始)·초(初)·일(一)이 삼요(三要)니… 태양이 분열하여 억천만상(億千萬象)의 세계를 낳으니 그중의 하나가 지구요, 이 지구에는 인류를 위시하여 수많은 생물이 생장하게 되는 것이다. 우주는 음중양생(陰中陽生)하여 태양이 화성되어 나오고 이 태양이 분열하여 양생만상(陽生萬象)하고 만상은 지구세계에서 양중생음(陽中生陰)하여 음물이 화생하니 음생만물(陰生

萬物)이다…"(仁山 김일훈 《신약(神藥)》 429쪽)

특히 노자께서 '무위자연(無爲自然)'의 정치철학으로 세상을 다스리려고 한 점과 인산 선생께서 무위의료 자연치유의 의방(醫方)으로 인류의 병마를 다스리려고 한 점은 다 같이 '숭본식말(崇本息末)'을 추구한다는 공통점을 지닌 것으로 판단된다. 다시 말해 노자의 무위자연과 인산의 무의자유(無醫自癒)는 그 사상적 뿌리가 다르지 않다는 이야기이다.

굽은 나무라야 수명대로 살리라

도덕경 제22장

曲則全, 枉則直, 窪則盈, 敝則新, 少則得, 多則惑.
是以聖人抱一爲天下式.
不自見故明, 不自是故彰, 不自伐故有功, 不自矜故能長.
夫唯不爭, 故天下莫能與之爭.
古之所謂曲則全者, 豈虛言哉!
誠全而歸之.

곡즉전, 왕즉직, 와즉영, 폐즉신, 소즉득, 다즉혹.
시이성인포일위천하식.
불자현고명, 불자시고창, 불자벌고유공, 불자긍고능장.
부유부쟁, 고천하막능여지쟁.
고지소위곡즉전자, 기허언재!
성전이귀지.

굽은 것이 온전한 법이다.
구부리면 펴게 되고 움푹 팬 곳은 채워지게 되며
낡아진 뒤에 새로워지고
아는 것이 적으면 터득하게 되며
배운 것이 많으면 미혹에 빠지게 된다.
이러한 까닭으로 성인은 하나를 가슴에 안고서
천하의 표준이 되는 것이다.
스스로 현명함을 드러내지 않으므로
자연스레 빛을 발하게 되고
스스로 옳다는 것을 내세우지 않으니
저절로 드러나게 되며
스스로 자신의 공로를 내세우지 않으므로
도리어 공로를 인정받게 되고
스스로 잘난 체하지 않으므로
지도자로서의 역할을 하게 된다.
남들과 다투려는 마음이 없으므로
천하 사람들이 그와 더불어 다툴 수 없게 된다.
예부터 일컬어져 온 '굽은 것이 온전하다'는 이야기가
어찌 헛된 말이겠는가?
참으로 온전할 수 있으리니
온전함을 유지한 채 자연 수명을 온전하게 누리고
무의 세계로 돌아갈 수 있으리라.

"굽은 소나무가 선산(先山)을 지키더라"는 선대 어른들의 이야기에는 연륜(年輪)에서 묻어나는 깊은 경험적 지혜가 깃들어 있다. '굽은 나무가 온전하게 제 수명을 누릴 수 있다'는 노자의 가르침은 언뜻 들으면 쉽게 이해되지 않는 일면이 있고 지나칠 정도로 보신주의(保身主義)를 넘어 은둔주의를 표방하는 것처럼 들릴 수도 있겠지만 곰곰 생각해 보면 세상만사를 꿰뚫어 보는, 세상 사람들과는 차원이 다른 혜안(慧眼)에 의해 제시된 자연주의 삶의 철학의 핵심이라 하겠다.

극심한 경쟁을 뚫고 선발되어 고관대작(高官大爵)으로 등용되어 부귀를 아울러 누리는 모습은 세상 사람들 대부분이 원하는 바이고 부러워하는 대상이지만 노자는 부귀영화 속에 내재한 위험과 재화(災禍)를 까마득히 잊고 사는 어리석음을 우회적 표현으로 경계하고 있는 것이다. 실제로도 쭉쭉 뻗은 동량지재(棟樑之材)는 대체로 제 수명을 온전하게 누리지 못하고 일찍이 베어져 특정 용도로 쓰임으로써 생명력을 상실한 채 다만 어느 건물의 기둥으로, 붙박이로 존재할 뿐인 것이다.

생명을 지닌 모든 존재가 제 본연의 천성(天性)을 잃지 않고 자연수명을 온전히 누리고 살다가 자연스럽게 생애를 마감하는 것이 바람직하다고 여기는 노자의 시각으로 볼 때 재목으로 쓸 만하거나 수형(樹形)이 아름다운 나무일수록 일찍이 베어지거나 옮겨져 제 수명을 다하지 못하는 것은 결코 순리(順理)도, 자연도 아니라는 점을 말해주고 있는 것이다.

'하나를 가슴에 안고 천하의 표준이 된다'는 것은 위정자 스스로 통나무 원목의 질박한 속성과 물들이지 않은 천연 섬유의 바탕색 그대로를 간직하고 소박(素朴)한 삶을 살아갈 때 천하 사람들 역시 그러한 본을 받아 지나치게 다듬거나 꾸미지 않고 단순 소박한 삶을 즐기는, 평화롭고 아름다운 세상을 이루게 될 것이라는 정치철학을 설명한 것으로 판단된다.

도(道)를 추구하여 기억의 창고에 간직한 지식들을 하나씩, 하나씩 덜어내어[爲道日損] 더 이상 덜어낼 지식이 없는 지경에 이르렀을 때[損之又損 以至於無爲] 무위자연의 진리로부터 샘솟는 지혜가 빛을 발하여 자연에 맡겨도 저절로 되지 않는 일이 없게 되는[無爲而無不爲] 법이다. 단순명쾌하고 소박한 진리에 근거하여 판단하면 어떤 현상도 이해 터득되지만 복잡다단하고 많은 지식을 근거로 판단하면 어떤 문제라 하더라도 끊임없이 의혹만 커질 뿐 끝내 실상을 파악하지도 못하고 해결 묘책을 마련하지도 못하는 법이다.

노자는 《도덕경》을 통해 하나로써 만사를 미루어 터득할 수 있는 도를 설명하여 세상의 무명(無明)을 밝혔고 인산은 《신약(神藥)》을 통해 한 가지 물질로 만병(萬病)을 해결 극복할 수 있는 신약을 제시하여 인류의 병마를 물리쳐 건강하게 천수(天壽)를 누릴 수 있도록 이정표를 제시하였다. 비록 시대는 다르지만 도를 활용해 세상을 다스리려고 한 노자의 정치철학이나 도를 활용해 인류의 병마를 물리치려고 한 인산의 의료철학은 그 뿌리가 모두 도에 있다는 공통점을 지니고 있다.

'소리 없는 말'이 자연의 참된 言語

도덕경 제23장

希言自然. 故飄風不終朝, 驟雨不終日.
孰爲此者? 天地. 天地尙不能久, 況於人乎?
故從事於道者, 同於道, 德者, 同於德, 失者, 同於失.
同於道者, 道亦樂得之, 同於德者, 德亦樂得之, 同於失者, 失亦樂得之.
信不足焉, 有不信焉.

희언자연. 고표풍부종조, 취우부종일.
숙위차자? 천지. 천지상불능구, 황어인호?
고종사어도자, 동어도, 덕자, 동어덕, 실자, 동어실.
동어도자, 도역낙득지, 동어덕자, 덕역낙득지, 동어실자, 실역낙득지.
신부족언, 유불신언.

'소리 없는 말'이, 자연이 인간에게 하는 참된 말이다.
그러므로 거센 바람은 아침나절 불지 못하고
퍼붓듯 쏟아지는 세찬 소낙비는 한나절을 가지 못한다.
거센 바람을 일으키고
세찬 소낙비를 내리게 하는 이는 누구인가?
천지자연이 아닌가.
천지자연조차 도를 벗어난 비정상적인 현상을
오랫동안 지속하지 못하는데 하물며 사람이랴?
그러므로 도를 따르는 이는 도에 동화되고
덕을 좇는 이는 덕에 동화되며
도를 벗어나고 덕을 잃어
길 아닌 데로 가는 사람은
스스로 추구하는 도 아닌 분야에 동화되리라.
도에 동화된 이를, 도 역시 받아들일 것이고
덕에 동화된 이를, 덕 역시 받아들일 것이며
도 아닌 분야에 동화된 이를,
도 아닌 분야에서 또한 받아들이리라.
무위자연의 도와 덕이 지닌
절대적 신뢰성을 확보하지 못하면
다른 이들로부터 신뢰를 받지 못하리라.

《도덕경》 제14장에서 노자는 도(道)의 속성에 대해 이렇게 표현하여 설명한 바 있다.

"…도는 색깔이 없기에 보려 해도 보이지 않으므로 어슴푸레함[夷]이라 하고

또한 소리가 없기에 들으려 해도 들리지 않으므로 희미함[希]이라 하며

더구나 형체가 없기에 잡으려 해도 잡히지 않으므로 미묘함[微]이라 하리라…"

즉 자연의 표현 수단은 다양하게 나타나지만 도에 부합하는 자연의 언어는 '말로 하지 않는 가르침[不言之敎]'이어서 사람의 귀로 들을 수 없는 '소리 없는 말'이요, 굳이 말로 설명하지 않아도 충분히 이해되는 '말 없는 말'이다.

거센 바람이나 세찬 소낙비는 자연의 표현이기는 하지만 그것은 도를 좇아 나오는 정상적 언어 표현이 아니므로 결코 오래가지 못한다. 천지자연조차 도에 부합하지 않는 비정상적 표현은 오래가지 못하는데 하물며 인간이 도를 벗어난 행위와 표현을 할 경우 과연 오래갈 수 있겠는가?

따라서 도를 따르는 사람은 도에 동화되어 도와 하나가 될 것이고, 덕을 따르는 사람은 덕에 동화되어 덕과 하나가 될 것이며, 도를 벗어나고 덕을 잃은 사람은 도를 벗어나고 덕을 잃은 일에 동화되어 비정상의 행위와 표현을 하게 되리라. 자연의 정상적 표현, 즉 보이지도, 들리지도 않는 속성을 지닌 행위와 언어로 말해주는 것이 종도(從道), 종덕(從德)의 정상인 데 반하여 거센 바람과 세찬 소낙비와 같은 행위와 표현은 실도(失道), 실덕(失德)의 비정상적 표현의 전형이라 할 것이다.

턱 버티고
앉았는 것은
여간해 끄떡 않을
믿음성 있는 자세다
윗머리를
하늘 높이 뻗친 것은
추구의 해방이 어디인가를
알리는 솔직한 신호다
그러기에 산은
촉새들의 지꺼림에
귀를 기울이지 않는다
명상은 높아 높아
가을 호수처럼 맑다

암울한 일제강점기에 태어나 살면서 아름다운 시어(詩語)를 빚어 서정을 노래한 김용호 시인의 '산(山)'이라는 제목의 시인데 이 시의 표현을 통해 작자는 산을 닮은 사람임을 짐작할 수 있게 된다. 사람들은 누구나 자기 스스로 추구하는 바대로 가는 것이고 또한 염원하는 바대로 이뤄지게 마련이다.

물론 얼마나 간단(間斷) 없는 용맹정진으로 추구하느냐의 여부와 또한 얼마나 간절하게 염원하느냐에 따라 결과는 얼마든지 달라질 수 있겠지만 대체로 각자 염원하고 추구하는 방향대로 가는 것은 분명한 사실이다. 다시 말해 산이 좋아 산으로 가서 산에서 사는 사람들은 대체로 산을 닮게 되고 바다가 좋아 바다로 가서 바다에서 사는 사람들은 바다를 닮게 된다는 이야기이다.

도를 닮은 산이 끊임없이 추구하는 높은 이상과 덕(德)을 닮은 바다가 쉼 없이 받아들이는 너른 포용성, 깊은 속마음을, 말 없는 자연의 가르침으로 받아들여 스스로 닮아가는 이들은 차츰 그들이 산이요, 바다가 되어가고 있다는 점을 주변 누구나 느끼게 마련이다. 반면에 도를 벗어나고 덕을 상실한 채 살아가는 이들은 미처 스스로 짐작하지 못하겠지만 종내 맞닥뜨리게 되는 것은 결국 은산(銀山)에 철벽(鐵壁)이요, 오도 가도 못할 천 길 낭떠러지, 벼랑 끝에 서게 되는 것이다.

우리가 살아가며 무엇을 염원하고 추구하면서 어떻게 살아가야 할 것인지에 대해 고금 성현들께서는 이렇듯 고구정녕 상세한 설명을 통해 분명한 이정표를 제시하고 있다는 점을 인식하고 받아들여 살아갈 경우 분명 그는 산과 바다, 자연을 닮은, 그래서 사람으로서 마땅히 가야 할 길로 들어서서 무소의 뿔처럼 용맹정진 힘차게 앞으로 나아갈 수 있을 것이다. 이렇듯 자연에 동화되어 순리의 삶을 살아갈 때 몸도, 마음도 건강하게 되는 것이고 사스, 메르스 등 각종 바이러스의 침공에도 난공불락(難攻不落)의 강건한 심신(心身)의 소유자로 거듭날 수 있으리라 확신한다.

감기 등 그리 위협적이지도 않은 소소한 병마에 국가 차원의 대부분의 의료진이 그동안 생각 없이 투여해 온 항생제 등 각종 의약품의 남용, 염화나트륨과 소금의 물리화학적 특성을 고려하지 않고 소금 자체가 해롭다며 '자연 조절'이라는 인체의 정교한 생리 시스템을 무시하며 거의 무조건적으로 '염분 섭취를 줄여야 한다' 권고를 함으로써 염분 부족으로 인한 국민적 면역력 저하를 초래한 그 대가를 우리는 너무 혹독하게 치르고 있다.

게다가 국가 재정을 특정 의료비에 대거 투입하다 보니 정작 생활체육을 통해 체력을 돋우고 자연방어력을 증강시키는 등 국민의 면역력 정상화 내지 강화 노력을 기울일 수 있는 기회를 상실함으로써 진화를 거듭하며 다양한 형태로 침공해 오는 바이러스에 속수무책으로 무너지는 사람들이 속출하는 심각한 상황에 내몰리게 되었다. 그럼에도 불구하고 이러한 심각한 상황을 맞이하여 끝없이 우왕좌왕하며 허둥댈 뿐 문제의 본질에 대한 정확한 인식과 그에 따른 효과적 해결책을 마련하기 위한 노력은 상대적으로 너무나 미약한 것이 숨길 수도 없고 외면할 수도 없는 오늘의 우리 현실이다.

이상희 전 과기처 장관이 한 매스컴에 기고한 기고문을 통해 "인류에 대한 바이러스의 침공이 바로 제3차 세계대전이므로 국가 차원의 역량을 집결해 슬기롭게 해결책을 마련해야 한다"고 역설한 바 있듯이 거듭되는 바이러스의 침공에 대비한 전 인류, 전 국민의 면역력 증강 특별대책을 서둘러 마련해야 할 것으로 판단된다. 메르스의 침공은 '자연의 말 없는 경고'라는 점을 절대로 간과(看過)하지 말아야 하겠다.

苦恩

발돋움으론 오래 서지 못한다

도덕경 제24장

企者不立, 跨者不行.
自見者不明, 自是者不彰, 自伐者無功, 自矜者不長.
其在道也, 曰 餘食贅形. 物或惡之, 故有道者不處.

기자불립, 과자불행.
자현자불명, 자시자불창, 자벌자무공, 자긍자부장.
기재도야, 왈 여식췌형. 물혹오지, 고유도자불처.

발돋움해서는 오래 서지 못하고,
가랑이를 크게 벌린 채로는 제대로 걷지 못하리라.
스스로 보이려고 애쓰면 온전하게 드러나지 못하고,
스스로 옳다고 고집하면 제대로 인정받지 못하게 되며,
공을 세웠더라도 그 공로를 내세우면 그 공은 사라지게 되고,
스스로 잘난 체하면 무리의 지도자가 될 수 없으리라.
이러한 행위들은 도리에 비추어볼 때,
마치 먹다 남긴 음식이나 불필요한 군더더기일 뿐이어서,
세상 사람들이 싫어할 수 있으므로,
도를 체득한 이는 그런 처신을 하지 않는다.

눈높이보다 높은 담장 너머의 일이 궁금해 발돋움으로 선 채 가까스로 조금 더 잘 봤던 기억이 있다. 물론 그러한 자세로는 결코 오래 버티지 못해 이내 발뒤꿈치를 내리기는 하였지만…. 어떠한 사정으로든지 가랑이를 크게 벌리고 보폭을 넓게 잡으면, 그러한 비정상적 자세와 방식으로는 제대로 걷기란 거의 불가능한 법이다.

그러나 노자의 지적처럼 고금동서를 막론하고 남녀노소 빈부귀천을 가릴 것 없이 이러한 비정상적 방식과 자세에서 벗어나지 못하고 사는 사람들이 적지 않다는 데서 문제의 심각성을 새삼 절감하게 된다. 스스로의 그릇과 직무 역량을 감안하지 않고 출세하려는 욕심을 앞세워 요행으로 부귀공명을 차지하더라도 결코 오래가지 못하는 것은 물론이요, 교도소로 가

거나 비명횡사의 화를 자초하는 일들이 우리 주변에는 얼마나 많은가?

'너 자신을 알라'라고 외친 것은 소크라테스뿐만이 아니고 동서고금의 다른 성현(聖賢)들 역시 표현 방식을 조금 달리할 뿐, 같은 취지의 교훈을 세상에 던졌다. 노자의 이 글귀는 특히 나 능력이 부족함에도 잘할 수 있다고 스스로 착각을 하고, 분명히 잘 알지 못함에도 아는 체하며 또한 잘난 체하는 데다 자신의 주장만 옳다고 우기는 등의 어리석음을 적나라하게 지적하고 있다.

한마디로 높은 학식과 풍부한 재산을 가진 티를 내거나 권세를 뽐내고 준수한 외모를 자랑하며 다른 이들에게 뭔가를 과시하기 위해 은근히 자신의 존재를 드러내는 등의 여러 가지 비정상적 행위는 도의 차원에서 볼 때 먹다 남은 음식찌꺼기나 정상적 살이 아닌 군더더기 혹과 같은 것이어서 도를 닦거나 체득한 이들은 그러한 처신을 하지 않는다는 이야기라 하겠다.

象元

천지자연의 道理에 따르라

도덕경 제25장

有物混成, 先天地生.

寂兮寥兮, 獨立而不改, 周行而不殆, 可以爲天下母.

吾不知其名, 强字之曰道, 强爲之名曰大.

大曰逝, 逝曰遠, 遠曰反. 故道大, 天大, 地大, 人亦大.

域中有四大, 而人居其一焉.

人法地, 地法天, 天法道, 道法自然.

유물혼성, 선천지생.

적혜요혜, 독립이불개, 주행이불태, 가이위천하모.

오부지기명, 강자지왈도, 강위지명왈대.

대왈서, 서왈원, 원왈반. 고도대, 천대, 지대, 인역대.

역중유사대, 이인거기일언.

인법지, 지법천, 천법도, 도법자연.

어떤 존재가 혼돈 속에 이뤄졌는데
천지보다 먼저 생겨났다네.
아무 소리 없이 고요하고
어떤 형상도 없이 텅 비었구나.
무엇에 의지하지 않고 홀로 서서 늘 한결같으며
두루 다니더라도 위태로울 일이 없나니,
'천하의 어머니'라고 할 만하다네.
나는 그의 이름을 알지 못한다네.
그저 문자로 표현한다면 도(道)라 할 것이요,
억지로 이름을 붙인다면 크다 하리라.
크다는 것은 계속 뻗어간다는 것이고,
계속 뻗어가게 되면 멀리 가게 되고,
멀리 가면 끝에 가서는 되돌아오게 되리라.
그러므로 도가 크고 하늘도 크며
땅도 크고 사람 또한 크구나!
우주에는 네 가지 큰 것이 있는데,
사람이 그중 하나를 차지한다네.
사람은 땅을 본받고 땅은 하늘을 본받으며,
하늘은 도를 본받고 도는 자연을 본받는구나!

천지가 시작될 때 무(無)에서 유(有)가 나오고 공(空)에서 허(虛), 허(虛)에서 극(極)으로 발전하면서 세상에는 음양(陰陽)으로 분화되기 전 어떤 한 존재[有物]가 천지보다 먼저 나왔다. 문

자로 표현하면 '도(道)'라 쓰고 굳이 이름을 붙이자면 '크다[大]'라고 할 수 있는 이 존재의 속성을 우리는 여실하게 깊이 인식하고 이해할 필요가 있겠다.

우리의 삶과 직접적이고 밀접한 관련이 있기도 하거니와 도를 모르고 도를 어기며 삶을 영위할 경우, 비록 눈에 보이지는 않지만 자연의 법칙을 어긴 만큼 철두철미하게 그 대가를 받기 때문이다. 여러 가지 신빙성 높은 자료들을 근거로 판단할 때 120세로 추정되는 천수(天壽)를 온전히 누리지 못하는 것은 물론이려니와 각종 암, 난치병, 괴질에 걸리거나 사건, 사고에 휘말려 비명(非命)에 횡사(橫死)하는 불행으로 이어질 수도 있다.

근세의 한 선각자께서 "대병출어무도(大病出於無道)", 즉 "고치기 어려운 큰 병은 도를 따르지 않는, 도를 어긴 삶에서 비롯된다"는 가르침을 세상에 전한 바 있는데, 오늘의 인류는 복잡다단한 사회구조 아래 다양하게 제시된 가치관의 혼란과 많은 스트레스 속에 삶을 영위하면서 정작 정신 생명의 태양이라 할 도를 외면하거나 등지고 살아감으로써 언제 어떻게 화(禍)를 당할지 알 수 없다는 게 오늘의 불행한 현실이다.

최근 메르스의 여파로 정부는 물론이요, 보건의료에 종사하는 이들을 위시해 환자와 그 가족들 모두 초긴장 상태에 들어가는 등 하마터면 국가 비상사태로 이어질 뻔한 것도 평상시 의료인이나 환자와 그 가족들 모두 항생제를 위시하여 많은 의약품을 오남용함으로써 현격하게 약화된 면역력이 가장 위험한 본질적 문제로 지적된 것을 간과해서는 안 될 것이다.

메르스의 공격이든, 또 다른 괴질이나 바이러스의 침공이든

문제의 본질은 인류의 생존을 위협하는 어떤 병마(病魔)의 공격보다도 세계 의료 패턴이 순리와 자연의 도리를 벗어난 치료 방식을 적용함으로써 인류 면역력의 약화를 초래한 데서 기인한다는 점을 깨달아야 할 필요가 있다.

대표적인 비순리, 비자연의 사례로 바이러스 질환에 따른 몸의 방어 작용으로 자연스레 발생하는 열을, 해열제로 인위적으로 해결하는 등의 방식으로 치료하는 것을 들 수 있다. 눈에 보이는 현상을 해결하는 데 급급한 나머지 인체의 면역력을 저하시키는 비순리, 비자연의 치료로 인해 인류는 점점 더 위험한 질병 환경을 스스로 만들어가고 있는 것이다.

노자(老子)께서 이 장을 통해 제시한 바대로 사람은 땅에 의지하여 주변에서 나는 농림축수산물들을 생명 영위의 영양물로 섭취하고, 섬유를 뽑아내 옷을 만들어 입고, 땅에 집을 지어 사는 만큼 땅의 도리(道理)에서 삶의 길을 찾아야 한다는 '인법지(人法地)'의 가르침을 거듭거듭 음미하고 되새길 필요가 있겠다. 사람은 땅을 본받고 땅은 하늘을 본받고 하늘은 도를 본받고 도는 궁극적으로 자연을 본받는 것이 자연계의 순리적 질서라는 점을 이 장은 잘 설명해 보여주고 있는 것이다.

重德

가벼운 처신은 뿌리를 잃는 것

도덕경 제26장

重爲輕根, 靜爲躁君. 是以君子終日行, 而不離輜重.

雖有榮觀, 燕處超然.

奈何萬乘之主, 而以身輕天下?

輕則失根, 躁則失君.

중위경근, 정위조군. 시이군자종일행, 이불리치중.

수유영관, 연처초연.

내하만승지주, 이이신경천하?

경즉실근, 조즉실군.

무거운 것은 가벼운 것의 뿌리요,
조용한 것은 조급한 것의 임금이네.
그러므로 군자는 날 저물도록 다니더라도,
행렬의 중심에 있는 무거운 짐수레에서 떠나지 않나니,
비록 화려한 볼거리가 있을지라도
평소와 다름없이 담담하고 초연할 뿐이네.
어떻게 만 대의 전차(戰車)를 지닌 만승(萬乘) 천자로서
스스로 천하 사람들에게 가볍게 처신할 수 있겠는가?
가볍게 처신하면 뿌리를 잃는 것이요,
조급하게 굴면 임금의 권위를 잃는 것이라네.

'가벼운 것은 가지이고 무거운 것은 뿌리이며 조용한 것은 임금이고 조급한 것은 신민(臣民)'이라는 이야기를 통해 전하고자 하는 메시지는 바로 가벼운 처신, 조급한 행동은 나라와 개인 모두의 불행을 초래할 수 있다는 것이다. 실제로 동서양의 역사는 수많은 영웅이 이러한 처신을 통해 스스로 멸망을 초래한 많은 사례를 명명백백하게 잘 보여주고 있다.

巧用

잘 묶은 것은 풀기 어렵다

도덕경 제27장

善行無轍迹, 善言無瑕謫, 善數不用籌策,
善閉無關楗而不可開, 善結無繩約而不可解.
是以聖人常善救人故無棄人, 常善救物故無棄物. 是謂襲明.
故善人者, 不善人之師, 不善人者, 善人之資.
不貴其師, 不愛其資, 雖智大迷, 是謂要妙.

선행무철적, 선언무하적, 선수불용주책,
선폐무관건이불가개, 선결무승약이불가해.
시이성인상선구인고무기인, 상선구물고무기물, 시위습명.
고선인자, 불선인지사, 불선인자, 선인지자.
불귀기사, 불애기자, 수지대미, 시위요묘.

수레를 정말 잘 모는 사람은,
지나간 뒤에 수레바퀴 자국이 남지 않고,
말을 참으로 잘하는 이는, 흠 잡거나 따질 데가 없으며,
셈을 정말 잘하는 사람은, 산가지를 사용하지 않는 법이라네.
문을 참으로 잘 닫는 이는,
잠금장치를 쓰지 않더라도 남들이 열지 못하고,
정말 잘 묶는 사람은,
튼튼한 끈으로 묶지 않더라도, 풀지 못하는 법이라네.
따라서 참으로 훌륭한 위정자는,
언제나 사람을 잘 활용하므로 버려지는 사람이 없게 되고,
늘 만물을 잘 활용하므로, 버려지는 물건이 없게 되나니,
이를 밝음을 체득한 것이라 이르리.
그러므로 뭔가를 잘하는 사람은, 그렇지 못한 사람의 스승이요,
잘하지 못하는 사람은 잘하는 사람에게 도움 되는 존재라.
그 스승 됨을 귀하게 여기지 않고,
그 도움 되는 존재를 아끼지 않는다면,
비록 지식을 지녔다 하더라도 크게 미혹된 것이니,
이를 핵심 묘리(妙理)라 이르리.

"참으로 훌륭한 의사는 단지 팔짱만 끼고 있을 뿐[良醫拱手]"이라고 설파한 조동종의 창시자 동산 양개(洞山良价)선사의 말처럼 당대에 지대한 영향을 미친 고수(高手) 중의 고수들의 특징은 필요 이상의 과잉동작을 하지 않는다는 것이다.

훌륭한 의료인에게 병을 고치게 되면 알게 모르게 과도한 동작이 없어 별반 그 고마움의 판단이 안 설 수도 있다. 죽음의 위기에 처한 사람을 간단한 식품 몇 가지로 해결하거나 한두 번의 침 치료로 씻은 듯 낫게 할 경우, 대부분의 환자는 가치관의 혼란이 일어나 '정말로 그까짓 식품 몇 가지와 침 한두 방으로 나은 건가'라는 의문을 갖게 되고 '무슨 원가가 많이 든 것 같지도 않은데 치료비는 도대체 얼마를 주어야 하나' 등의 복잡한 생각에 휩싸이게 되는 것이다.

환자의 면역력 증강에 도움이 될 식품 몇 가지, 원활하게 돌지 않는 인체 기(氣)의 순환을 위해 경락(經絡)을 자극하는 침이나 쑥뜸 치료 등 간단한 처방만으로 환자는 빠른 시간 안에 회복되는 기적 같은 현상을 체험하니 여지껏 알고 있던 고정관념과 너무 달라 이런 혼란은 당연할 수 있다. 하지만 환자를 상대로 인체의 면역력을 약화시키거나 부작용이 우려되는 무리한 치료를 하는 의료인은 결코 양의(良醫)가 못 된다는 사실을 정확하게 알아야 한다. 작은 탈을 큰 병으로 만들고, 쉽게 고칠 수 있는 병을 어렵게 만들거나 못 고칠 병으로 악화시키는 우(愚)를 범하지 않으려면 현명한 의학적 판단을 해야 할 것이다.

反樸

통나무의 질박함으로 돌아가라

❁

도덕경 제28장

知其雄, 守其雌, 爲天下谿. 爲天下谿, 常德不離, 復歸於嬰兒.
知其白, 守其辱, 爲天下谷. 爲天下谷, 常德乃足, 復歸於樸.
樸散則爲器, 聖人用之, 則爲官長, 故大制不割.

지기웅, 수기자, 위천하계. 위천하계, 상덕불리, 복귀어영아.
지기백, 수기욕, 위천하곡. 위천하곡, 상덕내족, 복귀어박.
박산즉위기, 성인용지, 즉위관장, 고대제불할.

남성다운 굳센 기질을 갖추고도
여성다운 부드러움을 지키면 천하의 골짜기가 되나니
천하의 골짜기가 되면 그 골짜기로 덕이 모여들게 되고
언제나 덕이 떠나지 않아
마지막에는 순진무구한 갓난아이 상태로 되돌아가게 된다.
영대(靈臺)가 밝아서 명명백백하게 알면서도
마치 사리에 밝지 못해 어두운 것처럼 일절 아는 티를 내지 않는,
무심(無心)의 바보스러움을 지키면
천하의 큰 골이 되나니
천하의 큰 골이 되면 언제나 덕이 풍족해져
다듬기 전의 질박한 통나무로 되돌아가게 된다.
통나무를 쪼개면 그릇이 되나니
위정자가 그것(통나무)을 쓰면 관아의 우두머리가 된다.
그러므로 참으로 크게 쓰려면 잘게 쪼개지 않는 법이다.

굳센 기질, 용감하게 앞장서서 이끌 수 있는 강한 영웅본색을 지니면서도 한편으로는 자상하면서도 따뜻한, 부드러운 카리스마를 잃지 않는 지도자에게 천하 사람들의 마음이 쏠리는 것은 마치 산골짜기로 물이 모여들어 계류(谿流)를 이루듯 자연스러운 현상이라 하겠다. 상고 시절의 순(舜)임금을 위시하여 한(漢)나라를 창건한 한고조 유방(劉邦)과 《삼국지》를 통해 그 활약상이 잘 나타나 있는 유비(劉備) 같은 이들이 '지웅수자(知雄守雌)'의 대표적 인물이라 할 것이다.

사람의 생명을 제대로 구할 수 있는 '참 의료의 지혜'를 터득하여 지녔다 하더라도 평상시에 섭생(攝生), 즉 '생명 경영'을 잘 함으로써 쓸 일이 없도록 하는 것이 우주 자연의 도리(道理)에 부합하는 건강한 삶이라 하겠다. 질병에 걸린 뒤에 치료를 잘 하는 것도 필요한 일이기는 하지만 평소 순리(順理) 자연의 삶을 영위하여 병 없이 건강하게 사는 것이 더 지혜롭고 현명한 삶이라 할 것이다.

무심(無心)의 자연을 그대로 간직하여 유연하기 그지없는 갓난아이의 상태로 돌아가고 인위(人爲), 인공(人工)의 힘이 가해져 질박한 속성을 해치기 이전의 통나무 상태로 돌아가 물 흐르듯 순리적 삶을 영위할 수 있다면 건강하게 120세의 천수(天壽)를 누리는 것은 '명약관화(明若觀火)'라 하겠다.

無爲

인위적 노력 없으므로 실패 없다

도덕경 제29장

將欲取天下而爲之, 吾見其不得已.

天下神器, 不可爲也, 不可執也.

爲者敗之, 執者失之.

是以聖人無爲故無敗, 無執故無失.

故物或行或隨, 或噓或吹, 或强或羸, 或培或墮.

是以聖人 去甚, 去奢, 去泰.

장욕취천하이위지, 오견기부득이.

천하신기, 불가위야, 불가집야,

위자패지, 집자실지.

시이성인무위고무패, 무집고무실.

고물혹행혹수, 혹허혹취, 혹강혹리, 혹배혹타.

시이성인 거심, 거사, 거태.

천하를 차지하려고 하되
무위자연의 도리를 벗어나 인위적 노력을 기울인다.
나는 그런 이들이 천하를 얻지 못하리라 본다.
천하는 신령스런 기물이어서
인위적 노력으로 차지할 수 없고 잡을 수도 없는 것이다.
그런데도 인위적 노력으로 차지하려고 하면 실패하게 되고
권력을 잡아 놓치지 않으려 해도 잃게 된다.
그래서 도리를 체득한 훌륭한 이는
천하를 인위적 노력으로 차지하지 않으므로
실패하지 않고 권력을 잡아도 잃지 않게 된다.
그러므로 만물의 모습은 각양각색이어서
어떤 것은 앞서가고 어떤 것은 뒤따르며
어떤 것은 숨을 코로 약하게 쉬고
어떤 것은 숨을 입으로 거칠게 쉬며
어떤 것은 강하고 어떤 것은 약하며
어떤 것은 북돋아 주고 어떤 것은 무너뜨린다.
그러므로 우주 자연의 도리(道理)를 체득한 훌륭한 이는
도리에 부합하지 않는 모든 것을 배제한다.
즉 무슨 일이든 도를 넘지 않고 겉치레나 사치스러움을 버리며
필요 이상으로 크게 만들고 화려하게 꾸미는
호화로움을 지양하는 것이다.

학자들은 이 장을 반박(反樸), 즉 '꾸미거나 다듬지 않은 본

래의 질박함으로 돌아가야 한다'라는 의미를 설명한 장으로 분류한다. 인위적 노력을 가하지 않은 통나무의 질박한 상태야말로 위정자가 지녀야 할 가장 바람직한 통치 태도라는 이야기이다.

이 장을 의학적으로 설명한다면 대략 다음과 같은 내용으로 요약할 수 있겠다.

천하 사람들의 암, 난치병, 괴질을 다스리려고 하되 '무위의료(無爲醫療)라야 자연치유(自然治癒)된다'는 참 의료 도리(道理)를 벗어나 반드시 무리(無理)와 부작용이 뒤따르게 되는 인위(人爲), 인공(人工), 조작(操作)의 유위(有爲)의료로 치료를 시도한다. 그런 의료인들은 천하 사람들의 암, 난치병, 괴질을 근본적으로 해결하여 물리치지 못하리라고 판단된다. 인간 생명은 사람들의 지적(知的) 능력으로 속속들이 알기 어려운 불가사의한 유기체(有機體)여서 생명력의 약화로 인해 어떤 질병이 발생했다 하더라도 인위적 유위의료로써 함부로 다뤄서도 안 되고 치료해서도 안 되는 것이다.

그럼에도 불구하고 인위적 유위의료로써 생명을 다루면 무리가 따르게 되고 질병을 고치려 시도해도 오히려 부작용과 역효과만 초래하게 된다. 그래서 참 의료 도리를 터득한 훌륭한 의료인은 천하 사람들의 암, 난치병, 괴질을 인위적 유위의료가 아니라 자연적 무위의료를 활용해 순리적으로 다스림으로써 인체 생명에 무리를 가하지 않고 어떤 부작용이나 역작용 없이 면역력의 정상화를 통해 자연스레 치유되도록 돕는 역할을 할 뿐이다.

사람들의 질병 양태는 각양각색이어서 어떤 환자는 오한(惡寒)이 들고 어떤 병자는 열이 나며 또 어떤 환자는 숨을 헐떡이고 어떤 병자는 기침을 하며 또한 어떤 환자는 배가 아프다고 하고 어떤 병자는 머리가 아프다고 한다. 그러므로 인간 생명의 도리를 터득한 훌륭한 의료인은 참 의료 도리에 부합하지 않는 모든 것을 배제한다.

즉 어떠한 상황에서도 도(度)를 넘는 극단적 방약(方藥)을 쓰지 않고, 눈에 보이는 증상 해결이 아니라 보이지 않는 근본 원인의 제거를 통한 정상 회복을 도모하며 병원체에 대한 공격, 파괴, 제거를 시도함으로써 인체에 무리와 부작용이 따르게 되는 과잉 치료를 하지 않고 순리와 자연의 참 의료 요법을 써서 자연스럽게 치유 회복될 수 있도록 돕는 역할을 하는 것이다.

'참으로 훌륭한 의료인은 단지 팔짱만 끼고 있을 뿐(良醫拱手)'이라는 중국 당나라 때의 선승(禪僧) 동산(洞山)선사의 이야기가 상징하듯 인체의 병마는 많은 의학 지식을 습득하고 훌륭한 의료 시설을 갖추어 첨단 치료 장비, 값 비싼 의약품들을 동원하여 요란하게 치료한다고 해서 쉽사리 해결될 문제가 아니라 참 의료 도리를 터득하여 무위의 의료를 활용해 인체의 자연치유 능력을 북돋아 자연스럽게 물리치는 것이 근본 해결책이라는 점을 분명히 인식하지 않으면 안 된다.

오늘의 의료 현실이 이미 명명백백하게 현대 모든 의료의 치료 한계를 잘 보여주고 있음에도 불구하고 특정 의료에 대한 맹목적 집착에서 벗어나지 못하는데다 현실의료의 실상(實相)에 대한 인식 부족과 참 의료 도리에 대한 무지(無知)와 편견(偏

見)의 높은 벽으로 인해 인류의 비명횡사(非命橫死)가 줄어들기는커녕 오히려 계속 늘어만 간다. 의방(醫方), 즉 질병 치료의 올바른 방향조차 파악하지 못한 채 역방향 치료를 올바른 치료로 굳게 믿고 힘으로 밀어붙이는 오늘의 의료계의 오만과 횡포가 초래할 불행은 불문가지(不問可知)라 할 것이다.

지난봄, 우리나라를 공포의 도가니로 몰아넣었던 메르스 사태를 계기로 눈 밝은 의학자들이 인류에 대한 바이러스의 침공이 시작되었음을 밝히고 특단의 대비책을 시급히 마련해야 한다는 경고를 하고 있음에도 이를 주의 깊게 받아들이는 위정자는 눈 씻고 찾아봐도 없는 현실에 그저 모골이 송연할 뿐이다. OECD, 즉 경제개발협력국 34개국 중 우리나라가 항생제 사용 1위라는 불명예가 상징하는 의미를 제대로 이해하고 있다면 항생제 등 의약품의 남용으로 한껏 약화된 국민의 면역력을 높이기 위한 특단의 대책을 서둘러 마련해야 할 것이다.

국민의 면역력이 정상이었다면 메르스가 시작된 중동 지역과 달리 온 국민이 공포에 떨 이유도 없었을 것이고 국가 초비상사태로 나라가 떠들썩하게 대처해야 할 이유도 없었을 것이다. 메르스 사태가 보여준 미래 바이러스의 침공이 초래할 국가적 재앙을 막기 위해서는 무위자연의 참 의료를 국민 모두가 자각(自覺)하게 하여 거국적으로 활용하게 하고 어릴 적부터 관행으로 지나치게 투여해 온 의약품의 오남용을 차단하여 더 이상 국민의 면역력이 저하되지 않도록 순리자연의 보건정책을 펴나가야 할 것으로 판단된다.

노자의 《도덕경》이 제시하는 '무위자연(無爲自然)'은 비단 정치철학일 뿐 아니라 시간과 공간의 벽을 넘어 인류의 '심신(心身)건강철학'으로도 받아들일 가치가 높은 훌륭한 가르침의 으뜸이라 하겠다.

儉武

武力을 쓰면 대가를 치른다

도덕경 제30장

以道佐人主者, 不以兵强天下. 其事好還.

師之所處, 荊棘生焉. (大軍之後必有凶年) 善有果而已,

不以取强. 果而勿矜, 果而勿伐, 果而勿驕,

果而不得已, 果而勿强.

物壯則老, 是謂不道. 不道早已.

이도좌인주자, 불이병강천하. 기사호환.

사지소처, 형극생언. (대군지후필유흉년) 선유과이이,

불이취강. 과이물긍, 과이물벌, 과이물교,

과이부득이, 과이물강.

물장즉노, 시위부도. 부도조이.

도로써 임금을 보좌하는 이는
무력을 동원해 천하를 강압적으로 다스리도록 하지 않는다.
그렇게 처리한 일은 그에 상응하는 대가로
바로 되돌아오게 된다.
군사를 주둔시켰던 곳은 가시덤불로 뒤덮이게 되고
(큰 전쟁을 치른 뒤에는 반드시 흉년이 들게 마련이다.)
임금을 보좌하여 일을 잘 처리하는 이는
소기의 성과를 거둔 뒤에는 더 이상 밀어붙이지 않으며
강압적으로 차지하지 않는다.
성과를 거두었으되 자랑하지 않고
성과를 거두었으되 공을 가로채지 않는다.
성과를 거두었으되 교만하지 않고
성과를 거두었으되 어쩔 수 없이 한 것이며
성과를 거두었으되 강압적으로 밀어붙이지 않는다.
만물은 기운이 왕성하면 곧 노쇠하게 되나니
그런 현상을 도리에 부합하지 않는 것이라 이른다.
도리에 부합하지 않으면
오래가지 못하고 일찍 끝나게 된다.

나라를 다스리든, 천하를 통치하든, 사람 사는 세상에서 다툼이 없을 수 없고 크고 작은 싸움을 피할 수 없을 때가 적지 않다. 외적의 침략에 대해 무방비로 당하는 것은 착한 것도 아니고 더구나 인도주의로 미화시킬 대상도 못 된다.

불가피한 전쟁이라면 지혜롭고 현명한 전략에 따라 훌륭한 전술을 활용해 짧은 기간 안에 양측의 피해를 최소화하면서 확실하게 제압하여 싸움을 승리로 마무리하는 것이 최상의 선택이라 하겠다. 국가의 안위와 수많은 국민의 생사(生死)가 걸린 중차대한 일을 철저한 대비 없이 안일하게 대처하다가 패하게 되면 그 참담한 피해와 손실은 형언하기 어려울 정도로 지대하다는 역사의 교훈을 우리는 절대로 잊지 말고 깊이깊이 되새겨야 하리라.

인류의 오랜 역사는 무수히 많았던 크고 작은 전쟁에 의해 세상을 통치하는 주역이 바뀌고 세력의 판도가 뒤바뀐 사실들을 적나라하게 잘 보여주고 있다. 역사의 고비마다 《손자병법》을 제창한 손무(孫武)를 위시하여 장량(張良), 한신(韓信), 《삼국지》의 제갈량(諸葛亮) 등 뛰어난 전략가들의 눈부신 활약으로 전쟁을 승리로 마감하는 드라마를 보여주었다.

그러나 모든 전쟁에서 승패가 어떻게 갈리고 어느 영웅이 백전백승의 신화를 탄생시키며 새롭게 역사의 주역으로 등장했는가보다는 누가 어떤 철학적 소신을 갖고 자연법칙과 생명의 원리에 부합하는 방식을 벗어나지 않으면서 인도주의 원칙에 입각하여 이전투구(泥田鬪狗)식의 아귀다툼을 조기에 종식시키고 세상의 평화를 복원시켰는지를 세심하게 살펴보는 것이 더욱 중요하다 하겠다.

세상의 전쟁뿐 아니라 우리 몸속에서 일어나는 전쟁 역시 자연법칙과 생명원리에 부합하는 방식의 전술전략을 동원해 인체에 무리나 부작용을 최소화하면서 효과적으로 암, 난치병,

괴질의 병마를 물리치는 것이 바람직하리라 판단된다. 예컨대 체내에 들어온 감기 바이러스를 처리하기 위해 자체적으로 발전소를 가동해 체온을 높여 병마를 퇴치하려는, 다시 말해 자연치유력을 활용한 현명한 방어 행위를 올바로 인식하지 못한 채 항생제 등의 약물과 얼음찜질요법 등을 동원해 도리어 인위적으로 열을 내리게 함으로써 인체의 정상적 의료, 근본적 해결 노력에 찬물을 끼얹고 면역력을 약화시켜 결과적으로 도리어 치유를 어렵게 만드는 행위는 대표적인 '역천(逆天)의 의료'라 할 것이다.

암이나 난치병, 괴질 역시 어떤 원인에 의해 우리 몸의 조화와 균형이 무너지면서 병든 세포가 이상 증식하여 세력을 형성해 질서에 따르지 않고 무리지어 돌발행동을 할 때 국방력과 경찰력의 약화, 우리 몸의 면역력의 약화로 인해 혼란이 초래된 사실을 깊이 생각하지 못하고 약화된 국방력, 경찰력을 정상화시켜 치안을 유지하려는, 다시 말해 약화된 체내의 자연치유 능력을 정상화시켜 근본적으로 문제를 해결하기 위한 노력을 기울이지 않고 자국민에 대해 무차별 공격을 감행함으로써 승패를 예측할 수 없는 전쟁이 시작되고 승패 여부와 무관하게 나라는 피폐해질 대로 피폐해져 회복 불능의 상태로 치닫게 하는 우(愚)를 범하고 있는 것이다.

인류의 소중한 생명을 다루는 의료계의 사려 깊지 못함과 불찰도 문제지만 하나뿐인 제 생명, 가족의 생명에 지대한 영향을 미치거나 비명횡사(非命橫死)를 초래할 수도 있는 무리한 조치를 의료에 대한 맹목적 믿음으로 밀어붙이는 안일한 자세

역시 생명을 구할 수 있는 능력이 뒷받침되는 '참 의료'에 대한 무지(無知)에서 비롯된 더 심각한 문제라 하겠다.

굳이 자상하게 일일이 설명하지 않아도 충분히 확연하게 알 수 있는 것이 바로 '참 의료'이다. '참 의료'란 배고플 때 배고픔의 병증을 밥이라는 약으로 고치고 목마를 때 목마름의 병증을 물이라는 약으로 낫게 하여 문제를 해결하듯이 다른 병증들 역시 자연법칙과 생명의 원리에 부합하는 처방과 약이(藥餌)를 활용하여 순리적으로 해결하는 것이다.

'그렇게 해서는 낫지 않는다'는 의학적 사실을 알면서도 '현재로서는 이러한 방법만이 정립된 방법이라서 부득이 계속 그러한 방법을 써서 치료를 할 수밖에 없다'며 온전한 치료 효과가 검증되지 않은 무리한 방식의 치료를 고수하는 의료진이나 그렇다는 사실을 보고 듣고 아는데도, 즉 죽는다는 사실을 알면서도 그 방식의 치료가 현재로선 최선의 방식이라 믿고 몸을 맡기는 환자 모두 결코 현명한 판단과 선택이라 할 수 없을 것이다.

한 가지 분명한 사실을 올바로 인식할 필요가 있다. 옛 어른들의 말 속에 스며 있는 지혜에서 신묘한 해결의 실마리를 찾을 수 있으리라 생각된다. "호랑이한테 물려가도 정신만 차리면 산다, 하늘이 무너져도 솟아날 구멍이 있다"라는 속담을 질병에 대입할 경우, 비록 암에 걸렸다 하더라도 생사(生死)의 기로(岐路)에 서서 살길을 찾는 절실한 마음가짐으로, 즉 목숨을 걸고 진리를 갈구하는 구도자의 간절한 염원(念願)으로 해결 방법을 찾아보면 자연법칙과 생명원리에 부합하는 순리 자연의 신약(神藥)과 묘방(妙方)에 인식이 닿아 문제를 해결 극복하고 건강을 회복할 수 있는 길로 들어설 수 있으리라 판단된다. 살 방도를 찾아 이리저리 헤매던 구도자(求道者)가 지금까지 이런저런 인연으로 두터이 형성되었던 제 고정관념의 틀을 스스로 깨면서 '참 의료의 진리'를 자각(自覺)하게 되고 참 의료의 새로운 안목으로 발견한 길은 다른 세상으로 열려 있는 진정한 활로(活路)라 하겠다.

偃武

전쟁의 승리를 찬미하지 마라

도덕경 제31장

夫兵者, 不祥之器, 物或惡之, 故有道者不處.
君子居則貴左, 用兵則貴右. 兵者不祥之器, 非君子之器,
不得已而用之, 恬淡爲上. 勝而不美而美之者, 是樂殺人.
夫樂殺人者, 則不可得志於天下矣. 吉事尙左, 凶事尙右.
偏將軍居左, 上將軍居右, 言以喪禮處之.
殺人之衆, 以悲哀泣之, 戰勝以喪禮處之.

부병자, 불상지기, 물혹오지, 고유도자불처.
군자거즉귀좌, 용병즉귀우. 병자불상지기, 비군자지기,
부득이이용지, 염담위상. 승이불미이미지자, 시낙살인.
부낙살인자, 즉불가득지어천하의. 길사상좌, 흉사상우.
편장군거좌, 상장군거우, 언이상례처지.
살인지중, 이비애읍지, 전승이상례처지.

무릇 무력이란 것은 상서롭지 못한 것이어서,
사람들이 대체로 싫어하는 것이므로,
도를 따르는 이는 무슨 일을 무력으로 처리하지 않는다.
훌륭한 이는, 평상시에는 왼쪽을 귀하게 여기지만,
군대를 움직일 때는 오른쪽을 더 귀하게 여긴다.
군대란 상서롭지 못한 것이라,
군자가 다룰 대상이 아니다. 어쩔 수 없이 쓰는 것으로,
따라서 초연하고 담담한 마음가짐이 우선이므로,
비록 전쟁에서 승리했다 하더라도 그것을 찬미하지 않는다.
전쟁 승리를 찬미하지 말아야 하는데도 찬미하는 사람은,
사람 죽이는 일을 즐기는 자이니,
무릇 사람 죽이는 일을 즐기는 자는,
세상에서 큰 뜻을 펼 수 없을 것이다.
길한 일을 도모할 때에는 왼쪽을 중시하고
흉한 일을 처리할 때에는 오른쪽을 더 귀중하게 여긴다.
편장군이 왼쪽에 자리하고
더 높은 지위의 상장군이 오른쪽에 자리하는 것은
상례(喪禮)에 따라 처신하는 것임을 말해준다.
비록 부득이한 일이라고는 하지만
많은 사람을 죽였으므로 슬피 울어 애도하는 것이고
전쟁에서 승리했다 하더라도 상례로써 처리하는 것이다.

유사(有史) 이래 새로운 역사를 만들다시피 한 수많은 영웅

의 이야기가 전해온다. 극적인 대하드라마를 연출한 그 영웅들의 흥미진진한 이야기를 통해 흥망성쇠를 거듭한 역사의 진실을 알 수 있게 되지만 정작 그 역사의 전면에 등장해 세상의 이목을 집중시킨 영광의 주역들 뒤에서 전혀 부각되지 못하고 이름 모를 잡초처럼 스러져간 미미한 존재들의 참담하고 처절한 희생에 대해 관심을 갖거나 연민의 정을 보인 이들이 있었을까? 있었다면 과연 몇 사람이나 될까?

과문한 탓인지 모르겠으나 그리 많지 않은 것으로 생각되는데 유독 '생명의 자연'을 강조한 것으로 판단되는 노자의《도덕경》, 그중에서도 이 장은 전쟁에 대한 노자의 생각이 잘 정리되어 있다는 판단이 든다. 전쟁을 하게 되면 최종 승자가 누가 되든 양측 모두 적지 않은 사상자를 내게 마련인데 승리를 자축하며 먹고 마시며 웃고 떠드는 '이상한 잔치'를 노자께서 어떻게 받아들이겠는가?

전쟁이란 부득이 치르는 것임에도 전쟁 승리를 찬미하는 것은 '사람 죽이는 일을 즐기는 자'로 규정하고 그런 자들은 결코 세상에서 큰 뜻을 이루지 못할 것이라 단언한다. 전쟁이 끝나면 상례로써 죽은 이들을 장사지내고 슬피 울어 애도함으로써 그들의 혼백을 위로하는 것이 마땅한 도리임을 천명하고 있다.

한마디로 노자는 세상의 반목과 갈등, 다툼을 해결하는 방법으로 전쟁을 선택하는 것이 바람직하지 못하다고 전제한 뒤 부득이 전쟁을 선택하더라도 양측의 피해를 최소화하고 사람 죽이는 행위를 어쩔 수 없이 하지 않고 마치 즐기듯이 하는 비정상적 정신의 소유자들이 그런 짓을 못 하도록 해야 한다는

점을 거듭 강조하고 있다. 이는 우리 몸속에서 빚어지는 암, 난치병, 괴질과의 전쟁에서도 공격과 파괴 행위를 일삼는 방식은 무리와 부작용이 크게 따르므로 순리적이고 자연스러운 요법을 써야 한다는 논리로 받아들일 수 있으리라 생각된다.

道德 세상에는 甘露가 내린다

도덕경 제32장

道常無名, 樸. 雖小, 天下莫能臣.

侯王若能守之, 萬物將自賓. 天地相合, 以降甘露,

民莫之令而自均.

始制有名, 名亦旣有, 夫亦將知止, 知止可以不殆.

譬道之在天下, 猶川谷之於江海.

도상무명, 박. 수소, 천하막능신.

후왕약능수지, 만물장자빈. 천지상합, 이강감로,

민막지령이자균.

시제유명, 명역기유, 부역장지지, 지지가이불태.

비도지재천하, 유천곡지어강해.

도는 이름 붙이기 전의 이름 없는 그 무엇,
다듬기 이전의 통나무 같은 것이라 하겠다.
도의 이러한 속성을 그대로 보여주는,
가공하기 이전의 통나무 같은 사람은
비록 보잘것없어 보이지만
천하의 그 누구도 신하로 삼아 부리지 못한다.
제후나 임금, 즉 통치자가 만약 도를 지킬 수 있다면
모든 이가 그 통치 구역으로 스스로 찾아오게 될 것이다.
이렇듯 도에 따르는 세상은
하늘과 땅이 서로 교감하여 단 이슬을 내리고
백성들을 법령으로 통제하지 않아도
스스로 균형과 조화를 이루게 된다.
통나무를 다듬어 비로소 뭔가를 만들면
그때부터는 이름이 붙게 되고
이름이 붙게 되면 끝없는 분화(分化)로 이어져
통나무로서의 자연스러움과 멀어지게 되고
질박한 속성을 잃게 되므로
어느 단계에 이르러서는 그칠 줄 알아야 한다.
그쳐야 할 때 그칠 줄 알면 위태로워지지 않기 때문이다.
결론적으로 비유하자면 도가 천하에 존재하는 것은
마치 강과 바다에 흘러들어오는 물의 근원인
산골짜기의 시냇물 같은 것이라 하겠다.
천하 사람들이 길을 말미암아 다니듯이
세상의 온갖 물은 흘러흘러 바다로 모여드는 법이다.

도의 속성을 상징적으로 가장 잘 보여주는 것으로 가공하기 전의 원시적 상태를 간직하고 있는 통나무를 꼽는다. 정형화되기 전의 원시적 야성(野性)을 지녔고 아직 가공하지 않았으므로 다듬어진 기물(器物)이 아니어서 어떤 계열로 분류되지도 않는다. 그것은 마치 사람으로 비유할 경우 군왕(君王)과 신민(臣民)으로 딱히 구분하기 어려운 노자(老子)나 석존(釋尊), 공자(孔子), 예수 같은 성인(聖人)들로서 관직의 품계에 따른 지위(地位)의 고하(高下)를 논할 수 없는 지인(至人)이요, 물외한인(物外閒人)이라 하겠다.

《도덕경》《불경》《논어》《성경》 등 이러한 이들의 저술 역시 세상의 그 어떤 사상이나 논리를 초월하여 세속적인 기준으로 그 가치를 매길 수 없는 무가보(無價寶)의 경전으로서 세상의 어둠을 밝히는 빛을 지속적으로 발하고 있는 것이다. 특히《도덕경》은 현소포박(見素抱樸), 즉 '바탕 원색을 드러내고 질박함을 껴안는다'는 말로 요약되는 자연주의 사상의 대표적 경전이라 하겠다.

사람의 생명 현상에 이상이 초래되어 나타난 병증을 다스려 본래의 정상 상태로 되돌아가게 인도하는 의료는 그래서 '생명의 자연'을 잃지 말아야 할 당위성을 지니고 있다 할 것이다. '생명의 자연'을 상실하거나 그 궤도에서 벗어나 비정상적으로 표류하는 것을 바로잡기 위해서는 '무위자연(無爲自然)의 순리적 의료'를 활용하여 조속하게 '생명의 자연'을 되찾고 자연법칙의 궤도로 서둘러 복귀해야 비명횡사(非命橫死)의 위기로부터 벗어나 자연수명인 120세 천수(天壽)를 온전하게 누릴 수 있을 것으로 판단된다.

무위의료를 활용해 병증을 다스릴 경우 몸 안의 면역 기능과 자연치유 능력, 온갖 방어체계를 총동원하여 자연스럽게 모든 병마(病魔)를 물리치고 자연치유 과정을 통해 '생명의 자연'을 정상(正常)적으로 회복할 수 있을 것이다. 그러나 무위의료가 아닌 인위(人爲), 인공(人工), 조작(操作)의 비순리적 의료를 써서 무리하게 병증을 다스리고 근본 해결책이 아닌 증상 완화 내지 지엽적 문제 해결에 그칠 경우 우선 증세의 완화 내지 일시적 호전 효과를 기대할 수는 있겠지만 근본 치료 효과를 거두지 못함으로써 도리어 환자를 비명(非命)에 죽게 만드는 결과를 초래할 것으로 판단된다.

마치 통나무처럼 다듬지 않아 투박스러워 보이지만 '생명의 자연'을 상실하지 않은 자연적 묘방(妙方)과 신약(神藥)의 힘을 활용해 인체의 약화된 자연치유 능력을 북돋아 정상적 자연치유 능력을 회복하여 온갖 병마를 물리치도록 하는 것이 '도의(道醫)'의 전형이라 하겠다.

도에 따른 정치를 제대로 실천했을 경우 세상 사람들이 그 통치 영역으로 몰려들게 되고 천지 기운의 상합으로 단 이슬이 샘솟고 단 이슬비가 내려 만물을 윤택하게 하는 상서로움을 다 같이 보게 될 것이다. 마찬가지로 도에 따른 무위의료를 활용할 경우 몸 안에 존재하는 100조의 생명체(세포) 중 심신(心身) 건강의 평화를 깨고 체내 세상을 혼란케 하는 발병(發病)

인자인 병원체(病原體)들을 처리할 관운장, 장비, 조자룡 같은 천하의 뛰어난 명장들이 속속 그 휘하로 모여들어 대의(大義)의 기치 아래 문제의 존재들을 다스려 정치적 안정을 되찾고 평화로운 세상을 구현하게 될 것이다.

도덕 정치가 행해지면 천지 기운이 상합하여 천하 만물이 단이슬의 혜택을 보게 되듯이 도에 따른 무위의료가 행해질 경우 사람 몸 안에서 단 이슬이 형성돼 원기를 돋우고 병마를 물리치는 원동력으로 작용하게 되는 것을 체험하게 될 것이다. 예부터 구고(救苦), 구난(救難)의 화신(化身)으로 일컬어지는 관세음불(觀世音佛)의 오른손에 들려 있는 호로병 속 신약이 바로 감로수(甘露水)이고 그 감로수는 '죽을병에 걸린 사람에게 한 방울만 먹여도 기사회생(起死回生)으로 되살아나게 할 수 있다'라는 전설은 그저 뭔가 신비화시켜 놓은 이야기에 불과하다고 여기는 이들이 대부분이지만 그 이야기 속의 비밀 코드를 읽어내면 인류는 그 감로수의 혜택을 골고루 보게 될 것이다.

삼신산(三神山) 불로초(不老草)의 신령스런 기운으로 가득 찬 한반도의 머리 백두산 천지에 고인 물이 우주 은하(銀河)의 별 정기를 머금어 감로수를 이룬 뒤 그 물은 지상 지중의 강하천과 거미줄처럼 연결된 수맥을 따라 한반도 곳곳으로 흐르고, 특히 서해안 갯벌에서 결정(結晶)되는 천일염 속으로 함유되어 세상에 등장하지만 도에 따른 무위의료가 아니라 질병에 대한 공격, 파괴, 제거를 일삼는 방식, 즉 병과의 전쟁을 벌이는 무리한 의료에서는 아무리 신비한 약성을 지닌 감로수라 하더라도 외면당하고 버림받아 그 어떤 역할도 하지 못하게 될 뿐이다.

병마를 물리칠 수 있는 가장 뛰어난 능력을 지닌 '몸 안의 의사'를 아무 역할도 하지 못하게 하는 것은 질병에 대한 공격, 파괴, 제거의 전쟁을 통해 병마와 끝없이 싸우는 오늘날 의료 체계의 의료 행위와 제 생명에 대한 파괴 행위를 별다른 생각 없이 불러들이는 환자와 그 가족의 '참 의료'에 대한 무지(無知)가 야합하여 빚어내는 인위적 재난(災難)의 극치라 하겠다.

辨德

죽어도 사라지지 않는 존재

❁

도덕경 제33장

知人者智, 自知者明. 勝人者有力, 自勝者强.

知足者富. 强行者有志. 不失其所者久. 死而不亡者壽.

지인자지, 자지자명. 승인자유력, 자승자강.

지족자부. 강행자유지. 불실기소자구. 사이불망자수.

다른 사람에 대해 잘 아는 것은 지혜로움이고
자기 스스로에 대해 잘 아는 것은 밝음이다.
다른 사람을 이김은 힘이 센 것이고
자기 스스로를 이김은 강한 것이다.
만족할 줄 아는 사람이 진정한 부자이고
강력하게 실천하는 사람이 뜻 있는 사람이다.
제자리를 벗어나지 않아야 오래갈 수 있는 것이고
죽은 뒤에도 사라지지 않는 사람이라야
참으로 장수를 누리는 것이다.

다른 사람의 잘못이나 허물에 대해서는 귀신처럼 알고 일일이 지적하고 따지는 사람치고 자기 자신의 잘못이나 허물에 대해 인정하거나 다른 이의 충고를 받아들이는 이는 거의 없다. 그만큼 자기 자신을 제대로 알기란 어려운 것이어서 스스로에 대해 잘 아는 사람을 '정말 밝은 사람'이라고 하겠다.

많은 부(富)를 축적하고도 좀 더 가지려는 욕심을 끝없이 내는 사람은 진정한 부자가 못 되는 법이다. 세상의 많은 부자가 현재 소유하고 있는 것만으로도 여유롭고 풍족하게 살 수 있겠지만 편법과 불법을 동원해서라도 더욱 많은 부를 추구하다가 몰락의 길로 들어서고 나락으로 급전직하 추락하는 사람들에게 '만족할 줄 아는 사람이 진정한 부자'라는 선언은 참으로 신선한 충격 그 자체라 하겠다.

사람이 죽으면 그 육신뿐 아니라 그가 지녔던 많은 것과 심지어 그의 이름, 이미지 등 모든 것이 차례로 사라지게 된다. 그런데 종종 육신은 떠났지만 그 위대한 명성과 세상을 좀 더 밝게, 풍요롭게, 행복하게 하는 데 기여한 훌륭한 인품으로 말미암아 세월이 흘러도 절대로 사라지지 않는 불멸의 존재들이 적지 않다. 그런 이들이야말로 비록 육신은 떠났지만 영원한 존재라고 할 수 있겠다.

任成

만물을 기르되 주인 노릇 않는다

도덕경 제34장

大道汎兮, 其可左右.
萬物恃之以生而不辭, 功成而不有.
衣養萬物而不爲主, 可名於小.
萬物歸焉而不爲主, 可名爲大.
以其終不自爲大, 故能成其大.

대도범혜, 기가좌우.
만물시지이생이불사, 공성이불유.
의양만물이불위주, 가명어소.
만물귀언이불위주, 가명위대.
이기종부자위대, 고능성기대.

위대한 도는 세상에 넘쳐흘러서
왼쪽으로 가기도 하고 오른쪽으로 흐르기도 한다.
만물이 도에 의지하여 생겨나지만 그것을 마다하지 않고
공을 이루고도 차지하지 않으며
만물을 입히고 먹여서 기르되 주인 노릇 하지 않는다.
스스로의 존재와 역할을 일절 드러내 보이지 않으므로
보잘것없는 것으로 일컬어질 수 있으리라.
만물이 다 같이 도에 귀의하되
자신을 내세워 주인 노릇 하지 않으니 위대하다고 하겠다.
스스로 위대하다고 여기지 않으므로
그 위대함을 자연스럽게 이룰 수 있는 것이다.

도에 따르는 이는 어느 단계에 이르러 도와 하나가 되고 도의 영원성에 동화되어 불멸의 존재로 거듭날 수 있다는 것을 노자는 누누이 강조하고 있다. 도를 등지고 살거나 도에 위배되는 삶을 혁신하지 못할 경우 육신의 수명 한계에 갇혀 육신이 끝나면서 존재도 사라져버리는 삶의 유한성을 벗어나지 못하게 된다는 사실을 깊이 인식하고 제 영원성을 확보하기 위한 노력을 게을리하지 말아야 할 것으로 판단된다.

仁德

道는 담백하여 재미가 없다

도덕경 제35장

執大象, 天下往. 往而不害, 安平泰.
樂與餌, 過客止. 道之出口, 淡乎其無味.
視之不足見, 聽之不足聞, 用之不足旣.

집대상, 천하왕. 왕이불해, 안평태.
악여이, 과객지. 도지출구, 담호기무미.
시지부족견, 청지부족문, 용지부족기.

위대한 형상, 즉 도를 잡은 이에게
천하 사람들이 몰려가게 된다.
그리로 몰려가서 도의 정치가 행해지는 곳에서 살면
어떤 피해도 입지 않는다.
백성은 안락하게 살고 나라는 평화로우며
천하는 태평성세를 구가할 것이다.
풍악을 울리고 맛난 음식을 차려 잔치를 베풀면
지나가는 사람들의 흥미를 끌어
그들을 멈추게 할 수 있으련만
도에 대한 이야기는 아무리 말해도 담백하여
그 어떤 맛도 느끼지 못한다.
도는, 보려 해도 잘 보이지 않고
들으려 해도 잘 들리지 않지만
그 쓰임새는 써도 써도 다함이 없는
신묘한 속성을 지니고 있다.

도리에 부합하는 훌륭한 정치를 펴는 이에게 천하 사람들이 몰려가는 것은 당연한 것이고 자연스러운 현상이라 하겠다. 잘못된 정치, 즉 학정(虐政)이나 폭정(暴政)의 폐해를 모르는 백성들이 어디 있으랴. 선정을 베풀거나 또는 왕도정치, 나아가 무위자연의 정치를 펴는 위정자의 통치 영역으로 가서 살아야 잘못된 정치로 인한 피해를 입지 않게 된다는 것을 모를 백성은 없을 것이다. 무위자연의 정치가 행해지는 나라에

서 살면 백성은 안정된 생활이 보장되고 나라는 평화로울 것이며 천하는 태평성세를 구가하게 될 것이다.

풍악을 울리고 맛난 음식을 차려 대접하면 지나가는 사람도 잠시 멈춰 관심을 기울이겠지만 도에 대한 이야기는 그저 담백할 뿐이어서 그 누구의 흥미도 끌지 못한다. 아무리 설명을 잘한다고 해도, 보려 해도 보이지 않고, 들으려 해도 들리지 않지만 그러나 써도 써도 다함이 없는 신묘한 속성을 지니고 있다.

우리 몸의 병마(病魔)를 효과적으로 다스려 정상적으로 건강을 회복할 수 있는, 참으로 훌륭한 신약(神藥), 영약(靈藥), 묘약(妙藥)들은 참된 도리(道理)와 생기(生氣)를 머금은 흔한 물질이어서 그 누구의 이목을 끌지도 못하고 단기간에 효과를 보이지도 않으며, 맛이 좋거나 향이 짙은 것도 아니다. 그러나 환자도 모르는 가운데 오장육부의 잃어버린 조화와 균형을 되찾아 비정상적 면역 기능과 자연치유 능력을 회복시켜 '몸 안의 의사'가 자연스럽게 병마를 물리치게 함으로써 본래의 건강한 몸으로 되돌려놓는 묘한 힘을 발휘한다.

도(道)에 따른 '참 의료'를 한마디로 요약하자면 "인위(人爲), 인공(人工)의 의방과 기술을 구사하여 병마를 공격, 파괴, 제거하는 방식이 아니라 무위자연(無爲自然)의 '참 의료'를 활용해 '몸 안의 의사(자연치유력)'가 제 역할과 기능을 다함으로써 병마를 순리적으로, 근본적으로 해결해 자연 치유되도록 하는 것"을 말한다.

사람의 몸 안에 존재하는 약 100조에 달하는 생명체들은 오로지 자신들을 다스리는 임금[心王]이 도에 따른 훌륭한 섭생을 하여 오장육부가 조화와 균형을 잃지 않고 몸 안의 천하가 태평하기를 갈망하지만 그런 사람이 그리 많지 않다는 것이 작금의 현실이다.

微明

柔弱한 것이 굳센 것을 이긴다

도덕경 제36장

將欲歙之, 必固張之, 將欲弱之, 必固强之,
將欲廢之, 必固興之, 將欲取之, 必固與之,
是謂微明. 柔弱勝剛强. 魚不可脫於淵,
國之利器, 不可以示人.

장욕흡지, 필고장지, 장욕약지, 필고강지,
장욕폐지, 필고흥지, 장욕취지, 필고여지,
시위미명. 유약승강강. 어불가탈어연,
국지이기, 불가이시인.

자연의 이치는, 장차 오므리고자 하면 반드시 먼저 펼치고
장차 약화시키려면 반드시 먼저 강하게 하며
장차 폐지하려면 반드시 먼저 흥성하게 하고
장차 가져오려면 반드시 먼저 주는 법이다.
이를 미명(微明), 즉 '명백하게 드러나기 전의
미미한 밝음'이라고 하겠다.
부드럽고 약한 것이 굳센 것을 이긴다.
물고기가 연못을 벗어나면 안 되는 것처럼
나라의 날카로운 병기를
사람들에게 드러내 보여 두려움을 주면 안 된다.

두목(杜牧·803~852)의 시에서 표현된 것처럼 '서리 맞은 늦가을 단풍잎이 마치 2월의 꽃보다 더 아름답게 빛나다가[霜葉紅於二月花] 며칠 만에 바람과 함께 사라져버리는 것'을 잘 관찰해 보면 '미미한 밝음'이 보여주는 의미가 어떤 것인지 짐작할 수 있으리라.

병마를 물리치기 위해 온갖 노력을 기울이다 보면 '질병이 조금 호전되는 듯하다가 더욱 심해지는 경우[病加於少癒]'를 종종 만나게 되는데 이런 의외의 상황에 대개 놀라거나 심지어 좌절하기도 한다. 자연의 이치가 본래 그런 것이기는 하지만 명백하게 드러나지 않아서 원인을 제대로 파악하거나 그 의미를 올바로 인식하지 못하면 종종 오판으로 이어져 질병의 악화로 대가를 혹독하게 치르게 된다.

세상에는 아직 보편적으로 명확하게 밝혀지지는 않았지만 육안(肉眼)을 넘어 혜안(慧眼)으로 주의 깊게 통찰할 경우 비로소 드러나는 자연법칙들이 적지 않음을 알 수 있다. 그것은 마치 먼동 트기 직전의 여명(黎明)에 분명하게 보이지 않던 것들이, 서서히 떠오르는 밝은 태양에 의해 대명천지(大明天地)가 되면서 만상(萬象), 만물(萬物)의 진면목이 명명백백하게 드러나는 것과 같은 이치이다.

서해안 갯벌에서 생산되는 천일염을 위시하여 밭마늘, 홍화씨, 강화도 마니산 인근의 신령스런 약쑥, 동해안에서 잡히는 명태, 물가에서 삼삼오오 떼 지어 노는 집오리 등 한국 산야에 흔하디흔한 농림축수산물들이, 시방삼세를 관조(觀照)하는 혜안의 의자(醫者)를 만나 법제의 과정을 거치면 기사회생(起死回生)의 신약(神藥), 영약(靈藥)으로 새롭게 부활한다.

《주역(周易)》에서 밝힌 것처럼 "우러러 천문을 보고[仰以觀於天文] 수그려 지리를 살펴[俯以察於地理]" 약이 독 되고 독이 약 되기도 하는 만물의 물성(物性)을 파악하여 지혜로운 법제법을 통해 독을 제거하거나 중화시키고 약을 보전하거나 증가시키는 작업을 거쳐 전혀 새로운 차원의 신약, 영약으로 부활시켜 인류를 암, 난치병, 괴질로부터 구제할 수 있는 묘방(妙方)으로 제시한 이가 이 땅에 다녀갔지만 그러한 사실을 아는 이도 드물고 그이를 제대로 아는 이 역시 극소수에 불과하다. 그이는 다른 이가 아니라 "그 지혜는 만물에 두루 미치고 그가 제시한 '참 의료'의 도는 천하 인류를 구제할 수 있다[知周乎萬物而道濟天下]"는 평가로 요약되는 '불세출의 신의(神醫)' 인산 김일훈(仁山 金一勳·1909~1992) 선생이다.

爲政

'道의 정치'로 바른 세상 이룬다

도덕경 제37장

道常無爲而無不爲. 候王若能守之, 萬物將自化.
化而欲作, 吾將鎭之以無名之樸.
無名之樸, 夫亦將不欲. 不欲以靜, 天下將自正.

도상무위이무불위. 후왕약능수지, 만물장자화.
화이욕작, 오장진지이무명지박.
무명지박, 부역장불욕. 불욕이정, 천하장자정.

도는 늘 아무 일도 하지 않는 것처럼
자연스럽게 하는데도 되지 않는 일이 없다.
제후나 임금이 만약 도에 따라 정치를 한다면
만물은 저절로 바뀌게 될 것이다.
저절로 바뀌는데도 자연스러움을 벗어나
인위적 정치를 시도할 경우
나는 이름 붙이기 이전의
통나무처럼 소박한 도로써
그런 인위적 정치 행위를 억제할 것이다.
이름 붙이기 이전의 통나무 같은,
무위정치로 세상을 다스릴 경우
자연스러움을 벗어난
그 어떤 정치적 야욕도 부리지 않게 되리라.
아무런 정치적 야욕 없이
조용히 도로써 다스리더라도
천하는 저절로 바른 세상이 될 것이다.

도에 따른 '참 의료'는 구하기 어려운 특별한 약이나 기이한 처방, 복잡다단한 기술을 요하지 않는 법이다. 주변에 흔한 물질, 즉 농림축수산물의 약성을 십분 활용하여 생명력을 돋우어 면역 기능을 정상적으로 회복시키는 동시에 자연 방어 기능을 극대화하여 병마를 근본적으로 다스려 몸 안의 안정과 평화를 되찾도록 할 뿐이다.

인류의 생명을 위협하는 암, 난치병, 괴질을 퇴치하기 위해 병마와 싸우게 되면 우리 몸 안은 전쟁터로 바뀌게 되고 참혹한 전쟁이 휩쓸고 간 뒤의 폐허는 생명체가 존재할 수 없는 죽음의 지역으로 바뀌면서 비명횡사로 삶이 끝나게 된다.

인체에 대한 세균이나 바이러스의 침공으로 유발되는 질병이든, 섭생 부주의에 의해 정상세포가 암세포로 돌변하여 비정상적으로 문제를 일으키는 암, 난치병이든, 모든 질병 발생의 가장 중대한 원인은 생명력의 약화에 따른 면역력 저하와 방어체계의 부실에 있다고 할 것이다.

그런데도 질병 발생의 궁극적 원인과 환경, 조건을 먼저 개선하려는 노력을 기울이지 않고 생명력을 강화시켜 '몸 안의 의사'가 근본적으로 병마를 다스리도록 조치하지도 않은 채 천변만화하는 병마를 쫓아다니며 공격, 파괴, 제거에만 집착한다.

이렇듯 지혜롭지 못한 의방에 따른 노력은 득(得)보다 실(失)이 크기 때문에 병마를 해결하는 성과를 거두지 못하고 오히려 더욱 악화시키는 결과를 초래하여 비명횡사로 이어지게 만들 뿐이다. 따라서 도(道)에 따른 '참 의료', 즉 무위자연의 의료를 행하면 치유되지 않는 병이 없으므로 현명한 의자(醫者)가 무위의료를 활용해 병마를 다스릴 경우 만병은 저절로 자연 치유되게 마련이다.

만약 어떤 의자가 인위, 인공의 무리한 의료로 병마를 다스리려 하면 도에 따른 무위의료를 체득한 의자는 통나무 원목처럼 질박한 무위(無爲)의 '참 의료'를 활용하여 무리한 의료로 사람의 생명을 해치지 못하도록 조치할 것이다. 무위의료는 천하 사람들로 하여금 스스로 건강하게 하는 신묘한 힘을 발휘할 수 있을 것으로 믿어 의심치 않는다.

최상의 德은 드러내지 않는다

도덕경 제38장

上德不德, 是以有德, 下德不失德, 是以無德.
上德無爲而無以爲(下德無爲而有以爲), 上仁爲之而無以爲,
上義爲之而有以爲, 上禮爲之而莫之應則攘臂而扔之,
故失道而後德, 失德而後仁, 失仁而後義, 失義而後禮.
夫禮者, 忠信之薄而亂之首. 前識者, 道之華而愚之始.
是以大丈夫處其厚, 不居其薄, 處其實, 不居其華.
故去彼取此.

상덕부덕, 시이유덕, 하덕불실덕, 시이무덕.
상덕무위이무이위(하덕무위이유이위), 상인위지이무이위,
상의위지이유이위, 상례위지이막지응즉양비이잉지,
고실도이후덕, 실덕이후인, 실인이후의, 실의이후예.
부예자, 충신지박이난지수. 전식자, 도지화이우지시.
시이대장부처기후, 불거기박, 처기실, 불거기화.
고거피취차.

최상의 풍부한 덕을 지닌 이는
덕을 드러내거나 내세우지 않으므로
세상 사람들로부터 진정한 덕스러움이 있음을 인정받게 된다.
덕이 부족한 사람은 모자란 덕을 의식하여
스스로의 덕을 드러내거나 내세움으로써
도리어 세상 사람들로부터 덕이 부족하다는 것을 알게 만든다.
풍부한 덕을 지닌 이는
스스로 드러내거나 내세우려는 인위적 노력이 없고
인위적 노력을 통해 뭔가를 하거나 대가를 얻으려는 의도가 없다.
(덕이 부족한 사람은 스스로 드러내거나 내세우려는
인위적 노력은 없다 하더라도
인위적 노력을 통해 뭔가를 하거나 대가를 얻으려는
의도가 전혀 없는 것은 아니다.)
최상의 인자스러움을 지닌 이는
비록 인위적 노력을 기울이기는 하지만
인위적 노력을 통해 뭔가를 하거나 대가를 얻으려는
의도를 갖고 있는 것은 아니다.
최상의 의로움을 지닌 이는
인위적 노력을 기울이고, 인위적 노력을 통해
뭔가를 하거나 대가를 얻으려고 한다.
최상의 예법을 추구하는 이는
인위적 노력을 기울이고,
온갖 노력을 기울였음에도 따르지 않으면
팔을 걷어붙이고 잡아 끌어당겨서라도 억지로 하게 만든다.

그러므로 세상에서 도가 사라진 뒤에 덕스러움을 중시하게 되었고
덕스러움이 사라진 뒤에 인자스러움을 중시하게 되었으며
인자스러움이 사라진 뒤에 의로움을 중시하게 되었고
의로움이 사라진 뒤에 예법을 중시하게 되었다.
예법이라는 것은 진실성과 믿음성이 엷어지면서 중시하게 된 것으로서
가치관을 혼란스럽게 만든 우두머리이고
예전에 행해졌던 법과 제도에 대한 과거의 지식은
인위적인 의도가 드러나 겉으로는 화려해 보이지만 실속이 부족한
도의 꽃이자 오늘의 현실을 제대로 읽지 못하는
어리석음의 시초라 하겠다.
그러므로 훌륭한 구도자는 돈독하고 두터운 도덕을 추구하지
인위적인 의도에 의한, 얄팍한 예법을 지키려 애쓰지 않고
결실을 거둘 수 있는 도덕을 추구하지
인위적 의도가 드러나는 화려한 꽃을 보여주려 애쓰지 않는다.
따라서 드러내 보이려는 화려한 꽃이나 얄팍한 예법을 버리고
결실로 이어질 열매와 돈독하고 두터운 도덕을 취한다.

최상의 의료 능력을 지니고 세상의 온갖 병을 해결하는 데 만능의 요법을 구사하는 상의(上醫)라면 그는 의료를 직업으로 삼거나 자신의 생계(生計)로 삼지 않을 것이다. '상의는 불의(不醫)'인 것이다. 대표적인 사례가 근세의 인물로서 '불세출의 신의(神醫)'로 불린 인산 김일훈(仁山 金一勳·1909~1992) 선생이다.

그는 평생을 가난과 천대 속에 살면서도 생득적 혜안(慧眼)

과 독특한 의료 능력을 십분 발휘하여 기적의 인술을 펼쳤지만 평생 질병을 고쳐준 대가로 돈을 요구하거나 받지 않았을 뿐 아니라 자신의 자녀에게도 '의료를 생계로 삼지 말라'는 당부와 함께 '온갖 병마로부터 사람의 생명을 구하는 일은 의료 능력과 기술을 지닌 의료인으로서 마땅히 해야 할 당연한 일'이라고 불멸의 명저(名著)로 알려진 자신의 저서 《신약(神藥)》을 통해 밝힌 바 있다.

각종 암, 난치병이 창궐하고 전혀 예측하지 못한 괴질들이 잇달아 출현하고 있는 오늘의 질병 문제를 과거의 의료 이론과 지식을 근거로 한 의방을 이용해 해결하려는 시도는 이렇다 할 성과를 낼 수 없다는 판단 아래 자신의 생이지지(生而知之)의 혜안과 팔십 평생의 경험을 근거로 고금동서에 유례를 찾아보기 어려울 정도의 독창적 신의학 이론과 방약을 제시하여 곳곳에서 불가사의한 기적이 연출되고 있음에도 인산 선생의 신약, 묘방(妙方)은 여전히 세상 사람들로부터 몰이해와 편견에 의해 매도되거나 음해를 당하고 있는 현실이다.

'전식자(前識者)'란 말은 과거의 지식에 얽매여, 성인(聖人)의 혜안으로 제시한 새로운 지혜를 받아들이지 못하는 경우를 뜻하는 것으로서 그러한 지식으로는 마치 화사한 꽃처럼 화려한 볼거리를 제공할 수는 있지만 문제를 근본적으로 해결하는 성과(成果)를 도출할 수는 없고, 그러한 현란한 '지식의 유희(遊戲)'가 세상의 병마(病魔)를 물리칠 '참 의료'의 도리를 깨닫지 못하도록 도리어 혼란만 야기하고 있다고 이 장은 잘 설명해 준다.

하나인 道를 터득해 이뤄진 것들

도덕경 제39장

昔之得一者, 天得一以清, 地得一以寧, 神得一以靈,
谷得一以盈, 萬物得一以生, 侯王得一以爲天下正. 其致之一也,
謂天無以清, 將恐裂, 地無以寧, 將恐廢, 神無以靈, 將恐歇,
谷無以盈, 將恐竭, 萬物無以生, 將恐滅, 侯王無以正, 將恐蹶.
故貴以賤爲本, 高以下爲基.
是以侯王自稱, 孤, 寡, 不穀. 此非以賤爲本邪? 非乎?
故至譽無譽. 是故不欲琭琭如玉, 珞珞如石.

석지득일자, 천득일이청, 지득일이영, 신득일이령,
곡득일이영, 만물득일이생, 후왕득일이위천하정. 기치지일야,
위천무이청, 장공렬, 지무이령, 장공폐, 신무이령, 장공헐,
곡무이영, 장공갈, 만물무이생, 장공멸, 후왕무이정, 장공궐.
고귀이천위본, 고이하위기.
시이후왕자칭, 고, 과, 불곡. 차비이천위본야? 비호?
고지예무예. 시고불욕녹록여옥, 낙락여석.

태초에 하나인 도를 터득하여 이루어진 것들이 있다.
하늘은 그 하나를 터득하여 맑은 하늘이 되었고
땅은 그 하나를 터득하여 안정을 되찾았으며
신은 그 하나를 터득하여 신령스러움을 지니게 되었다.
골짜기는 그 하나를 터득하여 채울 수 있었고
만물은 그 하나를 터득하여 생산할 수 있게 되었으며
후왕은 그 하나를 터득하여 천하를 바르게 다스릴 수 있었다.
그렇게 되도록 한 것은 하나이다.
하늘이 그 무언가를 통해 맑아지게 할 수 없다면
장차 쪼개지게 될 것이고
땅이 그 무언가를 통해 안정시키지 못한다면
장차 무너지게 될 것이며
신이 그 무언가를 통해 신령스러움을 지니지 못한다면
장차 그 어떤 영험도 없어져서 시들해질 것이다.
골짜기가 그 무언가를 통해 빈 곳을 채울 수 없다면
장차 마르게 될 것이고
만물이 그 무언가를 통해 생산하지 못한다면
장차 소멸하게 될 것이며
후왕이 그 무언가를 통해 천하를 바르게 다스리지 못한다면
장차 백성들에 의해 왕조가 뒤집힐 것이다.
그러므로 귀한 것은 천한 것을 근본으로 삼고
높은 것은 낮은 것을 기반으로 삼는 법이다.
따라서 후왕은 스스로 일컫기를
'의지할 데 없는 외로운 사람' '여러 가지 면으로 부족한 사람'

'쭉정이처럼 잘 영글지 못한 사람'으로 지칭하니
이것이 바로 '천함을 근본으로 삼는다'고 한 것이 아니겠는가?
그렇지 않은가?
그러므로 최상의 예찬은 예찬의 언사(言辭)를 쓰지 않는 법이다.
그러므로 옥처럼 고귀한 모습도 아니요,
돌처럼 볼품없는 모습도 아닌 그저 있는 그대로,
생긴 그대로의 자연스러운 모습으로 살아야 하리라.

하늘도 땅도, 신도, 만물도 모두 시작도 끝도 없이 순환무단(循環無斷)하는 도를 터득하고 도를 받아들여 도에 따르지 않으면 존재 자체가 불가능하리라는 고구정녕한 이야기를 선뜻 이해하기는 쉽지 않으리라 여겨진다. 그러나 그 이야기에 대해 나의 인식 능력으로 이해하기 어렵다고 부정해 버리는 우(愚)를 범하지 말아야겠다. 모르면서 배워 알려고도 하지 않으면 '향상(向上)의 길'을 일찌감치 포기해 버리는 것으로서 그의 지적 능력의 한계요, 더 이상 나아질 가능성마저 내팽개치는 어리석음의 발로일 뿐인 것이다.

온갖 병마로부터 사람의 생명을 구하는 의료 역시 인위(人爲), 인공(人工), 조작(操作)이 가미된 지식의 의학, 기술의 의료, 상업적 의방이 온 세상을 풍미(風靡)하는 마당에 무위자연의 지혜의 의학, 자연치유의 능력을 활용해 병마를 근본적으로 해결하는 도(道)의 의방, 상업주의가 스며들지 않은 인의(仁義)의 방약으로 자신과 가족의 병마를 해결해야 무리가 없고 근본적으로 해결이 가능하다고 누누이 외쳐도 귀기울여 듣는 이 그리 많지 않은 것이 현실이다.

도(道)에 근거하지 않은 의료는 세상 사람들을 병마로부터 구할 수 있는 '참 의료'가 아니라는 것을 십분 이해하고 '참 의료'를 남은 인생의 화두(話頭)로 삼아 무위자연의 신약(神藥), 묘방(妙方)을 활연히 깨달아 120세 천수(天壽)를 건강하고 행복하게 누리기를 진심으로 기원한다.

去用

되돌아가는 것이 道의 움직임

도덕경 제40장

反者道之動, 弱者道之用.

天下萬物生於有, 有生於無.

반자도지동, 약자도지용.

천하만물생어유, 유생어무.

근본으로 돌아가는 것이야말로 도의 움직임의 특징이라 하겠다.
유약한 것이야말로 도의 쓰임새의 특징이라 하겠다.
만물은, 드러난 도에 해당하는 '있음'에서 생겨나고
드러난 도에 해당하는 '있음'은
드러나지 않은 도에 해당하는 '없음'에서 생겨난 것이다.

'참 의료'를 깨닫는다는 게 결코 쉬운 일이 아니라는 것은 어느 면에서 이해할 수 있지만 '참 의료'를 깨닫기 위한 노력을 게을리하는 것은 이해하기 어렵거니와 그 모든 것을 떠나 대단히 위험한 것이고 천수(天壽)를 온전하게 누리기 어렵다는 점을 감안해 부단한 노력을 기울일 것을 다시 한 번 역설(力說)하는 바이다.

기회 있을 때마다 누누이 들어도 그래도 잘 모르겠거든 근본으로 돌아가 잘 살펴보는 것이 좋겠다. 도리(道理)에 부합하는 의료란, 보이는 질병 현상을 좇아다니며 공격, 파괴, 제거를 시도하여 온몸을 전쟁터로 삼아 만신창이로 만드는 '병과의 전쟁' 방식이 아니라 근본으로 돌아가 생명의 뿌리에 자양분을 공급하여 약화된 생명력을 강화하여 몸 안의 국방력으로 외부로부터의 침략을 방어하여 나라의 평화를 되찾고, 경찰력으로 내부의 혼란을 다스려 치안을 정상화시켜 사회적 안정을 되찾게 하는 자연치유 방식으로 다스리는 것을 의미한다. 노자(老子)와 인산(仁山) 선생의 의료철학의 핵심은 '무위(無爲)의료라야 자연치유가 가능하다'는 것으로 요약된다.

同異

上士는 道를 들으면 실천한다

도덕경 제41장

上士聞道, 勤而行之, 中士聞道, 若存若亡,
下士聞道, 大笑之. 不笑不足以爲道.
故建言有之, 明道若昧, 進道若退, 夷道若纇,
上德若谷, 廣德若不足, 建德若偸, 質眞若渝,
大白若辱, 大方無隅, 大器晩成, 大音希聲, 大象無形,
道隱無名. 夫唯道, 善貸且成.

상사문도, 근이행지, 중사문도, 약존약망,
하사문도, 대소지. 불소부족이위도.
고건언유지, 명도약매, 진도약퇴, 이도약뢰,
상덕약곡, 광덕약부족, 건덕약투, 질진약투,
대백약욕, 대방무우, 대기만성, 대음희성, 대상무형,
도은무명. 부유도, 선대차성.

정신적 수준이 높은 구도자는
도의 진리에 대해 들으면 부지런히 도를 실천하고
정신적 수준이 중간 정도 되는 구도자는
도의 진리에 대해 들으면 도에 대해
올바로 인식해 실천하기도 하고 그러지 않기도 하며
정신적 수준이 낮은 사람은
도의 진리에 대해 들으면 크게 비웃는다.
도를 전혀 모르는 사람이 비웃지 않을 정도라면
그것은 진정한 도의 진리라 할 수 없을 것이다.
예부터 전해져 오는 이야기 중에 이런 말이 있다.
도의 진리에 대해 밝게 아는 이는
마치 도의 진리에 어두운 것처럼 보이고
도의 진리에 대해 진전이 있는 사람은
오히려 퇴보한 것처럼 비치며
참으로 평탄한 길은 언뜻 보기에는
울퉁불퉁한 것처럼 여겨진다.
높은 덕은 마치 골짜기 같고 너른 덕은 부족한 것처럼 보이며
확고히 세워진 덕은 보잘것없는 것처럼 비치고
본질적으로 참된 것은 변질된 것처럼 보인다.
너무 결백한 것은 오히려 더럽게 보이고
거대한 사각형은 모서리가 없으며
큰 그릇은 늦게 완성되고 큰 소리는 희미하게 들리며
큰 형상은 어떤 모양인지 파악하기 어려운 법이다.
도는 그 모습이 드러나지 않으므로 뭐라 이름 붙일 수 없다.

오로지 도의 진리를 체득해야만
모든 것을 시작도 잘하고 완성도 잘할 수 있을 것으로 판단된다.

일반적으로 거의 모든 사람이 진리라고 확신하는 학설이나 이론이 진리가 아니라는 사실이 밝혀져 바로잡히는 경우를 종종 보게 된다. 아리스토텔레스 이래 소위 프톨레마이오스 체계로 불리며 줄곧 진리로 여겨왔던 '천동설(天動說)'이 1543년 폴란드의 천문학자 코페르니쿠스의 《천체의 회전에 관하여》라는 명저에 의해 '지동설(地動說)'로 바뀐 것이 대표적인 예라 하겠다. 어느 분야이든 어제까지 진리로 확신했던 이론이 오늘 사실 확인 결과 정반대로 알고 있던 것으로 판명되는 사례 역시 적지 않다.

'천동설'의 예처럼 잘못된 인식을 사실과 다르게 진리로 여기고 산다고 해도 살아가는 데 있어서 피해를 보거나 불이익을 당할 가능성은 별반 없으리라 여겨지지만 사람 생명을 다루는 의학에서는 사정이 다르다. 잘못된 의학지식이 상식으로 자리잡으면 문제는 생각보다 훨씬 더 심각해질 개연성이 크리라는 것은 불문가지(不問可知)라 하겠다.

인류의 생명에 직접적이고 지대한 영향을 미칠 '의학적 진리'에 대해서 눈에 보이는 현상을 중심으로 연구 파악한 결과를 나름 진리라 확신하고 그것을 세상의 거의 모든 사람이 아무런 의심 없이 받아들임으로써 더는 연구하거나 깨닫기 위해 노력하지 않게 되었다. 현대 과학 기술과 접목하여 급속하게 성장 발전한 서양의학이 독보적이고 대표적인 '현대의학'으로 자리잡아 전 세계 인류가 유일무이의 '의학적 진리'로 신앙처럼 믿게 된 것이 오늘의 의료 현실이다.

그러나 이러한 인류의 믿음과 달리 오늘의 '현대의학'은 어느 면에서는 의학적 진리와 거리가 먼 내용이 적지 않다는 사실을 밝히는 '참 의료'의 선각자들이 잇달아 등장하여 '참 의료의 진리'를 새롭게 깨닫도록 인도함으로써 대명천지의 밝은 세상에 걸맞은 창조적 신의학으로 새롭게 자리매김하고 있음은 인류의 미래 건강을 위해 참으로 다행스럽다 할 것이다.

《나는 현대의학을 믿지 않는다》를 저술한 미국 국가 의학 감독관을 지낸 중진 의사 로버트 멘델존 박사, 〈죽은 의사는 거짓말을 하지 않는다〉를 강연한 미네랄 박사로 유명한 미국의 의사 조엘 월렉, 《의사에게 살해당하지 않는 47가지 방법》을 쓴 일본 게이오 대학 의학부 교수이자 그 부속병원의 방사선과 과장을 지낸 의사 곤도 마코토, 《고혈압은 병이 아니다》를 저술한 일본의 유명 의사 마쓰모토 미쓰마사, 《항암제로 살해당하다》를 쓴 일본의 환경운동가이자 언론인 후나세 슌스케 등은 세상의 의학 이론과 궤를 달리하는 참 의료의 의학적 진리를 밝힌 대표적 선구자들이라 하겠다.

특히 히포크라테스 이래 가장 특별한 의서로 일컬어지는 《신약(神藥)》《신약본초(神藥本草)》 등의 저서들을 통해 천동설을 지동설로 바꾸는 것 이상의 경천동지할 의학적 진리를 새롭게 밝혀 실제로 죽음의 위기에 내몰린 수많은 암, 난치병, 괴질 환자들의 목숨을 구하고 미래 세상의 인류 건강을 위한 '참 의료

이정표'를 제시한 바 있는 인산 김일훈(仁山 金一勳·1909~1992) 선생은 의학혁명의 선각자이자 불세출의 신의(神醫)로 주목받으며 그 의학 철학과 사상이 많은 사람에 의해 활발하게 연구되고 있기도 하다.

인산 선생의 의학적 특징은 제 병은 제힘으로 자연물의 약성을 활용해 몸 안의 자연치유 능력을 돋우어 순리적으로 병고(病苦)를 해결하고 자연스럽게 건강을 회복하도록 하는 방법을 활용하는 것에서 찾을 수 있다. 질병을 유발하는 세균이나 바이러스, 병든 세포를 직접 공격, 파괴, 제거하는 방식이 아니라 체온을 높일 수 있는 먹거리, 대표적 온열요법인 쑥뜸, 꾸준한 운동 등을 통해, 즉 인위, 인공, 조작이 가미되지 않은 '무위(無爲)의료'를 활용하여 자연스럽게 인체의 면역력을 회복시켜 병고를 근본적으로 해결, 극복하게 하는 신약(神藥), 묘방(妙方)을 제시했다는 이야기이다.

따라서 《도덕경》의 이 장에서 말한 대로 최상급 의료인[上士]은 인산 선생의 신약, 묘방을 알게 되면 그 의미와 가치를 온전하게 받아들여 적극적으로 실천해 병든 사람을 구하기 위해 노력하지만, 중급 의료인[中士]은 온전한 이해를 못함으로써 어떤 내용은 받아들여 실천하고 또 어떤 부분은 자기 지식의 잣대로 재단하여 수용하지 않는다. 하급의 의료인[下士]은 자신이 배워 알고 있는 지식과 정면으로 배치되는 이론에다 이해하기 힘든 음식 처방, 신통치 않게 생각되는 여러 가지 요법에 대해 황당한 이론이자 참으로 웃기는 방약(方藥)이라며 크게 비웃을 뿐이다. 잘 모르는 그들이 크게 비웃을 정도가 못 된다면 그것은 결코 세상 사람들이 꿈에도 생각해 보지 못한 '만고불변의 의학적 진리'일 리가 없을 것이다.

이를 한마디로 압축하자면 '대의(大醫)는 무위(無爲)이니 인위, 인공, 조작이 가미되지 않은 무위의료라야 일시적 효과, 증상 완화 효과, 가지치기 효과에 그치지 않고 질병의 뿌리를 제거하여 병고를 근본적으로 해결하는 자연치유의 온전한 효과를 제대로 거둘 수 있으리라'라는 이야기로 요약된다.

陰陽의 調和로 만물이 생겨난다

도덕경 제42장

道生一, 一生二, 三生萬物. 萬物負陰而抱陽, 沖氣以爲和.
人之所惡, 唯孤寡不穀, 而王公以爲稱.
故物或損之而益, 或益之而損.
人之所教, 我亦教之. 强梁者不得其死, 吾將以爲教父.

도생일, 일생이, 삼생만물. 만물부음이포양, 충기이위화.
인지소오, 유고과불곡, 이왕공이위칭.
고물혹손지이익, 혹익지이손.
인지소교, 아역교지. 강량자부득기사, 오장이위교부.

도에서 하나인 태극이 나오고
하나인 태극에서 둘로 갈라져 음양으로 나뉘게 되며
음양의 합일을 통해 만물 생성의 시원인 셋이 등장하고
셋으로부터 만물이 나오기 시작한다.
이렇게 나오기 시작한 만물은
뒤로 음을 지고 앞으로 양을 안은 채
두 기운이 합해져 조화를 이루는 것이다.
사람들이 그렇게 되기를 싫어하는 것으로는
부모를 잃은 아이, 짝을 잃은 사람, 보잘것없는 사람인데
임금은 그런 이름으로 자신의 칭호로 삼는다.
그러므로 만물은 덜어내더라도 오히려 늘어나기도 하고
혹은 보태더라도 도리어 줄어들기도 한다.
다른 사람들이 가르치는 바를 나 또한 가르치고자 한다.
'강포한 자는 제명대로 살지 못하고 죽는다'고 하는데
나는 이것을 가르침의 으뜸으로 삼으려 한다.

노자 사상의 핵심 가치를 한마디로 표현하자면 자연(自然)이고 그 가치를 삶 속에서 제대로 실현하기 위한 방법론으로서 무위(無爲)라는 개념이 등장한다. 무위자연(無爲自然)이란 인위(人爲), 인공(人工), 조작(操作)이 없는 자연 그대로의 상태를 유지 보존하고 물 흐르듯 순리적으로, 아무런 꾸밈이나 가식(假飾) 없는 소박(素朴)한 삶을 영위해야 한다는 사상을 담고 있는 노자 철학의 대표적 개념이라 하겠다.

자연계로부터 생명이 싹터서 세상에 나올 때 생명과 함께 자라고 그 항상성(恒常性)을 유지시켜 주는 치유(治癒)와 복원(復元)의 능력을 부여받고 또한 온갖 병마의 공격을 방어하고 물리치는 힘, 즉 무위자연의 의료 능력을 지니고 있는데도 그 사실을 전혀 인식하지도 못하고 그 힘을 제대로 활용하지도 못하는 것은 물론이요, 오히려 유위의 무리한 의료를 통해 그러한 능력들이 발휘될 수 없도록 철저히 봉쇄해 버리는 우(愚)를 범하여 참 의료에 무지한 의료인들과 함께 자기 스스로 자기 자신을 죽게 만드는 최악의 결과를 부르게 되는 것이다. 이 얼마나 안타까운 일인가!

偏用

無爲의 유익함을 아는 이 드물다

도덕경 제43장

天下之至柔, 馳騁天下之至堅. 無有入無間,

吾是以知無爲之有益. 不言之教, 無爲之益, 天下希及之.

천하지지유, 치빙천하지지견. 무유입무간,

오시이지무위지유익. 불언지교, 무위지익, 천하희급지.

세상에서 가장 부드러운 것이 가장 굳센 것을 부리는 법이다.
형체 없는 것이라야 틈이 없는 곳으로 들어갈 수 있다.
이런 이치로 미루어 인위(人爲), 인공(人工)의 요소가 없는
무위자연의 유익함을 알 수 있는 것이다.
말없이 스스로 깨닫게 하는 가르침과
인위적 요소를 배제한 무위의 유익함에 생각이 미치는 사람은
세상에 매우 드물다.

관운장을 위시해 장비, 조자룡 등 당대에 이름을 드날린 최고의 명장들을 정작 조종한 주인공은 지혜로우면서 부드럽기 짝이 없는 제갈량이었다. 세상에서 가장 부드럽고 유연한 물방울이 똑똑 떨어져 마침내 굳센 바위를 뚫는가 하면 그 물이 흐르는 물길 따라 바위가 움푹 파여 깊은 골을 이룬다. 대개 '말잔치'로 끝나버리게 되는 공허한 말의 가르침이 아닌, '말 없음의 진정한 가르침'과 인위, 인공, 조작이 가미되지 않은 무위의 유익함이야말로 세상을 바꾸는 위대한 저력을 보여준다.

언뜻 생각하기에는 말을 잘하는 것이 뭔가를 이룰 수 있을 것처럼 여겨지지만 말로만 그럴듯하고 실제로는 되는 일이 없는 말잔치로 끝나는 일이 비일비재하다. 의학적 이론이 아무리 그럴듯하다고 해도 병고를 근본적으로 해결하지 못한다면 그 이론은 그저 실익(實益)이 없는 공허한 이론에 그칠 뿐이다. 인위, 인공, 조작의 요란한 방법들을 동원해 호들갑을 있는 대로 떨더라도 결국 인류의 암, 난치병, 괴질을 근본적으로 해결할

수 없다면 그것은 어차피 살리지도 못하면서 신간(몸통)만 더 없이 고달프게 만드는 어리석음의 발로일 뿐인 것이다. '무위의료라야 자연치유된다'는 노자(老子)식의 참 의료 공식을 가슴에 깊이 새겨 건강하게 천수(天壽)를 다 누리시기를 기원한다.

몸과 재산,
무엇이 더 소중한가?

도덕경 제44장

名與身孰親? 身與貨孰多? 得與亡孰病?
甚愛必大費, 多藏必厚亡. 故知足不辱, 知止不殆, 可以長久.

명여신숙친? 신여화숙다? 득여망숙병?
심애필대비, 다장필후망. 고지족불욕, 지지불태, 가이장구.

명예와 몸 중 어느 것에 더욱 신경 써야 하는가,
몸과 재산 중 어느 것이 더 소중한가,
얻음과 잃음 중 무엇이 더 문제인가,
너무 아끼게 되면 반드시 크게 소비할 일이 생기게 되며
지나치게 많이 쌓아두면 크게 잃게 되는 법이다.
만족해야 할 때 만족할 줄 알면 욕될 일이 없고
멈춰야 할 때 멈출 줄 알면 위태로울 일이 없게 되나니
그게 바로 탈 없이 오래갈 수 있는 삶의 바른길이라 하겠다.

역사상 가장 위대한 현인 중 한 분인 노자(老子)의 이 개탄 섞인 가르침의 핵심은 삶의 본질에 대해 올바로 이해하고 삶의 바른길을 좇아서 자연법칙에 따라 순리적으로 살아가라는 얘기로 파악된다.

명예를 위해 몸 망치고 돈벌이하느라 건강을 잃는 광경은 우리 주변에서 흔히 볼 수 있는 모습들이다. 얻음이 화근인 줄 모르고 기뻐하는가 하면 잃는 게 다행임을 알지 못하고 도리어 상심하기도 한다. 전도된 생각을 바꾸지 않는 한 자연계로부터 부여받은, 사용 가능 연한이 보장된 생명과 신체를 자연 수명조차 다 누리지 못하고 마치 자동차 폐차시키듯 중도에 내버려야 하는 비운을 맞게 된다.

'순리와 자연'이라는 최상의 삶의 길을 터득하여 천수(天壽)를 다 누릴 수 있도록 하기 위한 '자구(自救) 노력'은 비단 부도 직전의 기업에만 적용되는 얘기가 아니라 시간과 공간을 초월

하여 모든 인류에게 공통적으로 해당되는 훌륭한 삶의 방식이라 하겠다.

洪德

몸을 움직여 찬 기운을 이긴다

도덕경 제45장

大成若缺, 其用不弊. 大盈若沖, 其用不窮.
大直若屈, 大巧若拙, 大辯若訥. 躁勝寒, 靜勝熱.
清靜爲天下正.

대성약결, 기용불폐. 대영약충, 기용불궁.
대직약굴, 대교약졸, 대변약눌. 조승한, 정승열.
청정위천하정.

완벽하게 이뤄진 것은 마치 결함이 있는 것 같지만
그것을 사용하는 데 아무런 문제가 없고
정말 큰 그릇은 가득 차더라도
마치 비어 있는 것처럼 채워도, 채워도 끝이 없다.
참으로 곧은 것은 마치 굽은 것처럼 보이고
최고로 정교한 것은 도리어 졸렬한 것처럼 여겨지며
참으로 잘하는 말은 오히려 더듬는 것처럼 느껴진다.
몸을 움직여 찬 기운을 이길 수 있고
몸을 안정시켜 더운 기운을 극복할 수 있는 법이다.
맑고 고요함으로 천하를 바르게 한다.

참으로 완벽하게 만들어진 것은 어딘지 모르게 흠결이 있는 것처럼 보이는 게 세상 이치다. 도리(道理)에 지극히 밝은 도인(道人)들이, 세상 사람들의 눈에는 한심한 바보처럼 보이고 한국 최고의 부(富)를 완성한 이병철 회장, 정주영 회장을 언뜻 마주치게 되면 별로 부자처럼 보이지 않는 것 또한 사실이다.

자연의 이치를 대각(大覺)하고 의학의 이치에 통달한 인산 김일훈(仁山 金一勳·1909~1992) 선생의 독창적 의학이론과 특이한 방약들을, 1986년 6월에 출간된 그이의 저서 《신약(神藥)》을 통해 접한 사람들 또한, 의료 전문가는 물론이고 비전문가라 하더라도 황당무계하기 그지없는 것으로 치부하여 근거 없는 비방을 일삼거나 별다른 관심을 보이지 않은 것 역시 같은 맥락이라 생각된다.

세상 사람들의 시각과 안목으로 이해하기 어려운, 다시 말해 고금동서에 유례가 없는 독창적 의학이론과 일반적으로 사용되지 않는 독성 물질 또는 잘 알지 못하거나 잘못 알고 있는 물질들을 스스로 창안한 법제 방법으로 가공, 처리하여 신약, 묘약(妙藥)으로 활용해 암, 난치병, 괴질로 죽어가는 사람들을 구료하는 것을 직접 목격하더라도 그 의미와 가치를 올바로 인식하지 못함으로써 세상에 유통되지 못하는 한계를 드러낸다.

전 세계 인류 대부분이 건강에 해롭다고 생각하여 섭취량을 줄이거나 기피하는 대표적 물질인 소금이, 인산 선생의 혜안(慧眼)에 의해 대나무 통 속에 담겨 소나무 장작불에 의해 아홉 번 구워져 죽염으로 새롭게 탄생하여 세상에 등장하자 세인들은 한결같이 죽염도 소금은 소금인 만큼 다른 소금과 마찬가지로 섭취를 줄여야 한다고 입을 모았다. 죽염에는 인체를 구성하는 60가지 원소들이 총망라하여 하나도 빠짐없이 모두 들어 있고 수소이온농도, 즉 PH도 일반 소금이 5~7임에 반하여 9~12이며, 산화환원력지수 역시 ORP 테스트를 통해 확인한 결과, 일반 소금의 +200~400에 비해 -400을 나타내는 등 물리화학적으로 완벽하게 다름에도 불구하고 일반적 소금 상식의 잣대로 부정하는 우(愚)를 범하고 있는 실정이다.

중세 유럽에서는 1543년에 폴란드의 천문학자 코페르니쿠스에 의해 제시된 새로운 우주관, 즉 지동설(地動說)에 대해 전혀 이해하지 못함으로써 당시 신성(神聖)을 모독하고 혹세무민하는 주장으로 간주되어 그 이론서인 《천체의 회전에 관하여》라는 책을 금서로 지정했으며, 그런 주장을 하는 선구자들의 입

을 틀어막고 심지어 죽이기까지 하는 만행을 저지른 바 있다.

무지(無知)와 편견(偏見)으로 무장된 세상 사람들의 고정관념을 타파하여 그들로 하여금 진리를 깨닫고 자연의 도리에 부합하는 삶을 영위할 수 있도록 이끄는 일은 지난(至難)하기 이를 데 없어 역대 성인(聖人)들 모두 고난(苦難)의 역경(逆境)을 면하지 못했고 평생 형극(荊棘)의 삶을 살 수밖에 없었다. 자신이 알고 있는 상식과 지식의 잣대로 세상사를 재단하는 무지와 무지에서 비롯된 편견, 단견(短見), 관견(管見)의 소유자들에 의해 진리는 파묻히고 사실은 왜곡되어 온 것이 숨길 수 없는 역사의 교훈이다.

국민의 인식을 한 방향으로 몰아넣는 제도 교육의 가장 큰 폐단이 바로 자기 상식과 지식의 잣대로 재단하여 그에 부합하지 않는 모든 것을 부정하거나 심지어 공격, 파괴하려 드는 태도이다. 그런 풍토 속에서 어떻게 새로운 창조적 지혜에 의해 제시된 진리, 일반 상식을 초월하는 고차원의 진리가 발을 붙일 수 있겠는가?

儉欲

만족을 모르는 게 가장 큰 재앙

도덕경 제46장

天下有道, 却走馬以糞. 天下無道, 戎馬生於郊.
禍莫大於不知足, 咎莫大於欲得. 故知足之足常足矣.

천하유도, 각주마이분. 천하무도, 융마생어교.
화막대어부지족, 구막대어욕득. 고지족지족상족의.

천하에 바른 도리의 정치가 행해지면
전쟁터를 누비던 말들을 빼내 농사에 쓸 거름 실은 마차를 끌게 하고
바른 도리에 어긋나는 정치가 행해지는 세상에서는
전쟁터를 누비는 말들이 들판에서 새끼를 낳게 된다.
재앙은 만족할 줄 모르는 것보다 더 큰 것이 없고,
허물은 더 많은 것을 차지하려고 하는 욕심보다 더 큰 것이 없다.
그러므로 만족할 줄 알아 만족하는 것이야말로
진정한 만족이라 하겠다.

도리에 부합하는 정치가 행해지는 세상은 위정자들이 다른 나라의 영토와 재산을 탐하여 서로 피 흘리며 죽이고 죽는 침략전쟁을 일으키는 일 없이 평화롭게 살아가게 마련이다. 그러나 도리에 부합하지 않는 무도한 세상에서는 집단 광기(狂氣)가 발동하여 다른 나라로 쳐들어가 백성들을 살육하고 영토와 재산을 약탈하며 만족할 줄 모르는 끝없는 제 욕심을 채우기 위한 만행을 일삼는다.

이러한 무도(無道)의 정치가 행해지는 것은 불행하기 이를 데 없는 것이지만 이보다 더욱 불행한 것은 우리 몸 안에 존재하는 수십 조의 생명체인 세포들 중 일부가 어떤 원인에 의해 암세포로 바뀌었을 때 그 암세포들을 사람의 생명을 해치는 적으로 간주하여 공격, 파괴, 제거하려는 시도이다.

정상 세포가 어떤 원인에 의한 돌연변이로 인해 암세포로 바뀔 때 최소한 생각해 볼 것은 왜 정상 세포가 암세포로 바

뀌었는가 하는 점이다. 일단 어떤 원인과 환경, 조건에 의해 인체의 정상 세포가 암세포로 바뀌었을 때 의료진은 그 원인을 찾아내 근본적으로 해결하기 위한 방법을 찾기보다는 모든 수단과 방법을 동원하여 보이는 암 덩어리를 공격, 파괴, 제거하는 쪽으로 역량을 집중시킨다.

이미 전신에 뿌리 내린 암인데도 보이는 암 덩어리 위주로 제거함으로써 암의 뿌리를 제거하는 것이 아니라 가지치기식 임시 해결에 그쳐 재발, 전이, 확산으로 이어지는 심각한 문제를 양산한다. 수술이나 항암제 투여, 방사선 조사 등의 치료를 하는 과정에서도 정상 세포들이 대거 손상을 입게 될 뿐 아니라 최종적으로 건강을 회복하고 소생할 수 있는 인체의 마지막 보루라 할 수 있는 면역 능력마저 완전히 무너져버리는 심각한 역작용을 초래하게 된다.

대부분의 의료진이 그토록 무서운 암을 해결하는 과정의 특성상 그런 부작용이나 역작용은 부득이한 일면을 갖고 있다는 생각을 토로하지만 그런 주장은 별로 설득력을 얻지 못한다. 왜냐하면 인체에 돌연변이로 나타난 암을 어떻게 생각하고 판단하여 받아들이느냐에 따라 해결 방법은 확연하게 달라지기 때문이다.

독일 태생의 미국 대체의학자 안드레아스 모리츠가 그의 저서《암은 병이 아니다》에서 지적한 것처럼 암은 처음부터 암세포, 즉 질병을 일으키는 인자(因子)로 생겨나고 존재해 온 것이 아니라 우리 몸 안에서 정상적으로 기능하고 임무를 수행하던 구성원이었으나 섭생 부주의, 운동 부족, 독성 물질의 과다 유입, 과도한 스트레스 등 여러 가지 원인에 의해 생체 시스템에 혼란이 시작되면서 자연법칙에 역행하고 통제에 따르지 않는 '암적 존재'로 바뀐 것이다.

따라서 암을 해결, 극복하기 위한 급선무는 정상 세포가 끊임없이 암세포로 바뀌는 몸 안의 생명 환경을 신속하게 혁신하고 아울러 질 좋은 식품 섭취와 지속적인 운동 등 지혜로운 섭생을 통해 피를 맑히는 한편 체온을 높여 면역력을 정상화하기 위한 노력을 기울이는 것이다. 다시 말해 올바른 방향 설정이 먼저이고 제대로 방향을 잡은 뒤에 열심히 실천해야 차질 없이 목표 지점에 도달할 수 있다는 이야기이다.

鑒遠

문밖을 안 나가도 천하사를 안다

도덕경 제47장

不出戶, 知天下, 不闚牖, 見天道. 其出彌遠, 其知彌少.
是以聖人, 不行而知, 不見而明, 不爲而成.

불출호, 지천하, 불규유, 견천도. 기출미원, 기지미소.
시이성인, 불행이지, 불견이명, 불위이성.

문밖으로 나가지 않아도 천하사를 알고
창문 밖으로 내다보지 않아도 하늘의 도리를 꿰뚫어 본다.
문밖으로 더 멀리 나갈수록 아는 것은 더욱 폭이 좁아진다.
성인은 가보지 않아도 알고
들여다보지 않아도 그 대상에 대해 밝으며
인위적 노력을 하지 않아도 자연스럽게 뜻한 바를 이룬다.

대부분의 사람이 눈에 보이는 사물과 현상 위주로 생각하고 판단하는 경향을 보인다. 더 정확하게 말하자면 육안(肉眼)으로 보이는 것에만 생각이 머물고 집착함으로써 보이는 현상 너머의 또 다른 모습, 즉 그림자가 아닌 참모습을 보려는 시도나 노력은 아예 하지 않는다.

문밖으로 나가서 여기저기 돌아다니며 보고 들은 많은 것의 보이는 현상들이 본질적 참모습이 아니라 허망한 환상에 불과하다는 사실과 그 환상에서 벗어날 때 불변의 여여(如如)한 실상을 볼 수 있다는 엄연한 사실을 죽을 때까지 깨닫지 못하고 세상을 떠나게 된다.

봄에 씨를 뿌리지 않고는 가을에 수확할 게 없듯이 저 자신의 진면목, 즉 참모습을 깨닫기 위한 아무런 시도나 노력을 하지 않았는데, 그리고 스스로 오랜 세월에 걸쳐 형성해 온 두텁기 그지없는 '고정관념의 틀'을 깨버리고 그 틀에서 벗어나기 위한 어떤 시도나 노력도 기울이지 않았는데 어떻게 스스로의 참모습을 볼 수 있겠는가?

우리 몸에 생겨난 질병의 원인을 세균이나 바이러스의 침공에 의한 외적 요인에만 집착해 몸 안의 자연치유 능력의 약화가 더 중요한 원인이라는 사실을 깨닫지 못할 경우, 겉으로 드러나는 증상 해결 위주의 대증요법에만 의존함으로써 질병 문제를 근본적으로 해결하지 못하는 결과를 초래하게 된다. 조선 중기 임진왜란을 일으킨 원흉은 도요토미 히데요시지만 절대로 간과하지 말아야 것은 '상생(相生)정치'를 외면한 '상충(相衝) 상극(相剋)의 정치'로 인해 초래된 우리나라 위정자들의 국론분열과 국방력의 약화가 더 중요한 원인으로 작용했다는 점이다.

천변만화하는 만병(萬病)을 쫓아다니며 공격, 파괴, 제거하려는 시도와 노력은 결코 병마의 제거와 건강의 회복을 이루지 못할 뿐 아니라 도리어 인체의 자연치유력을 약화시켜 질병 문제의 근본 해결을 더욱 어렵게 하는 결과를 만들게 될 것이다.

'내 안의 의사', 즉 몸 안의 자연치유 능력을 북돋아 스스로의 힘으로 자연스럽게 병마를 물리치게 하는 것이 질병 문제를 근본적으로 해결하는 지혜로운 묘방(妙方)인 것이다. 이것이 바로 인위적 노력을 하지 않아도 자연스럽게 뜻한 바를 이루는 '불위이성(不爲而成)의 참 의료'라 하겠다.

忘知

人爲 人工을 덜어내는 게 道

도덕경 제48장

爲學日益, 爲道日損. 損之又損, 以至於無爲. 無爲而無不爲.
取天下常以無事, 及其有事, 不足以取天下.

위학일익, 위도일손. 손지우손, 이지어무위. 무위이무불위.
취천하상이무사, 급기유사, 부족이취천하.

학문을 행하는 것은 날마다 인위적 지식을 보태는 것이고
도를 실천하는 것은 날마다 인위적 지식을 덜어내는 것이다.
덜어내고 또 덜어내서 두뇌 속에 자리 잡은
인위적 지식이 남아 있지 않은, 무위자연의 경지,
즉 무심(無心)의 경지에 이르면
인위적 노력을 하지 않고도 이루어지지 않는 일이 없게 된다.
천하를 차지하려면 늘 인위, 인공의 일들을 벌이지 말아야 한다.
그러한 일들을 벌이게 되면 천하를 차지할 수 없을 것이다.

인간 생명은 자연으로부터 만들어져 나온 것이고 그 생명이 유지되는 거의 모든 힘이 무위자연에서 오는 것임에도 근본원리를 올바로 인식하지 못할 경우 사람은 끊임없이 인위, 인공, 조작으로 표현되는 무리(無理)한 삶을 살다가 제게 주어진 천수(天壽), 즉 자연 수명조차 온전하게 누리지 못하고 비명(非命)에 생애를 마감하게 된다.

오랜 세월 도(道)를 갈구하여 어느 시점에 이르러 그동안 보이지 않던 길이 보이면서 자기 자신의 잘못된 인식에 의해 빚어진 삶의 양태, 도리(道理)에 부합하지 않는 무리한 삶을 일거에 혁신하여 순리 자연의 삶으로 바꾼 이들이 역사상 적지 않다.

문제는 그런 이들의 훌륭한 삶을 보고도 아무런 교훈을 얻지 못하고 그 실상을 여실하게 깨닫지 못하여 자기 삶을 혁신하는 원동력으로 삼지 못함으로써 그냥 저 살던 대로 살아가는 무지(無知)와 안일무사주의에서 벗어나지 못하고 있다는 점이다.

자연은, 하늘은 스스로 길을 찾고 방도를 찾아 노력하는 자를 돕는 법이다. 순리 자연의 정상적 삶을 위한 어떠한 노력도 하지 않으면서 하느님께, 신께 또 다른 이들에게 자신을 도와달라고, 구원해 달라고 기도한 들 무슨 효과를 기대할 수 있겠는가?

세상 사람들이 어릴 적부터 국가 사회의 제도권 교육 시스템에 따라 열심히 공부하여 입신양명(立身揚名)을 하고 권세와 부를 향유하는 것은 노력 여하에 따라 얼마든지 성취할 수 있지만 외부로만 향해 치닫는 눈길을 안으로 돌려 스스로 존재의 의미와 가치를 확인하고 존귀한 자아(自我)에 걸맞은 가치 있는 삶으로 방향을 바꾸기란 쉽지 않다는 점을 절감하게 된다.

사안의 본질과 거리가 멀거나 진실이 아닌 것, 진리가 아닌 것을 진실이나 진리로 여기고 그러한 지식을 소중하게 여겨 차곡차곡 두뇌 한편에 쌓아나가는 노력을 학문에 정진하는 것으로 착각하는 우(愚)를 범하는 예가 어디 하나 둘인가?

세상에서의 학문이란 날마다 지식을 보태는 것이지만 진리가 드러나려면 그 진리를 매몰시켜 보이지 않게 하는 잘못된 인식, 그릇된 지식을 머릿속에서 하나하나 덜어내야 비로소 가능하다는 사실을 노자는 이 장(章)을 통해 분명하게 설명해 주고 있다.

'식자우환(識字憂患)'이라는 이야기가 던지는 교훈은 바로 그동안 축적해 놓은 많은 지식이 새로운 진실과 진리를 받아들이는 데 걸림돌로 작용하여 오히려 모르는 것보다도 더 나쁜 결과를 가져올 수 있다는 것이다.

특히 다른 것은 다소 잘못 알고 있다 하더라도 살아가는 데 크게 불편하거나 불이익을 받을 가능성이 그리 높지 않지만 생명을 영위하는 방식과 슬기롭게 병고(病苦)를 해결할 수 있는 '참 의료' 방식을 설명한 '생명 운용 매뉴얼'에 대한 그릇된 인식이나 지식은 스스로 화를 자초하거나 암, 난치병, 괴질을 초래하여 비명에 생애를 마감할 가능성을 높인다는 점에서 올바른 인식이 더욱 요구된다 하겠다.

다른 이들에 비해 어릴 적부터 영리하고 똑똑하여 많은 지식을 가진 이들 중에 그 지식의 기름에 불을 붙여 어둠을 밝히는 지혜의 빛으로 승화시키지 못하고 지식 많은 것을 자랑으로 여길 뿐 세상의 크고 작은 여러 가지 문제에 봉착할 경우 그 지식을 활용하여 그 어떤 것도 해결하지 못하는 무능(無能)의 전형(典型)을 보여주는 예가 적지 않다.

그래서 노자는 말한다. "학문을 하는 것은 날마다 지식을 보태는 것이고 도를 실천하는 것은 날마다 그 지식을 덜어내는 것이다. 덜어내고 또 덜어내어 더 이상 덜어낼 지식이 없을 때 인위적 흔적이 없는 무심(無心)의 맑은 거울에 우주 삼라만상(森羅萬象)이 적나라하게 드러나게 된다. 그러면 무위자연으로 이루지 못할 일이 없게 된다."

노자의 이러한 생각을 의학에 대입하면 지식이 많은 의사가 아닌 '참 의료의 진리'를 터득한 도의(道醫)가 진정한 명의이며, 진정한 명의는 '자연의 힘으로 병을 낫게 한다'는 말로 설명될 수 있겠다. 노자와 비슷한 시기를 살았던 그리스의 의사 히포크라테스(BC 460~?) 역시 "우리 안에 있는 자연적인 힘이야말로 질병을 낫게 하는 진정한 치료제이다(Natural forces within us are the true healers of disease)"는 말을 통해 누구보다도 자연의 힘을 강조한 것으로 전해온다.

任德

덕스러움에서 나오는 훌륭함

도덕경 제49장

聖人常無心, 以百姓心爲心.
善者, 吾善之, 不善者, 吾亦善之, 德善.
信者, 吾信之, 不信者, 吾亦信之, 德信.
聖人在天下, 歙歙焉, 爲天下渾其心,
百姓皆注其耳目, 聖人皆孩之.

성인상무심, 이백성심위심.
선자, 오선지, 불선자, 오역선지, 덕선.
신자, 오신지, 불신자, 오역신지, 덕신.
성인재천하, 흡흡언, 위천하혼기심,
백성개주기이목, 성인개해지.

성인은 늘 자기 마음이 없이 백성들의 마음을 자기 마음으로 삼는다.
착한 이에게 나는 잘 대해주지만
좋지 못한 사람에게도 역시 잘 대해준다.
이를 덕스러움에서 우러나오는 훌륭함이라 하겠다.
믿을 만한 사람을 나는 믿지만
믿을 만하지 못한 사람도 나는 역시 믿는다.
이를 덕스러움에서 우러나오는 믿음이라 하겠다.
성인은 천하를 다스림에 있어서
아무런 차별 없이 모든 사람을 받아들여 포용하고
천하 사람들을 위해 온 마음을 다하여
아무런 구별 없이 혼연일체가 되므로
백성들은 모두 그 이목을 집중하게 되는데
성인은 그들을 모두 자기 슬하의 어린아이처럼 여기며
사랑스럽게 대한다.

무위자연의 정치를 도(道)의 정치라 한다면 무위자연의 의료는 도의 의료라 하겠다. 도의 정치에 있어서 백성에 대한 위정자의 마음을 '덕스러움에서 우러나오는 잘함[德善]'이라 하고 도의 의료에 있어서 참 의료인의 환자에 대한 마음을 '덕스러움에서 우러나오는 인자함[德仁]'이라 한다.

우리 선조들이 사람들의 각종 병고(病苦)를 해결 극복하고 건강을 되찾을 수 있도록 인도하는 의료에 대해 사람들의 고통을 자기 고통으로 여기는 어진 마음을 바탕으로 하는 '참 의료 도리'라 하여 '인도(仁道)'라 하고 그러한 치료 기술을 '인술(仁術)'이라 부른 것은 의료의 본질적 의미와 가치를 잊어서는 안 된다는 의료인들에 대한 간절한 당부를 잘 표현한 말이라 하겠다.

훌륭한 위정자가 자신을 우러러보며 따르는 백성들을 자기 슬하의 어린아이들처럼 사랑스럽게 보호하고 보살피듯이 각종 병마의 위험과 고통의 해결을 간절하게 바라는 환자와 그 가족의 염원에 부응하여 그들의 불안과 고통을 자기 자신과 가족의 불안과 고통으로 여겨 절실한 구도(求道)의 자세로 해결 방법을 찾아 치료에 임할 경우 반드시 경험과 지혜에서 우러나오는 묘방(妙方)과 신약(神藥), 영약(靈藥)을 활용해 문제를 해결 극복할 수 있으리라 판단된다.

그런 인술을 베풀었던 대표적 인물이 바로 불세출의 신의(神醫)라 불렸던 인산 김일훈(仁山 金一勳·1909~1992) 선생이다. 1986년에 출간된 저서 《신약(神藥)》을 통해 세상에 알려진 선생의 죽염, 오핵단, 유황오리, 홍화씨, 다슬기, 밭 마늘, 마른 명태 등 자연물의 약성을 활용한 신묘한 방약(方藥)들은 오늘날 그것을 직접 체험한 수많은 이에 의해 각종 암, 난치병, 괴질의 해결 극복 신약, 묘방으로 받아들여져 세상에 알려지고 점진적으로 인식이 확산되는 추세에 놓여 있다. 인산 선생의 '신약본초(神藥本草)학'이야말로 '참 의료' 인도에 입각한 '인술의 전형'이라 하겠다.

攝生을 잘 하면 '죽을 터'가 없다

도덕경 제50장

出生入死. 生之徒, 十有三, 死之徒, 十有三,
人之生生, 動之於死地, 亦十有三.
夫何故? 以其生生之厚.
蓋聞善攝生者, 陸行不遇兕虎, 入軍不被甲兵,
兕無所投其角, 虎無所用其爪, 兵無所容其刃.
夫何故? 以其無死地.

출생입사. 생지도, 십유삼, 사지도, 십유삼,
인지생생, 동지어사지, 역십유삼.
부하고? 이기생생지후.
개문선섭생자, 육행불우시호, 입군불피갑병,
시무소투기각, 호무소용기조, 병무소용기인.
부하고? 이기무사지.

보이지 않는 무(無)의 세계로부터
보이는 유(有)의 세계로 나오는 것을 태어남이라 하고
보이는 유의 세계로부터
보이지 않는 무의 세계로 들어감을 죽음이라 한다.
삶의 무대인 이 세상으로 나오는 무리가 열에 셋이고
삶의 무대를 떠나 저세상으로 들어가는 무리가 열에 셋이며
세상에 나와 살면서
차츰 죽을 곳으로 이동해 가는 사람들 또한 열에 셋이다.
그 이유가 무엇인가?
별다른 생각 없이 그저 살던 대로 살아가는 삶의 방식이
오랜 세월에 걸쳐 쌓이고 쌓여 아예 체질화되었기 때문이다.
예부터 전해 내려오는 이야기에 따르면
생명을 잘 붙잡고 살아가는 사람들,
즉 '생명 경영'을 잘 하는 사람들은 열에 하나 정도이다.
그들은 보이는 육신의 존재를 초월하여
보이지 않는 영적(靈的) 존재로 거듭남으로써
험난한 산길, 들길을 돌아다녀도
코뿔소나 호랑이의 공격을 받지 않으며
전쟁터에 들어가서도
창·칼·화살의 병장기에 찔리거나 다칠 일이 없다.
코뿔소는 뿔로 들이받을 데가 없고
호랑이도 발톱으로 할퀼 데가 없으며
무기의 칼날, 창날, 화살 역시 파고들 데가 없는 것이다.
그 이유가 무엇인가?

그런 이들, 즉 보이지 않는 무의 영적 존재로 거듭난 이들은
죽을 곳으로 들어가는 법이 없고
따라서 그들은 죽을 터에 있지 않으며
나아가 아예 죽을 터가 없기 때문이다.

10대 중반부터 20대 중반까지 약 10여 년에 걸쳐 선친 인산 김일훈(仁山 金一勳) 선생의 가르침에 따라 《사서삼경(四書三經)》, 즉 《논어》《맹자》《중용》《대학》《시경》《서경》《역경》 등 유가 경전을 원전(原典)으로 공부하고 이어 《금강경(金剛經)》 등 불가 경전을 공부한 뒤 도가의 《도덕경》을 읽기 시작했을 때 마음속으로 깜짝 놀라 보통의 책이 아니라는 생각을 하면서 책 속으로 빠져들었다.

시공(時空)을 초월하여 누구에게나 절실하게 와닿을 수 있는 자연주의 정치, 물 흐르듯 자연스러운 삶으로 돌아가야 한다는 독특한 주제와 이야기의 전개 방식이 다른 책들과는 전혀 차원이 다르다는 생각을 하게 되었고, 이후 《도덕경》을 읽고 또 읽어 40년이 지난 지금까지도 계속해서 읽는 계기가 되었다.

오랜 세월 지속적으로 《도덕경》을 읽어온 까닭에 나름 이 방면 대가들의 다양한 《도덕경》 해석을 접할 기회가 적지 않았으나 누가 풀이한 어떤 해석본을 참고하여 읽고 또 읽어도 그 해석에 대해 명료하게 이해 공감하거나 납득하지 못해 다시금 원전을 읽고 또 읽으며 노자께서 진정으로 인류에 전하려는 메시

지가 무엇일까를 곰곰 생각해 보곤 했다.

40년 넘는 세월, 온 정신을 모아 《도덕경》을 읽으며 노자께서 인류에게 들려주려는 이야기의 핵심이 무엇인가를 생각하고 또 생각하다 보니 읽기 시작한 지 10년쯤 되었을 때 총 81장 5,000여 자로 구성된 문장 중에서 일부분의 의미가 어느 정도 파악되었고 20년쯤 뒤에 다시금 상당부분의 의미가 터득되었으며 30년쯤 되었을 때 또다시 적지 않은 부분의 문장을 통해 나름 노자의 마음을 엿볼 수 있었다.

그리고 40년이 지난 요즘에 이르러 아무리 읽고 또 읽으며 생각해도 마음속에서 '아! 이런 뜻이었구나!'라고 확연하게 파악되지 않던 상당부분의 문장의 참뜻이 구름이 흩어지며 밝은 달의 모습이 드러나듯 확연하게 이해할 수 있게 되었다. 경전 몇 구절의 참뜻을 이해한 것을 가지고 무슨 큰일이라도 해결한 것처럼 내세우거나 떠벌릴 일이겠는가 생각할 수도 있겠지만 이런 공부를 줄곧 해온 사람들은 깨달음을 통해 새로운 영역에 도달할 때의 큰 기쁨을 짐작하고도 남음이 있을 것이다.

《도덕경》을 읽기 시작한 지 30년쯤 지났을 때의 《도덕경》 제50장에 대한 필자의 해석과 최근 다시 해석한 것을 그대로 소개하는바 독자들께서 직접 비교해 보시기를 바란다. 물론 이 방면에 조예가 깊은 다른 이들의 다양한 해석 또한 많은 공부와 깊은 식견의 소산인 만큼 적지 않은 참고가 되리라 여겨진다.

필자의 해석 중 어떤 이들은 뒤에 소개하는 과거의 풀이가 더욱 공감이 된다고 말하기도 하지만 어쨌든 필자의 결론적 해석은 최근에 다시 풀이한 앞의 해석이니 이 두 가지 해석과 다른 이들의 풀이한 바를 미루어 독자 스스로 노자 가르침의 핵심을 제대로 파악하시기를 바랄 뿐이다. 과거에 풀이한 해석은 이렇다.

세상 사람들은 살 만한 곳에서 나와서 죽을 곳으로 들어간다. 살 만한 곳에서 살고 있는 사람들이 열에 셋이고 죽을 곳에서 죽어가는 사람들이 열에 셋이며 살 만한 곳에서 살다가 스스로 이동하여 죽을 곳으로 들어가는 사람들 또한 열에 셋이다. 그 이유가 무엇인가? 별다른 생각 없이 그저 살던 대로 살아가는 삶의 방식이 오랜 세월에 걸쳐 쌓이고 쌓여 아예 체질화되었기 때문이다.

예부터 전해 내려오는 이야기에 따르면 섭생을 잘 하는 사람들, 즉 '생명 경영'을 잘 하는 사람들은 험난한 산길, 들길을 돌아다녀도 코뿔소나 호랑이의 공격을 받지 않으며, 전쟁터에 들어가서도 창·칼·화살의 병장기에 찔리거나 다칠 일이 없다. 코뿔소는 뿔로 들이받을 데가 없고 호랑이도 발톱으로 할퀼 데가 없으며 무기의 칼날, 창날, 화살 역시 파고들 데가 없다는 것이다. 그 이유가 무엇인가? 그런 이들은 죽을 곳으로 들어가지 않으므로 죽을 곳에 있지 않기 때문이다.

세상이라는 삶의 무대로 나오는 이들, 즉 저세상에서 이 세상으로 나오는 이들이 열에 셋이고 이 세상에서 저세상으로 들어가는 이들이 열에 셋이며 출생 이후 사망하기 전까지 이 세상에서 살아가면서 저세상으로 차츰 이동해 가는 사람들 또한 열에 셋이다. 사람들 열에 아홉이 부산하게 이 세상으로 나오고 이 세상에서 살다가 저세상으로 들어가는 것을 일상적으로 반복하는 삶을 살고 있다. 다람쥐 쳇바퀴 돌 듯 반복적으로 돌아가는 삶의 굴레에서 벗어나지 못하고 생사윤회(生死輪廻)의 고통에서 벗어나지 못하고 있는 것이다.

도대체 왜 그런 것일까? 그것은 생사윤회가 끝없이 반복되는 원인은 무엇이고 이 문제를 해결하려면 어떻게 해야 하는지에 대한 문제의식을 갖고 해결 방법을 참구하지 않고 어제 살던 대로 오늘 살고 오늘 살던 대로 내일도 그렇게 살아가는 삶을, 별다른 생각 없이 살아가기 때문이다. 다시 말해 지혜롭고 현명한 생명 경영 방식을 공부하고 터득하여 자연법칙에 어긋남 없는 전략적 생명 경영을 통해 어느 시점을 계기로 육신의 삶을 초월하여 차원이 전혀 다른 영성적 삶으로 승화시키지 못하고 살던 대로 그냥저냥 살아가는 삶의 방식에서 벗어나지 못하는 것이 문제의 본질이라는 이야기이다.

자연계로부터 부여받은 삶을 살아가는 존재로서 생명의 주인공으로서의 삶이 아니라 스스로 만들어 놓은 무지(無知)와 편견(偏見)의 고정관념의 틀 속에서 헤매거나 벗어나지 못하고 또한 벗어나기 위한 어떤 시도나 노력도 하지 않는다.

《도덕경》 제13장에서도 노자는 존재의 보이는 유(有)의 몸과 보이지 않는 무(無)의 몸에 대해 명쾌한 어조로 설명한 바 있다.

"나에게 큰 환난이 있는 까닭은 내가 '있음의 몸[有身]'으로 살기 때문이다. 내가 '없음의 몸[無身]'으로 살아간다면 나에게 무슨 환난이 있겠는가?"

'있음의 몸'은 시간과 공간의 유한성을 지닌 존재인지라 덧없음(無常)과 온갖 고통[苦], 영원성의 참된 자아가 아닌 임시적 자아[無我]라는 속성을 벗어날 수 없는 법이어서 한마디로 말해 '환난 덩어리'라고 할 수 있겠다. 더 난감한 것은 존재의 그러한 속성에 대해 스스로 문제의식을 갖고 있지 못함으로써 도리어 환난 덩어리에 집착하는, 참으로 기이한 삶의 모습을 보인다는 점이다.

석가모니 부처님 역시 보이는 유형의 모습에만 집착하여 살아가는 이들에게, 전혀 다른 차원의 존재에 대해 여실하게 깨달음으로써 우리네 삶의 질을 획기적으로 높일 수 있다는 점을 역설한 바 있다.

"사람들이 제 생각으로 빚은 그 어떤 관념이나 모습들이 모두 실체가 없는 허망한 것일 뿐임에도 그 망상에서 벗어나지 못한다. 만약 그런 허망한 관념이나 모습들 너머의 참모습인 실상(實相)을 볼 수 있다면 그것은 곧 참 존재 여래(如來)를 보는 것이다.[凡所有相 皆是虛妄 若見諸相非相 卽見如來-《金剛經》]"

노자께서 이야기한 무신(無身)이든, 석가모니 부처님께서 설파한 무상(無相)이든 인류에게 전하고자 한 참뜻은 자기 자신을 어떤 틀 안에 스스로 가두어 무명(無明)으로 인한 삶의 고생을 자초하고 화(禍)를 부르는 어리석음을 타파해야 한다는 것으로 귀결된다 하겠다. '진정한 나'는 어떤 존재인가에 대한 의문을 '화두(話頭)'로 삼아 철저한 자기 성찰과 간단(間斷) 없는 용맹정진을 통해 어느 시점에 그 두껍고 단단한 틀을 사정없이 부숴버린 뒤에야 허공처럼 보이지도 않고 걸림이 없는 '무신의 참 나' '형상을 초월한 무상의 실상'에 인식이 닿을 수 있으리라.

제 삶을 승화시켜 영원성을 확보한 영성적 삶을 터득하여 새로운 차원의 삶을 사는 이의 생명은 물에 빠져 죽을 일도 없고 불에 타서 죽을 일도 없으며, 더구나 호랑이나 코뿔소에 받혀 죽을 일도 없고 전쟁터에 들어가 칼이나 화살에 맞아 죽을 일도 없을 것이다.

왜냐하면 영성적 삶의 존재는 마치 바람 같아서 호랑이가 발톱으로 할퀼 수도 없고 코뿔소가 뿔로 들이받을 수도 없으며, 칼이나 화살이 파고들 수도 없고 허공처럼 보이지 않아서 총으로 쏠 수도 없다. 세상의 어떤 지위에도 속하지 않는, 그래서 일정하게 주어진 위상(位相)으로 규정할 수 없는 무위진인(無位眞人)으로서 천지와 더불어 살 수 있을 정도로 영원한 삶을 영위하는 존재인데 그런 이가 제 발로 죽을 곳으로 들어가겠는가? 또한 '죽을 터'가 따로 있겠는가?

인생에 있어서 '무신의 존재' '무사지(無死地)의 삶', 즉 죽을 터가 없는 삶을 체득하는 일이야말로 세상의 그 어떤 일보다도 더 중요하고 더욱 시급한 일이 아니겠는가? 이것이 바로 노자가 인류에게 전하고 싶은 '전략적 생명 경영'의 핵심이라 하겠다.

道는 열매 맺게, 德은 익게 한다

도덕경 제51장

道生之, 德畜之, 物形之, 器成之. 是以萬物, 莫不尊道而貴德.
道之尊, 德之貴, 夫莫之命而常自然.
故道生之, 德畜之, 長之育之, 成之熟之, 養之覆之.
生而不有, 爲而不恃, 長而不宰. 是謂玄德.

도생지, 덕축지, 물형지, 기성지. 시이만물, 막불존도이귀덕.
도지존, 덕지귀, 부막지명이상자연.
고도생지, 덕축지, 장지육지, 성지숙지, 양지복지.
생이불유, 위이불시, 장이부재. 시위현덕.

도는 만물을 낳고 덕은 만물을 기르니
만물이 모양을 드러내고 기물이 이루어진다.
따라서 만물은 도를 존중하고 덕을 귀하게 여기지 않을 수 없다.
도를 존중하고 덕을 귀하게 여기는 것은
누군가 그렇게 하라고 시키지 않아도
늘 자연스레 그렇게 하는 것이다.
그러므로 도는 만물을 낳고 덕은 만물을 기르며,
도는 자라게 하고 덕은 번성하게 하며,
도는 열매를 맺게 하고 덕은 익게 하며,
도는 양육하고 덕은 덮어준다.
도는 만물을 낳고도 제 것으로 삼으려 들지 않으며
덕은 무엇인가를 하고도 내세우려 들지 않고
잘 자라게 하면서도 주재하려 들지 않는다.
이를 심심미묘(甚深微妙)하여 그 깊이를 헤아리기 어려운
우주 자연의 도리로부터 비롯된 현묘한 덕이라 하겠다.

우주 자연의 도(道)로부터 사람을 위시하여 만물이 나오고 도의 덕택, 즉 도의 작용에 의해 만물이 길러지며, 도에 의해 만물이 모습을 드러내고, 도의 작용에 의해 만물이 제각기 쓰임새에 따른 기물을 이루어 제 역할과 기능을 하게 된다. 그러므로 만물은 만물 생성의 시원을 이루는 도를 존중하고 덕을 귀하게 여기지 않을 수 없을 것이다.

도는 천지의 시원이고 만물의 어머니인지라 아무도 그렇게

하라고 시키지 않았지만 만물은 그저 자연스럽게 도를 존중하고 덕을 귀하게 여기는 것이다. 인위(人爲)나 인공(人工) 또는 조작(操作)이 없는 자연스러운 행위를 통해 낳고 기르고 열매 맺게 하고 익게 하며 양육하고 덮어준다.

따라서 이러한 자연의 이치를 감안하여 우리 생명의 근원을 거슬러 올라가노라면 마침내 궁극적으로 생명이 처음 나오기 시작한 도에 다다르게 될 것이다. 자연으로부터 도를 좇아서 만물이 나오고 자라며 스러지고 없어지는 현상을 보면서도 사람들은 대체로 도의 위대한 속성을 올바로 인식하지 못함에 따라 도리(道理)에 부합하는 삶으로 되돌아가려는 어떤 노력도 기울이지 않는다.

공자(孔子)께서 《중용》 첫머리에 '도야자(道也者)는 불가수유이야(不可須臾離也)니 가리(可離)면 비도야(非道也)', 즉 '도라고 하는 것은 사람이 잠시라도 떠날 수 없는 것인바 떠날 수 있다면 그것은 도가 아니다'라고 강조한 데서 알 수 있듯이 도리에 조금이라도 어긋나는 삶은 오래 지속되기 어려운 법이다. 이러한 자연의 이치를 모르고 도리에 어긋나는 삶을 살 경우 불의의 사고를 당하거나 각종 암이나 난치병, 괴질에 걸려 고생하다가 비명(非命)에 생애를 마감하게 된다는 엄연한 사실을 잊지 말아야 하겠다.

국가의 제도권 교육에서 자연의 법칙과 그에 따른 도리를 가르치지 않음으로써 국민 대다수가 도리에 밝지 못해 도리에 벗어나는 삶을 삶으로 인해 암이나 난치병, 괴질에 걸려 고생을 하면서도 문제의 본질을 제대로 인식하지 못하고 엉뚱한 방향으로 사태를 수습하거나 해결하려 듦으로써 오히려 비명횡사를 재촉하는 역효과를 초래하게 만드는 결과로 이어진다.

제도권 교육에서 도덕 과목을 가르치기는 하지만 교통질서를 잘 지키고 법과 제도에 어긋나는 일 없이 착하게 사는 것 등의 일반적인 '길들이기'에 불과한 내용일 뿐《도덕경》에서 말하는 노자의 본질적 도덕과는 거리가 먼 것들이다. 진정한 도덕을, 제도권 교육에서 가르치지 않고 사회 교육에서도 가르치지 않으며, 가정교육에서도 가르치지 않음으로써 오늘날 우리가 발을 딛고 사는 세상은 바야흐로 무도(無道)한 사람들이 판을 치는 '무도한 세상'으로 바뀌어 서로간의 반목과 갈등, 다툼이 끝없이 벌어지는 아수라장이 되고 말았다.

역대 성현(聖賢)들께서 도덕성 회복의 중요성에 대해 누누이 설명하고 직접 모범을 보였음에도 세상 사람들은 여전히 성현들에 의해 제시된 '큰길'을 마다하고 굳이 위험한 샛길을 택하거나 궤도를 이탈하여 한 치 앞을 내다보지 못하고 평생 어둠의 세상을 살아간다.

뭇성현 중에서도 특히《도덕경》이라는 불멸의 명저를 통해 도덕성 회복의 큰길을 명명백백하게 제시한 이로 노자를 으뜸으로 꼽는 이들이 적지 않다. 노자의 가르침에 따라 도리에 부합하지 않는 삶의 방식을 탈피하여 순리와 자연에 따른 삶의 방식으로 복귀해야 자연계로부터 부여받은 수명, 즉 천수(天壽)를 온전하게 누릴 수 있을 것이고 건강과 행운이 늘 함께하는 행복한 인생의 주인공이 될 수 있을 것이다.

歸元

'진정한 밝음'으로 돌아가라

도덕경 제52장

天下有始, 以爲天下母. 旣得其母, 以知其子,
旣知其子, 復守其母, 沒身不殆.
塞其兌, 閉其門, 終身不勤. 開其兌, 濟其事, 終身不救.
見小曰明, 守柔曰强. 用其光, 復歸其明, 無遺身殃, 是謂襲常.

천하유시, 이위천하모. 기득기모, 이지기자,
기지기자, 부수기모, 몰신불태.
색기태, 폐기문, 종신불근. 개기태, 제기사, 종신불구.
견소왈명, 수유왈강. 용기광, 복귀기명, 무유신앙, 시위습상.

세상 모든 것에는 시작이 있는데
그것은 세상 모든 것의 어머니이다.
그 어머니에 대해 제대로 터득하면
그 자식에 대해 명확하게 알 수 있게 된다.
그 자식에 대해 알고 다시 근본으로 돌아가
그 어머니를 지키면
목숨을 마칠 때까지 위태로울 일이 없을 것이다.
세상으로 통하는 구멍을 막고 문을 닫아버리면
죽을 때까지 힘들 일이 없을 것이다.
세상으로 통하는 구멍을 열고 그 일을 해버리면
죽을 때까지 구원받지 못할 것이다.
보이는 현상 세계 너머의 실상(實相)을 깨달은 이는,
보통 사람들이 보지 못하는 작은 부분까지 보는
통찰력을 지니게 되는데
이를 '진정한 밝음'이라 하겠다.
그런 이들은 보통 사람들이 유연성을 잃고
경직되어 가는 것과는 다르게
처음부터 끝까지 부드러움을 잘 유지하는데
이를 '참으로 강함'이라 하겠다.
자신의 빛을 활용하여 실상을 훤히 꿰뚫어 보는
'진정한 밝음'으로 돌아감으로써
자신에게 어떤 재앙이 올 수 있는 소지도 남기지 않으니
이를 '불멸의 도를 체득함'이라 하겠다.

———

상형문자인 한자(漢字)에서 시작이라는 뜻의 글자 '始'를 보면 여성이라는 의미를 지닌 '女'가 부에 속해 있음을 알 수 있다. 세상에 갓 나온 여아는 이름 붙이기 이전의 도(道)를 설명하는 글자 '始'라 하겠고, 같은 여성이라 하더라도 음양 합일의 조화에 따라 회임(懷妊)하여 아이를 낳는 존재는 어머니라는 의미의 '母'자를 써서 만물 생산의 모체로서 도를 설명하고 있다.

《도덕경》 첫머리의 '무명(無名) 천지지시(天地之始), 유명(有名) 만물지모(萬物之母)'라고 한 대목은 시(始)와 모(母)의 개념상 차이점을 잘 설명해 주고 있다. 즉 어떤 개념으로 정립하여 이름 붙이기 이전의 도는, 나무를 깎아서 뭔가를 만들기 이전의 원목(原木=樸)이요, 세상에 갓 나온 여아(女兒=始)라 하겠고, 개념을 정립하여 이름을 붙인 도는, 원목을 깎아서 뭔가 쓸모 있는 것으로 만든 기물(器物)이요, 음양의 조화에 따라 아이를 낳기 시작한 어머니라 하겠다. 이러한 자연의 이치를 미루어 천하 만물의 시원을 이루는 도를 터득함으로써 도에 따라서 세상에 나오는 만물의 속성을 제대로 알 수 있게 된다. 만물의 속성을 올바로 인식하고 그 모체인 도를 지켜 순리와 자연의 삶을 살아가는 사람들은 목숨을 마칠 때까지 위태로울 일이 없을 것이다.

우리의 몸과 마음이 이목구비(耳目口鼻) 등의 감각기관을 통해 늘 보고 듣고 먹고 냄새 맡고 접촉하고 인식하는 것은 현상(現象)세계에서의 삶, 즉 유신(有身)의 삶의 모습이요, 눈 감고 보이지 않는 현상을 보고 귀 막고 들리지 않는 소리를 들으며 입 다물고 오미(五味)를 초월한 맛을 보며 코로는 냄새 없는 냄

새를 맡고 몸으로는 형체 없는 몸으로 움직이며 마음으로는 무념무상(無念無想)의 삼매(三昧)에 드는 것은 현상세계 너머의 무신(無身)의 삶의 모습이다.

도를 체득하여 무신의 삶을 사는 사람은 세상과 통하는 구멍을 막고 문을 닫아 물처럼 바람처럼 대자유의 몸으로 살아가는 데 반하여 그렇지 못할 경우 세상의 거대한 시류(時流)에 휩쓸려 그저 한 치 앞도 보이지 않는 어둠 속 만경창파(萬頃蒼波)에 흔들리며 끝없이 표류할 뿐, 그 누구도 구해줄 수 없는 암담한 삶을 이어가게 마련이다.

아름드리 거목(巨木)은 누구의 눈에도 잘 띄지만 터럭처럼 작은 나무의 싹은 일부러 들여다보지 않을 경우 잘 보이지 않는다. 눈에 잘 보이지 않는 작은 것인데도 그것을 잘 볼 줄 아는 사람을 밝다고 하겠고 처음부터 끝까지 부드러움을 초지일관 유지하는 이는 진정으로 강하다고 할 것이다.

돈을 많이 벌고 지위가 높아짐에 따라 올챙이 적 생각 못 하고 거드름을 피우고 교만함을 드러내는 인간상이 우리 주변에 적지 않은 현실을 감안할 때, 작은 부분에도 무심코 지나치는 법 없이 세세하게 관찰하여 문제가 커지지 않게 하는 이를 밝다고 하겠고, 어느 순간에 유연성을 상실하여 경직된 모습을 보이는 법 없이 끝까지 부드러움을 잘 유지하는 이는 진정 강하다고 하겠다.

오늘날, 건강상의 작은 문제를 소홀히 여기다가 돌이킬 수 없는 큰 병으로 진전되어 제명을 다하지 못하고 비명(非命)에 생애를 마감하는 이들이 우리 주변에 얼마나 많은가?

간(肝)에 깊은 병이 들어 부드러움을 상실한 것을 간경화(肝硬化)라 하고 척추 뼈가 굳어서 오는 병을 강직성 척추염이라고 하며, 동맥혈관이 부드러움을 잃고 굳어져 문제를 일으키는 것을 동맥경화(動脈硬化)라 한다. 몸의 어느 부위나 배 속에 무엇인가 생겨나서 조금씩 커지다가 점점 굳어져 돌처럼 딱딱해진 것을, '병들어 누울 녁(疒)'과 '바위 암(嵒)'자로 이루어진 '암(癌)'이라 부른다. 이렇듯 우리 몸의 부드러움을 제대로 유지하지 못하면 건강할 수도 없고 오래 살 수도 없다는 엄연한 사실을 간과(看過)하거나 소홀히 여기지 말아야 하겠다.

스스로의 빛을 활용해 마음속 어둠을 밝히고 나아가 대명천지(大明天地) 밝은 세상을 열어가는 이에게 무슨 재앙이 따를 수 있겠는가? 바로 이런 사람을 '불멸(不滅)의 도(道)를 체득한 이'라고 할 것이다.

큰길 마다하고 샛길로 다닌다

도덕경 제53장

使我介然有知, 行於大道, 唯施是畏. 大道甚夷, 而人好徑.
朝甚除, 田甚蕪, 倉甚虛, 服文彩, 帶利劍, 厭飮食, 財貨有餘,
是謂盜夸. 非道也哉!

사아개연유지, 행어대도, 유이시외. 대도심이, 이인호경.
조심제, 전심무, 창심허, 복문채, 대이검, 염음식, 재화유여,
시위도과. 비도야재!

나에게 만일 변함없이 지니고 있는 앎이 있다면
그것은 큰길로 다녀야 한다는 것이고
큰길을 벗어나 샛길로 가지 않기 위해 조심한다는 것이다.
큰길은 매우 평탄한데도 사람들은 비좁고 위험한 샛길을 좋아한다.
모두가 마땅히 가야 할 큰길을 벗어나 다들 샛길로 다님으로써
편법, 불법이 판을 쳐
조정 궁궐에는 나랏일을 제대로 할 만한, 사람다운 사람들이 없어
마치 빈 대궐 같고 밭에는 잡초만 무성하며 창고는 텅텅 비게 된다.
나라 살림이 그 지경임에도 위정자는 화려한 문양의 고급 옷을 입고
항시 공포 분위기를 조성하는 날카로운 칼을 차고 다니며
물려서 더 이상 못 먹을 정도로 먹고 마시며
천하의 재물을 긁어모아 펑펑 쓰는 호화사치를 누리니
그것은 천하를 통치하는 제왕이 아니라 도적의 우두머리라 하겠다.
그것은 결코 위정자가 마땅히 가야 할 큰길이 아닌 것이다.

위정자가 우주 자연의 법칙, 즉 도리(道理)에 부합하는 정치 노선에서 벗어나 비자연과 무리(無理)의 정치를 하게 되면 그 정권은 오래가지 못할 뿐 아니라 심지어 자기 자신은 물론이려니와 그 가족, 나아가 백성마저 도탄에 빠트리는 참혹한 결과를 부르게 될 것이다. 실제로 수많은 역사적 사실이 훌륭한 교훈을 잘 말해주고 있지만 역사의 교훈을 등한시하거나 그 의미를 제대로 인식하지 못한 위정자들이 망국(亡國)의 대열에 합류하여 새로운 교훈을 추가하는 우(愚)를 범하여 왔다.

마찬가지로 오늘날 대다수 의료인이 우주 자연의 법칙과 인간 생명의 원리에 부합하는 '참 의료' 묘방(妙方)과 신약(神藥)이 아닌, 비자연(非自然), 비순리(非順理)의 무리한 방약(方藥) 위주의 치료를 함으로써 도리어 질병을 악화시키거나 비명횡사(非命橫死)로 이어지는 우를 범하고 있다. 더 큰 문제는 그러한 결과를 자초하고도 무엇이 잘못되었는가에 대한 철저한 확인도 하지 않고 그런 문제를 해결하기 위해 어떤 방식의 노력을 통해 해결할 것인가에 대한 아무런 고민도 없이 그저 하던 대로 그런 방식의 의료를 반복적으로 시행하고 있다는 것이다.

만약 대도(大道)에 부합하는 의료, 즉 '참 의료'의 진리에 근거한 의료라면 세상의 그 어떤 암, 난치병, 괴질이라 해도 순리 자연의 묘방과 신약을 활용해 완치시키지 못할 이유가 없을 것이다. 인류의 병마를 효과적으로 해결하지 못하는 의료를 진정한 의료라고 할 수 있겠는가?

전 세계 인류 대부분은 제 생명에 지대한 영향을 미칠 수 있는 의료를, 그저 믿고 시키는 대로, 하라는 대로 따를 뿐 근본 해결의 진정한 효능과 효과가 뒷받침되는 '참 의료'인지의 여부를 조금이라도 의심하거나 혹은 확인해 보려는 시도나 노력을 하지 않는다.

미국의 국가 의학 감독관을 지낸 중진의사 로버트 멘델존 박사가 그의 저서《나는 현대의학을 믿지 않는다》에서 거듭 강조한 대로 오늘의 현대의학은 정말로 종교가 아니고 과학임에도 마치 종교처럼 그저 거의 맹목적으로 믿고 따를 뿐 조금의 의심도, 확인도 하려 들지 않는다.

게다가 설령 현대의학의 의료진의 판단에 따른 치료가 효과를 보지 못하거나 무리한 치료에 의해 비명횡사로 이어지더라도 그런 내용은 전문가의 영역이라 지레 치부하여 잘 알지도 못하고 더 이상 알아보려는 노력도 없이 그저 질병이 지나치게 악화된 데다 현대의학의 한계를 벗어난 상태여서 치료가 불가능했다 결론 내리고 마는 것이 일반적 추세이다.

필자는 현대의학의 제반 문제의 본질이 무엇이고 작금에 인류의 생존을 위협하고 있는 각종 암, 난치병, 괴질 앞에 세상의 모든 의료인이 속수무책일 수밖에 없고 수수방관할 수밖에 없는 현실을 어떻게 타개해 나갈 것인가의 중차대한 과제를 해결할 더없이 지혜로운 묘방과 치유책을 《신약(神藥)》이라는 의서를 통해 세상에 제시한 바 있다.

물론 이 의서는 필자가 선친 인산 김일훈(仁山 金一勳·1909~1992) 선생의 '참 의료' 묘방과 신약에 대한 구술(口述)을 5년 동안 기록, 정리하여 1986년 6월 15일 펴낸 것으로서 엄밀히 말하면 대도(大道)의 도의서(道醫書)이자 인산의학의 경전(經典)이라 할 인산 선생의 불멸(不滅)의 명저이지 필자의 창의적 저술서는 아니다.

현대의학의 아버지로 추앙받는 그리스의 의학자 히포크라테스를 비롯하여 중국의 화타, 편작, 인도의 지바카 등 역사상 이름난 명의와 현대 미국의 대표적 통합의학자로서 《자연치유》의 저자 앤드루 와일, 《죽은 의사는 거짓말을 하지 않는다》의 저자 조엘 월렉, 《나는 현대의학을 믿지 않는다》의 저자 로버트 멘델존, 《암은 병이 아니다》의 저자 안드레아스 모리츠, 일본의

《의사에게 살해당하지 않는 47가지 방법》의 저자 곤도 마코토, 《체온 1도 올리면 면역력이 5배 높아진다》의 저자 이시하라 유미, 《고혈압은 병이 아니다》의 저자 마쓰모토 미쓰마사 등 시간과 공간을 넘어 모두 나름 '참 의료'의 진리에 근거한 의학이론과 방약을 제시한 이들이 적지 않다.

그러나 참 의료를 추구하는 이들의 노력에 의해 현대의학의 제 문제가 수면으로 떠 오르고 그에 따른 대안을 제시하고 있음에도 불구하고 인류의 암, 난치병, 괴질은 여전히 인류의 생존을 위협하고 있으며 해결 난망의 미해결 과제로 남아 있는 것이 현실이다.

이러한 암울한 현실에서 세상의 모든 의료인이 절대로 치료가 불가능하다고 결론 내린 모든 암, 난치병, 괴질을 근본적으로 해결할 수 있는 '참 의료'의 도리와 그에 근거한 묘방과 신약을 제시하여 전멸 위기로 치닫고 있는 인류를 병마(病魔)의 재액(災厄)으로부터 구제할 복음(福音)을 명명백백하게 제시한 이는 《신약(神藥)》《신약본초(神藥本草)》의 저자 인산 김일훈 선생이다.

修觀

道로써 자신 닦아야 '참된 사람'

도덕경 第54장

善建者不拔, 善抱者不脫, 子孫以祭祀不輟.
修之於身, 其德乃眞, 修之於家, 其德乃餘, 修之於鄕,
其德乃長, 修之於邦, 其德乃豐, 修之於天下, 其德乃普.
故以身觀身, 以家觀家, 以鄕觀鄕, 以邦觀邦, 以天下觀天下.
吾何以知天下然哉? 以此.

선건자불발, 선포자불탈, 자손이제사불철.
수지어신, 기덕내진, 수지어가, 기덕내여, 수지어향,
기덕내장, 수지어방, 기덕내풍, 수지어천하, 기덕내보.
고이신관신, 이가관가, 이향관향, 이방관방, 이천하관천하.
오하이지천하연재? 이차.

도를 굳건하게 세워놓은 사람에게서는
아무도 그 도를 뽑아내지 못하고
도를 제대로 안고 있는 사람에게서는
그 누구라도 그 도를 이탈시키지 못한다.
그런 이의 자손은 대대로 제사를 멈추지 않을 것이다.
도로써 자기 자신을 닦을 경우 그 효과는 참된 사람으로 거듭날 것이고
도로써 가정을 다스리면 그 덕은 후손들에게 대대로 물려질 것이며
도로써 한 고을을 다스리면 그 덕은 온 마을 사람들에게 길이길이 미치게 되리라.
도로써 나라를 다스리면 그 덕으로 백성들이 풍요롭게 살 수 있게 될 것이고
도로써 천하를 다스리면 그 덕택이 온 세상 만백성에게 두루두루 미치게 되리라.
그러므로 자기 자신의 입장에서 자기 자신을 보아야 하고
가정의 입장에서 가정을 보아야 하며
고을의 입장에서 고을을 보아야 하고
나라의 입장에서 나라를 보아야 하며
천하의 입장에서 천하를 보아야 한다.
내가 무엇으로써 천하의 그러함을 알 수 있겠는가?
바로 이런 이유로써이다.

도로써 자기 자신을 닦을 경우 그 효과는 참된 사람으로 나타날 것이고 도로써 생명을 다스릴 경우 생명은 건강하게 자연

수명을 온전히 누릴 수 있을 것이다. 도에 따른 섭생, 도에 따른 의료를 제시한 인산 선생의 '도의(道醫)'는 무엇이며 어떤 의미를 지니고 있는가?

인산 선생은 수천 년간 확고하게 진리라 믿어왔던 종교적 우주관의 천동설(天動說)을 과학적 우주관의 지동설(地動說)로 바꾼 중세 유럽 폴란드의 천문학자 코페르니쿠스의 혁명적 우주관을 연상케 하는 창조적 신의학(新醫學) 이론과 방약들을 제시하였으나 세상 어느 누구도 질병을 공격, 파괴, 제거하는 방식의 의료에서 인체의 자연치유 능력을 강화하여 순리적으로 자연스럽게 병마를 물리치고 건강을 회복하는 방식의 의료로 의료의 방향을 전환해야 한다는 새로운 논리를 받아들이거나 그 참뜻과 가치를 제대로 이해하지 못하고 있는 실정이다.

심지어 인산의학의 묘방과 신약으로 현대의학상 치료 불가능 판정을 받고 절망에 빠져 치료를 포기했던 환자들이 병마를 물리치고 되살아나는 기적 같은 실제 사례를 보고도 스스로의 지식의 잣대로 재단하여 있을 수 없는 일이고 나았다면 아마도 다른 원인으로 나았을 것이라며 끝내 부정하는 비상식적 모습을 연출하곤 한다. 있는 그대로의 사실을 받아들이고 어떻게 그런 결과를 얻을 수 있었는지 다양한 방법으로 주도면밀하게 검증, 확인하여 우선 시급히 병고(病苦)로 신음하는 환자들을 구제하는 데 활용하고 그런 효능, 효과의 기전이 무엇인지 과학적 연구를 통해 명명백백하게 밝히는 것이 진정 의학 발전에 기여하는 일이 될 것이다.

전체 사망자 열 명 중 세 명이 암 사망이고, 세 명은 심뇌혈관

질환 사망이고, 나머지는 다른 질병과 사고사, 자살 사망 등이 차지하고 있다는 통계를 감안할 때 백성들은 각종 암, 난치병, 괴질을 고치지 못하고 병고로 신음하다가 죽어 가는데 병마를 물리치기 위한 목적으로 생겨난 의료 산업은 병을 고치거나 못 고치는 것과는 별 상관없이 규모나 시설 등 나날이 크게 성장하고 있고 그 종사자들 역시 최상의 급여를 받는 특급 직업인으로 대우받고 있다.

참으로 질병을 잘 고치고 아예 인류에게 병마가 닥치지 못하게 미리 철저히 예방할 수 있는 세계적 양의(良醫)가 있다면 큰 병원마다 환자로 북적대는 광경이 사라져서 의료기관들이 텅텅 비게 될 것이고 의료인들은 방역·소독 등의 간단한 조치 이외에는 별반 할 일이 없을 것이며 세상 사람들은 모두가 몸과 마음이 다 같이 건강한 새로운 세상으로 바뀌게 될 것이다.

인산 선생이 지난 1986년 세상에 내놓은 저서 《신약(神藥)》에서 "세상의 의료인들이 의료의 대도(大道)에 따라 인류의 병마를 물리쳐야 진정 질병 없는 건강한 지구촌을 이룰 수 있을 것"이라고 '도의(道醫)'의 중요성을 강조한 대목은 세상의 모든 의료인에게 '참 의료의 진리'에 대해 전면적으로 다시금 생각하라는 특별한 메시지를 담고 있다.

玄符

갓난아이가 지닌 '생명의 자연'

도덕경 제55장

含德之厚, 比於赤子. 蜂蠆虺蛇不螫, 攫鳥猛獸不搏.
骨弱筋柔而握固. 未知牝牡之合而朘作, 精之至也.
終日號而不嗄, 和之至也.
知和曰常, 知常曰明. 益生曰祥, 心使氣曰强.
物壯則老, 是謂不道. 不道早已.

함덕지후, 비어적자. 봉채훼사불석, 확조맹수불박.
골약근유이악고. 미지빈모지합이최작, 정지지야.
종일호이불사, 화지지야.
지화왈상, 지상왈명. 익생왈상, 심사기왈강.
물장즉노, 시위부도. 부도조이.

덕을 두터이 지닌 이는 생명의 자연을 그대로 간직한
갓난아이와 다름없이 천진무구한 속성을 보인다.
갓난아이는 무지, 무욕에다 일절 해물지심(害物之心)이 없고
아무런 분별심도 없으므로
벌이나 전갈, 살모사, 뱀 등의 독충들이 경계하거나 쏘지 않고
사나운 새, 무서운 짐승들도 달려들거나 할퀴지 않는다.
뼈는 약하고 근육은 부드러운데 손을 꼭 쥐는 것과
암컷, 수컷의 교합을 모르지만 고추가 서는 것은
정력의 충만함을 드러내 보여준다.
온종일 소리 내어 울더라도 목이 쉬지 않으니
조화로움의 극치라 하겠다.
조화로움을 잃지 않아야 항상성과 영원성을 유지할 수 있고
항상성과 영원성에 대해 알고 실천하여
그것을 체득하는 것을 밝음이라 하겠다.
성장해 가면서 어느 시점까지는 생명력이 늘어나게 되는데
그것을 상서로움이라 하겠고
점차 인위(人爲), 인공(人工)이 가미되면서
마음이 기를 부리는 것을 굳세다고 할 것이며
만물의 생명력이 가장 왕성하게 되면
최고조의 청장년 시기를 넘으며
쇠퇴기에 접어들어 마침내 노화가 시작되고
점차 생명력이 줄어들게 되나니
이를 자연의 도리에 부합하지 않는다고 하겠다.
자연의 도리에 부합하지 않으면

오래가지 못하고 일찍 끝나게 된다.

인생길의 멀고도 험난한 여정(旅程)을 가노라면 숱한 역경(逆境)과 난관(難關)을 겪게 되고 천진무구했던 갓난아이의 심성(心性) 또한 세파에 시달리며 천성(天性)이라 할 본성(本性)을 상실한 채 '부도(不道)의 삶'으로 서서히 변모되어 가게 마련이다.

뼈와 근육의 유연성을 상실하고 이런저런 일로 소중한 정력을 낭비, 허비하며 균형과 조화를 잃고 항상성(恒常性)과 영원성(永遠性)으로부터 벗어나 스스로 멸망의 나락으로 떨어지는 우(愚)를 범한다. 칡덩굴처럼 얽히고설킨 인간관계로 고민하며 파도처럼 끊임없이 밀려오는 복잡다단한 세상일에 떠밀려 삶의 궤도인 큰길을 이탈하여 이리저리 표류할 수밖에 없는 인생살이에 허우적거리다 보면 늙고 병들어 죽는 일대사(一大事) 큰 문제를 해결 못 하고 더 이상 선택의 여지없이 마침내 저승길로 접어들게 되는 것이다.

갓난아이는 온몸에 정기가 충만하여 무엇인가 잡을 게 있으면 늘 손으로 꼭 쥐고 있으며, 이성에 대한 욕구가 일어나지 않음에도 시시때때로 고추가 발기하는 등 극히 자연스러운 모습을 보인다. 또한 자연스러운 필요성에 의해 울기도 하고 의사표현의 수단으로서 장시간 울음소리를 내기도 하지만 늘 조화와 항상성을 잃지 않음으로써 목이 쉬지 않는다.

갓난아이의 천진무구함, 통나무[樸·原木]의 소박함으로 상징되는, 제 천성을 온전하게 지니지 못하고 오염시키고 산화시키며 어떤 의도에 의해 손상을 초래하여 천장지구(天長地久)의 자연수명을 스스로 단축시켜 요절(夭折)의 길을 택하는 이들을 보면서 노자는 말한다.

"조화와 항상성, 가공하거나 꾸밈이 없는 질박성으로 요약할 수 있는 천성을 상실하고 도리(道理)에 부합하는 삶에서 벗어나 부도(不道)의 삶으로 접어들면 한창 무성하다가 이내 시들어버리는 풀처럼 결코 오래가지 못하는 법이다."

인생을 살아가면서 갓난아이의 소박한 천성을 처음부터 끝까지 변함없이 유지하기란 불가능하다. 그러나 유연성을 지닌, 살아 있는 생명이라면, 또한 자연의 대도를 심득(心得)하여 도리에 부합하는 삶을 살아가는, 다시 말해 늘 깨어 있는 정신의 소유자로서 영원성의 삶을 사는 사람이라면 언제나 회복 탄력성에 의해 갓난아이의 천진무구한 속성으로 돌아갈 수 있을 것이다.

몸 또한 도리에 부합하는 삶을 사는 사람이라면 정상적인 자연치유력과 면역력을 십분 발휘하여 세상의 각종 암, 난치병, 괴질을 미연에 막을 수 있을 것이고 어떤 계기로 인해 병마(病魔)의 고통을 겪더라도 그리 오래지 않아 갓난아이의 '생명의 자연(自然)'을 회복하여 병고(病苦)를 근본적으로 해결하고 본래의 건강을 회복할 수 있으리라.

도리에 부합하는 삶을 통해 자연스럽게 덕을 터득하게 되면 천진무구(天眞無垢), 무지(無知), 무욕(無慾), 유약(柔弱), 조화와 균형, 항상성을 지닌 갓난아이의 속성을 지니고 천성 그대로 살아감으로써 세상 사람들과 부딪히거나 싸우거나, 경쟁하는 일 없이 평화롭게 자연수명을 다할 수 있을 것이라는 게 노자 가르침의 핵심이라 하겠다.

玄德

道를 체득해 자연과 하나 된 사람

도덕경 제56장

知者不言, 言者不知.
塞其兌, 閉其門, 挫其銳, 解其紛, 和其光, 同其塵, 是謂玄同.
故不可得而親, 不可得而疏, 不可得而利, 不可得而害,
不可得而貴, 不可得而賤. 故爲天下貴.

지자불언, 언자부지.
색기태, 폐기문, 좌기예, 해기분, 화기광, 동기진, 시위현동.
고불가득이친, 불가득이소, 불가득이이, 불가득이해,
불가득이귀, 불가득이천. 고위천하귀.

도에 대해 제대로 아는 이는 도에 대해 함부로 말하지 않고
도에 대해 이러쿵저러쿵 말하는 사람은
도에 대해 제대로 알지 못하는 것이다.
그 구멍을 틀어막고 그 문을 닫으며
그 날카로움을 꺾고 그 얽히고설킨 것을 풀어내며
그 빛을 조화시켜 세상 티끌과 하나가 된다.
이를 '현묘한 도리와 하나 됨'이라 하겠다.
그러므로 도를 체득하여 자연과 하나 된
그런 이들은 가까이할 수도 없고 멀리할 수도 없으며
이롭게 할 수도 없고 해롭게 할 수도 없으며
귀하게 받들 수도 없고 천하게 대할 수도 없는 법이어서
천하 사람들이 존귀하게 여기는 존재가 되는 것이다.

어느 시대가 됐건 나라의 수도에 대해서는, 나라 업무의 중심지이기도 하고 임금을 위시하여 중요 직무를 수행하는 관리들이 모여 사는 관계로 전국 각 지역 사람들의 동경의 대상이 되는 만큼 관련된 이야기들이 적지 않은데, 그중 가장 대표적인 게 "한양 안 가본 사람이 한양의 구석구석까지 더 잘 아는 것처럼 설명을 잘도 한다"는 요지의 이야기이다. 요즘의 버전으로 표현하자면 "서울 안 가본 ×이 더 잘 아는 것처럼 떠드는 법"이라는 이야기로 귀결된다.

마찬가지로 히말라야의 고봉 16좌를 모두 완등한 세계적인 산악인 엄홍길 대장에게 "에베레스트는 어떤 곳입니까?" "왜

그 위험천만의 산을 위험한 줄 알면서도 그리도 끈질기게 올라갑니까?"라고 물으면 너무나도 잘 알고 수많은 경험을 한 건 사실이지만 설명할 게 너무 많아 뭘 어떻게 설명해야 할지 순간 머뭇거리게 되는 법이다.

그러나 산에 다니기 시작한 지 얼마 안 되고 산에 대해 호기심도 많은 데다 이 사람 저 사람에게 들은 내용도 많은 사람은 산 이야기만 나오면 촐랑 나서서 히말라야 고봉들의 이름들을 죽 읊고 무산소 등정이 어떻고 하면서 일장 연설을 하다 그 이야기를 듣고 있던 사람이 갑자기 궁금해져서 "그나저나 히말라야 고봉들, 특히 에베레스트에는 다녀오신 적이 있습니까?"라고 물으면 "아니요, 직접 다녀온 것은 아니고 그곳을 다녀온 사람에게 들은 이야기이며 언젠가 저도 한 번 다녀오려고 생각하고 있습니다"라고 말한다.

필자가 경영하는 인산가는 중소기업이지만 데이터베이스에 이름을 올린 회원이 약 25만 가정에 달할 정도로 열렬한 지지와 성원을 받고 있는, 그리 흔하지 않은 '행복한 기업'이다. 인산가의 회원 중 골수로 분류되고 특공대로 불리는 사람 중 제1군은 죽염을 엄청난 분량 섭취하면서 언제 어디에 가든 자랑스럽게 스스로 홍보대사라 자처하며 죽염의 효용성에 대해 열정적으로 설명하는 이들이다. 제2군은 《신약(神藥)》 책 제25장 '영구법(靈灸法)의 신비'를 인용해 인산 선생께서 제시한 쑥뜸의 특징과 그 불가사의한 효용성에 대해 거침없이 달변가처럼 이야기하는 이들이다.

그런데 죽염에 대해 말하는 이들은 대개 스스로 다량 섭취하여 그 효과를 체험한 이들이어서 설명한 내용을 경험담으로 받아들여도 무방하지만 쑥뜸에 관한 이야기는 사정이 좀 다르다.

쑥뜸의 효능, 효과가 매우 폭넓고 다양한 만큼 쑥뜸 그 자체에 대해서는 공감하는 이들이 많아서 관심이 집중되게 마련인데, 다양한 사례를 소개하고 그런 효과가 왜 나는지에 대해서도 설명을 실감 나게 하는지라 그 이야기를 듣는 사람들은 그가 당연히 쑥뜸을 떠본 경험에서 하는 이야기일 것이라 생각한다. 그러다 한번 확인해 볼 요량으로 "그러는 분은 당연히 인산쑥뜸을 떠보셨겠지요?"라는 질문을 던진다.

그런데 당연히 떠본 경험자라고 믿고 있었지만 그의 대답은 "내가 직접 뜬 건 아니고 내가 아는 누구누구가 떠본 뒤에 내게 자랑삼아 설명을 해주어 떠본 사람 못지않게 잘 알고 있는 것"이라는 이야기로 끝난다.

아는 사람은, 즉 도리와 덕성에 대해 그 내용을 제대로 파악하여 늘 실천함으로써 자신의 삶 자체가 자연스럽게 도리에 부합하고 그로 인해 저절로 두터운 덕성을 지닌 사람으로 거듭난 사람은 그런 이야기들이 나올 때 대개는 마치 그런 내용을 잘 모르는 사람처럼 함부로 말을 하지 않는다.

반대로 도와 덕에 대한 이야기가 회자(膾炙)되는 자리에서 입만 열었다 하면 마치 무불통달의 도사처럼 도란 이런 것이고 덕이란 그런 것이며, 도를 깨달으려면 화두를 참구하여야 하며 화두 참구의 간화선을 수행하다가 어느 날 갑자기 깨닫게 되면 천하사에 대해 두루 훤하게 알 수 있게 되는 법이라며 청산유수로 설명을 이어간다.

이때 좌중의 누군가 궁금증이 발동해 "혹시 그렇게 해서 본인이 깨달으셨다는 겁니까?"라고 물으면 "그건 아니고 내가 잘 아는 어느 선사가 그렇게 말했고, 근세의 어느 선지식도 그런 법문을 설한 바 있어서 그 내용을 이야기하는 것"이라고 말한다.

따라서 제대로 깨달아 아는 사람은 별반 말이 없고 반풍수와 도사인 척하는 '도척'들은 사실과 다르고 진실도 아니며 더구나 진리의 근처에도 가본 적 없으면서도 공연히 스스로를 속이고 세상을 현혹시키는 혹세무민의 망언(妄言)과 망동(妄動)을 일삼는다는 점을 거울삼아 황금보다 소중한 인생의 귀한 시간과 정력을 낭비하지 말고 살아야 한다는 것이 노자 가르침의 본질이라 하겠다.

법령이 늘면 도적은 더 많아진다

도덕경 제57장

以正治國, 以奇用兵, 以無事取天下.
吾何以知其然哉? 以此.
天下多忌諱, 而民彌貧. 民多利器, 國家滋昏.
人多伎巧, 奇物滋起. 法令滋彰, 盜賊多有.
故聖人云, 我無爲, 而民自化. 我好靜, 而民自正.
我無事, 而民自富. 我無欲, 而民自樸.

이정치국, 이기용병, 이무사취천하.
오하이지기연재? 이차.
천하다기휘, 이민미빈. 민다이기, 국가자혼.
인다기교, 기물자기. 법령자창, 도적다유.
고성인운, 아무위, 이민자화. 아호정, 이민자정.
아무사, 이민자부. 아무욕, 이민자박.

나라를 다스릴 때에는
올바른 정치적 도리(道理)에 따라 다스려야 하고
나라의 명운(命運)이 걸린 전쟁을 치를 적에는
적이 예상하기 어려울 정도의 기발한 전술전략을 활용해야 하며
이런저런 명분으로 크고 작은 공사를 일으키거나 일들을 벌이지 않아야
천하 사람들의 마음을 얻을 수 있게 되리라.
내가 어떻게 그렇다는 사실을 알 수 있겠는가?
이런 이유로써 그렇게 판단하는 것이다.
천하 사람들에게 금지시키고 못 하게 막는 것들이 많아질수록
백성들의 삶은 더욱 곤궁(困窮)해지고
백성들에게 예리한 무기가 많을수록 나라는 더욱 혼란스러워지며
사람들의 재주가 많아질수록
실용적인 소박한 기물(器物)보다 기이한 물건들이 더욱 많이 만들어지고
법령이 늘어나고 까다로워질수록 도적은 더욱 많아지게 된다.
그러므로 성인, 즉 훌륭한 위정자는 이렇게 말한다.
"내가 인위(人爲), 인공(人工)이 아닌 자연의 도리에 부합하는 정치를 하니
백성들은 자발적으로 변화와 혁신에 동참하여 스스로 바뀌게 되고,
내가 요란하게 성명을 발표하거나 구호를 외치며 몰아붙이지 않으니
백성들은 스스로 마땅히 해야 할 바른 도리를 실천하게 되며,
내가 호화로운 궁궐을 짓거나 장성(長城)을 쌓는 등
많은 재정이 소요되는 나랏일을 벌이지 않으니
백성들은 저마다 저절로 부유해지게 되고,

내가 원목(原木)을 가지고 뭔가를 만들려고 하는 것 같은
그런 인위적 정치를 지양(止揚)하니
백성들은 마치 통나무와 같은 질박한 천성(天性)을 잃지 않고
순박(淳樸)한 삶을 살아가게 되는 것이다.”

천하를 다스리든, 나라를 다스리든, 가정을 다스리든, 몸을 다스리든 다스림에는 자연의 법칙과 생명원리에 부합하는 슬기롭고 현명한 도리(道理)가 있게 마련이다. 이러한 도리에서 벗어나 비자연과 부도(不道)의 다스림을 선택하면 제대로 소기의 성과를 거두지 못할 뿐 아니라 도리어 무리(無理)에 따른 부작용과 역효과를 초래하게 된다. 그것이 나라일 때는 그 정권이 붕괴되고 새로운 정권으로 교체되지만 우리 몸일 경우 궁극적으로 생명력의 약화를 초래하여 비명횡사(非命橫死)를 앞당기게 된다는 사실을 깊이 생각하지 않으면 안 된다.

오늘날 인류 중에는, 과학적으로 검증, 확인된 의학이라는 확신에 따라 이른바 ‘현대의학’으로 불리는 특정 의학을 종교 못지않게 믿음에 따라 합리적 ‘생명 경영’은 고사하고 제대로 된 건강관리조차 하지 않고 무방비 상태로 지내다가 어느 날 자신에게 불현듯 찾아온 암, 난치병, 괴질에 혼비백산하여 문제를 근본적으로 해결하는 현명한 치료법과는 거리가 먼 무리한 치료에 매달리다가 별다른 효과를 거두지 못하고 죽는, 비참한 삶의 주인공들이 적지 않다.

1543년 5월, 폴란드의 천문학자 코페르니쿠스의 저서 《천체

의 회전에 관하여》를 통해 세상에 알려진 지동설(地動說)의 등장으로 인해 그동안 철석같이 믿어온 천동설(天動說)이 진리가 아니라는 것을 깨닫게 된 역사적 사실은 우리에게 무엇을 말해주는가? 그것은 인류 전체가 그것을 진리로 받아들여 확신하고 있다고 해서 반드시 그것이 진리라는 오랜 믿음이, 잘못된 가정이거나 그릇된 인식, 단견(短見)에 근거한 것이었을 수도 있다는 사실을 단적으로 보여준 대표적 사례라 하겠다.

현대의학의 의료진은 대체로 사람 몸에 침입하여 질병을 일으키는 세균이나 바이러스 등의 병원체와 어떤 이유로 소멸할 때가 되었음에도 소멸하지 않고 도리어 분열 증식을 거듭하며 세력을 확대하는 우리 몸속의 암세포들을 공격, 파괴, 제거하기 위한 방법으로 메스를 가하거나 독극물을 주입하거나 방사선으로 태워 죽이기 위한 조치에 몰두하고 있다.

그러나 이러한 방식의 치료는 이미 지금까지의 경험으로도 병고(病苦)를 근본적으로 해결하고 생명을 구제하는 이렇다 할 효과가 없다는 것이 증명되었음에도 불구하고 더 효과적인 방법을 찾기 위한 노력보다는 현재 정립된 방법으로서 국제적으로 통용되는 암 치료의 삼대요법 위주의 치료에만 매달리고 있는 실정이다. 그러나 이러한 치료 방식에 의존하는 의료관(醫療觀)에는 심각한 오류와 착각이 있었음을 지적하고 신랄하게 비판하는 한편 나아가 지금까지의 방식과는 근본적으로 다른 혁신적 치료법을 제시한 '참 의료인'들이 인종과 국경을 초월하여 적지 않다는 사실은 전 인류에게 희망의 등대(燈臺)로 작용하고 있다.

《죽은 의사는 거짓말을 하지 않는다》라는 저서로 유명한 미국의 의사 조엘 월렉 박사, 《의사에게 살해당하지 않는 47가지 방법》이란 저서로 잘 알려진 일본의 의사 곤도 마코토, 《암은 병이 아니다》라는 저서로 암의 실상을 제대로 세상에 알린 독일 태생 미국의 대체의학자 안드레아스 모리츠 등은 순리와 자연의 의료를 추구하는 대표적인 '참 의료인'들이라 하겠다.

전 세계의 많은 '참 의료인' 중에서도 특히 1986년 6월에 펴낸 저서 《신약(神藥)》을 통해, 지동설처럼 의학적 진리에 근거한 순리와 자연의 참 의료 방향과 그에 따른 방약을 제시하여 천동설과 같은 지금까지의 의료의 근본적 오류를 바로잡는 한편 각종 암, 난치병, 괴질로부터 인류의 생명을 구제할 수 있는 큰길을 열어 보인 이가 있었으니 그는 다름 아닌 한국이 낳은 '불세출의 신의(神醫)'로 알려진 인산 김일훈(仁山 金一勳·1909~1992) 선생이다.

인산 선생은 《신약》을 통해 "제 병은 제집에서 제 힘으로 주변에 흔한 자연물의 약성을 활용해 몸 안의 자연치유력을 복원시켜 자연스럽게 해결, 극복해야 한다"는 참 의료 진리의 큰 틀을 새롭게 제시한 바 있으며, 실제로 살아생전 자신의 독창적 인술(仁術)을 활용하여 수많은 사람의 암, 난치병, 괴질을 효과적으로 해결, 극복하면서 숱한 '구료(救療)의 신화(神話)'를 탄생시킨 선각자(先覺者)이다.

정치에 있어서 법령이 많아지고 까다로워질수록 도적은 더욱 늘어나고 교묘해지는 것과 마찬가지로 질병의 치료법이 복잡하고 다양해질수록 암, 난치병, 괴질은 더욱 늘어나고 복잡한 양상을 띠게 된다. 무위자연의 정치를 펴니 백성들이 자발적으로 혁신에 동참하여 스스로 바뀌게 되듯이 인위(人爲), 인공(人工)이 아닌 무위(無爲)의 순리적 의료로 병마(病魔)를 다스리니 몸 안의 의사, 즉 '자연의 의사'인 자연치유력에 의해 근본적으로 병고를 해결할 수 있게 되는 것이다.

順化

행복은 재앙에 의지하여 온다

도덕경 제58장

其政悶悶, 其民淳淳. 其政察察, 其民缺缺.
禍兮福之所倚, 福兮禍之所伏. 孰知其極, 其無正也.
正復爲奇, 善復爲妖. 人之迷, 其日固久.
是以聖人, 方而不割, 廉而不劌, 直而不肆, 光而不耀.

기정민민, 기민순순. 기정찰찰, 기민결결.
화혜복지소의, 복혜화지소복. 숙지기극, 기무정야.
정부위기, 선부위요. 인지미, 기일고구.
시이성인, 방이불할, 염이불귀, 직이불사, 광이불요.

정치가 어수룩하면 백성들은 순박해지고
정치가 까다로우면 백성들은 순박함을 상실하게 된다.
재앙을 재앙으로 보지만 재앙에 의지하여 복이 오는 것이고
복을 복으로 여기지만 복에는 재앙이 숨어 있는 법이다.
그 누가 궁극적으로는 반드시
그것이 옳다, 그르다고 할 수 없다는 사실을 알겠는가?
올바름이라 여겼으나 그름으로 바뀌고
훌륭한 것으로 여겼으나 좋지 못한 것으로 드러나게 되나니
사람들이 이러한 도리에 밝지 못하여
실상(實相)을 제대로 인식하지 못한 채 살아온 것이
어제오늘의 일이 아니다.
그러므로 성인, 즉 훌륭한 위정자는
백성들의 표상으로서 이러한 면모를 보인다.
반듯하되 깎아내서 그런 게 아니고,
깔끔하되 다듬어서 그런 게 아니며,
강직하되 고집부리는 것이 아니고,
자연스레 빛이 나되
일부러 빛을 드러내려고 해서 그런 게 아니다.

정치가 까다롭고 복잡하면 백성들로 하여금 순박함을 상실하게 만들듯이 의료가 까다롭고 복잡하면 한 가지 질병을 다스리느라 다른 여러 가지 질병을 유발하게 되고 하나의 병을 고치는 과정에서 부작용으로 인한 다른 질병을 또다시 만드는

악순환으로 이어지게 된다. 그리고 질병을 다스림에 있어서 부분적 파괴와 증상 개선, 뿌리를 남겨둔 채 가지치기를 하는 방식, 통증 완화에 그치는 치료 등 근본적 해결과는 거리가 먼 치료법들이 주로 쓰이고 있는 것이 오늘의 현실이다.

천 가지 만 가지 질병이 비록 무성한 가지와 잎을 이루고 있다고 해도 그 뿌리를 찾아 들어가면 만법의 근원이 하나이듯이[萬法歸一] 만병(萬病)이 처음 시작된 뿌리가 있게 마련이다. 눈에 보이는 무성한 가지와 잎이 가장 큰 골칫거리라 여겨 그것을 열심히 제거해 본들 여전히 뿌리가 남아 있으므로 그리 오래가지 않고 가지와 잎은 다시 무성해진다.

만병의 지엽에만 매달려 가지치기와 잎사귀 따는 일에 시간과 정력을 낭비하다가 정작 질병의 뿌리는 더욱 깊어지고 입지를 더욱 견고하게 만들어주는 우(愚)를 범하지 말아야 하겠다. 모든 생명은 태어날 때부터 온갖 재해(災害)와 병마(病魔)의 위협으로부터 생명을 온전하게 지켜 자연수명을 다 누릴 수 있도록 다양한 안전장치와 보호장치, 생명의 원상 회복 능력을 보유하고 있다는 것은 공지(共知)의 사실이다.

그러나 정작 만물의 영장(靈長)이라는 사람이 남녀노소, 지위고하, 유무식(有無識)을 떠나 대부분 그런 사실에 대한 무지(無知)와 무방비, 나아가 스스로 무장해제를 한 채 침략자들을 맞이하여 속수무책으로 우왕좌왕하다가 마침내 적에게 항복하고 영문도 모른 채 비명횡사로 생을 마감하면서도 불가항력, 어쩔 수 없는 것처럼 받아들이는 심각한 우를 범하고 있다.

"나무를 자르는데 뿌리를 뽑지 않으니[斷樹無伐本] 뿌리가 있으므로 나무는 다시금 자라게 되리라[根在猶復生] 뿌리를 제거하매 나무는 다시 자라지 않나니[除根乃無樹] 수행자들은 번뇌를 여의고 열반을 얻으리라[比丘得泥丸]"는 《법구경》의 글귀는 수행뿐 아니라 인체의 병마를 물리치고 건강을 회복하기 위한 의료에 있어서도 깊이 새겨야 할 금언(金言)이라 하겠다.

깊은 뿌리에 기인한 '長生의 道'

도덕경 제59장

治人事天, 莫若嗇. 夫唯嗇, 是謂早服,
早服謂之重積德, 重積德則無不克,
無不克則莫知其極, 莫知其極, 可以有國,
有國之母, 可以長久, 是謂深根固柢, 長生久視之道.

치인사천, 막약색. 부유색, 시위조복,
조복위지중적덕, 중적덕즉무불극,
무불극즉막지기극, 막지기극, 가이유국,
유국지모, 가이장구, 시위심근고저, 장생구시지도.

백성들을 다스리고 하늘을 섬김에 있어서,
즉 자연의 이치에 맞게 천하만사를 처리해 나감에 있어서
아끼는 것보다 더 좋은 방법은 없을 것이다.
오로지 아끼는 것만이
백성들이 진심으로 따르도록 하는 법이라 하겠다.
백성들이 잘 따르는 것을 두터이 덕을 쌓는 일이라 하겠고
두터이 덕을 쌓으면 이겨내지 못할 일이 없을 것이다.
이겨내지 못할 일이 없으면 그 능력의 한계를 알지 못할 것이고
능력의 한계를 알지 못할 정도로 훌륭한 이는
나라를 맡아 다스릴 수 있을 것이다.
나라를 다스릴 도를 터득하여 도에 따라 나라를 다스릴 경우
그 나라는 오래오래 유지될 것이다.
이것이 바로 깊은 뿌리, 견고한 밑동을 지녀
장구한 삶을 영위할 수 있고
오랜 세월 만물의 실상(實相)을 제대로 볼 수 있는
훌륭한 도리(道理)라 하겠다.

백성들을 다스리거나 하늘을 섬김에 있어서 다시 말해 자연의 법칙을 받들어 천하만사를 처리해 나감에 있어서 아끼는 것보다 더 좋은 것이 있으랴? 근검절약의 미덕 대신 게으름과 사치, 방탕한 생활에서 벗어나지 못할 경우 그 누구도 위정자를 신뢰하고 따르지 않을 것이다. 스스로 근검절약의 미덕을 보여 백성들의 신뢰를 얻어 덕스러움의 정치를 펴나가는, 그런 위정

자가 이겨내지 못할 일이 무엇이고 이룩하지 못할 일이 무엇이겠는가?

능력의 한계를 알기 어려운 그런 이들은 자연스럽게 만백성의 신뢰를 얻어 나라를 다스릴 수 있는 통치자의 지위에 오르게 될 것이고, 또한 나라 다스림의 모태(母胎)라 할 무위자연의 도(道)를 터득하여 도에 따른 무위자연의 정치를 펴나감으로써 그 나라는 장구한 세월, 안정적으로 정권을 유지할 수 있을 것이다. 바로 깊은 뿌리, 견고한 밑동을 지녀 오래 살 수 있고 오래 볼 수 있는 도리라 하겠다.

근근이 목숨은 붙어 있지만 눈이 잘 보이지 않고 귀가 잘 들리지 않으며, 말을 제대로 하지 못하고 수족(手足)을 뜻대로 움직이지 못하는 지경에 이르렀다면 비록 장생(長生)이라 하더라도 별다른 의미를 부여하기 어려울 것이다. 온갖 풍상에도 뿌리와 밑동이 흔들리지 않고 수족을 뜻대로 움직일 수 있으며, 밝은 눈과 귀로 만물의 실상을 여실(如實)하게 보고 들으며, 입으로 말할 수 있을 정도의 삶이라야 진정한 '장생구시(長生久視)의 도'라 할 것이다.

개인의 삶에 있어서도 사치와 낭비가 없는 근검절약의 검소한 삶을 영위하는 것이 자연의 이치에 부합하는 것이어서 건강과 행복이 샘솟는 원천으로서 작용을 하리라 생각된다. 춥고 배고픈 시절에는 그 고통을 하루속히 면하기를 바랄 뿐 별다른 생각 없이 지내다가 정작 배부르고 등 따신 시절을 맞게 되면 다른 이들의 그와 같은 고통을 외면하고 본인의 풍족한 삶을 누리는 것으로 만족하는 이들이 적지 않다. 재물을 아끼는 것도 중요하지만 정작 그보다 더욱 중요한 것은 자기 자신의 생명력을 아끼는 것이다. 생명력을 낭비, 허비할 경우 곧바로 이어지는 것은 질병 발생과 비명횡사(非命橫死)일 뿐이라는 점을 잊지 말아야 하리라.

無爲의 道로써 세상을 다스려라

도덕경 제60장

治大國, 若烹小鮮. 以道莅天下, 其鬼不神,
非其鬼不神, 其神不傷人, 非其神不傷人, 聖人亦不傷人.
夫兩不相傷, 故德交歸焉.

치대국, 약팽소선. 이도이천하, 기귀불신,
비기귀불신, 기신불상인, 비기신불상인, 성인역불상인.
부양불상상, 고덕교귀언.

큰 나라를 다스리는 것은 마치 작은 생선을 익히듯이 해야 한다.
즉 자꾸만 손을 대어 뒤적거리지 않는
'가만둠'의 정치, 인위를 가하지 않는
무위자연의 도로써 다스려야 한다는 이야기이다.
도로써 세상을 다스리면 귀신이 귀신 노릇을 못 하게 된다.
귀신이 귀신 노릇을 못 할 뿐만 아니라
귀신이 사람을 해치지 못하게 되며
귀신이 사람을 해치지 못할 뿐 아니라
위정자도 또한 사람을 해치지 못하게 된다.
양쪽 모두 사람을 해치지 못하니
양쪽 모두의 덕이 다 같이 사람에게로 돌아가게 되는 것이다.

작은 나라라면 위정자의 소신과 철학에 따라 다스리더라도 걷잡을 수 없을 정도의 혼란을 초래하거나 망국(亡國)으로 치닫는 불행으로 쉽게 이어지지는 않을 것이다. 그러나 큰 나라의 경우 무위자연의 위대한 정치가 아니라 인위(人爲), 인공(人工), 조작(操作)이 가미되고 위정자의 사심(私心)이 끼어들 경우, 나라는 점진적으로 혼란 국면을 맞이하게 될 것이고 급기야 걷잡을 수 없는 사태로 발전해 마침내 붕괴(崩壞)로 이어지게 될 것이다.

큰 나라를 다스리는 것은 마치 작은 생선을 삶거나 굽듯이 자꾸만 손을 대어 뒤적거리지 말고 충분하게 익을 때까지 인내심을 가지고 관찰하되 웬만하면 문제를 스스로 만들어 못 쓰게 하지 않는 것이 현명한 처사라 하겠다. 인위, 인공, 조작이 가미되지 않은 무위자연의 도로써 다스리는, 이른바 '가만둠'의 정치야말로 진정으로 천하 백성들을 위하는 훌륭한 정치라 할 것이다.

도로써 나라를 다스리면 사람들이 위법 행위나 악행을 저지르지 못하는 것에 그치지 않고 귀신들 역시 사람들을 음해(陰害)하지 못하며 위정자의 권력 오남용을 원천적으로 일어나지 않도록 예방할 수 있게 됨으로써 나라는 반석 위에 자리 잡은 것처럼 오래오래 태평성세를 구가할 수 있으리라.

같은 논리에 따라 살펴본다면 도로써 우리 몸과 마음을 다스릴 경우, 몸을 구성하는 정상 세포가 어떤 이유로 암세포로 바뀌어 병마(病魔)로서 인체에 지대한 악영향을 미치는 악행을 저지르지 못할 것이고 몸을 다스리는 위정자 '마음 임금[心王]'이 각 세포 백성들의 충언(忠言)과 고언(苦言)에 귀를 기울여 몸이라는 거대한 세상을 혼란의 도가니로 만드는 우(愚)를 범하지 않을 것이다. 도를 벗어난 정치를 하면서는 나라의 태평성세를 기약하기 힘들 것이고, 도를 벗어난 비자연과 무리(無理)의 삶을 살면서는 심신(心身)의 건강과 안전을 기대하기 어려울 것이다.

암컷의 고요함이 수컷을 이긴다

도덕경 제61장

大邦者下流, 天下之牝, 天下之交也.
牝常以靜勝牡, 以靜爲下. 故大邦以下小邦, 則取小邦,
小邦以下大邦, 則取於大邦. 故或下以取, 或下而取.
大邦不過欲兼畜人, 小邦不過欲入事人.
夫兩者各得其所欲, 大者宜爲下.

대방자하류, 천하지빈, 천하지교야.
빈상이정승모, 이정위하. 고대방이하소방, 즉취소방,
소방이하대방, 즉취어대방. 고혹하이취, 혹하이취.
대방불과욕겸축인, 소방불과욕입사인.
부양자각득기소욕, 대자의위하.

큰 나라는 마치 큰 강의 하류와 같은 것이어서
모든 것을 포용하고 받아들이는 천하의 암컷이요,
천하의 모든 것이 모여 교류하는 터전이다.
암컷은 늘 고요함으로써 수컷을 이기는데
고요함으로써 자신을 낮추기 때문이다.
그러므로 큰 나라가 스스로 낮추어 작은 나라를 대하면
작은 나라 백성들의 민심을 얻게 되고
작은 나라가 스스로 낮추어 큰 나라를 대하면
큰 나라로부터 진심 어린 환대와 예우를 받을 수 있게 될 것이다.
그러므로 어떤 경우에는 낮춤으로써 얻게 되고
어떤 경우에는 낮추었음에도 얻게 된다.
큰 나라는 작은 나라의 백성들까지 함께 돌보려는 것뿐이고
작은 나라는 큰 나라에 편입되어
선진 문물을 받아들여 스스로 발전을 도모하려는 것뿐이다.
두 나라가 제각각의 원하는 바를 얻고자 하면
큰 나라가 먼저 스스로 낮추어야 할 것이다.

예나 지금이나 강대국들의 '갑질'은 여전하고, 너른 영토와 강성한 군사력을 믿고 주변의 약소국들을 공격, 파괴하고 노략질을 일삼던 나라들이 세월의 거대한 흐름과 함께 역사의 무대 저편으로 스러져가는 모습들을 우리는 숱하게 보아왔다. 그토록 강성하여 '모든 길은 로마로 통한다'는 말까지 나오게 한 로마제국을 위시하여 중국 천하를 최초로 공식 통

일한 진시황의 진나라, 전 세계의 절반 이상을 정복하여 통치했던 칭기즈칸의 원나라 등 초강대국의 전성기는 결코 오래가지 못했다.

노자의 지적대로 큰 나라로서 큰 강의 하류처럼 사방에서 흘러들어오는 모든 것을 포용하고 받아들여 한 나라의 백성으로 융합시키는 유연성을 지닌 무위자연의 정치를 폈더라면 단기간에 멸망으로 이어지는 비참한 최후를 앞당기지는 않았을 것으로 판단된다.

'사대주의(事大主義)'라는 말에서 알 수 있듯이 약소국이 강대국에 아부하여 섬기는 것이 당연한 것처럼 여겨지는 세상 흐름을 노자께서 모를 리 없건마는 노자는 큰 나라가 먼저 스스로 낮추어 작은 나라를 포용하는 덕스러움의 정치를 펴야 한다고 강조한다. 세상 사람들의 보편적 견해와 정반대라고 인식될 수 있는 가르침을 당당하게, 명명백백하게 설파하고 있는 것이다.

큰 나라가 강대한 힘으로 작은 나라를 일시적으로 억압할 수 있을지 몰라도 그들의 마음을 얻기란 그리 쉽지 않은 법이어서 끝내 마음을 얻지 못할 경우, 음지가 양지 되고 양지가 음지 되듯 정반대의 처지로 바뀌어 다시금 상대만 바뀐 어리석은 폭압정치를 이어가다가 멸망으로 종막을 고하게 된다. 나라든, 개인이든 이처럼 인과응보(因果應報)의 수레바퀴는 억겁(億劫)의 시간과 시방(十方)의 공간을 넘어 계속 돌아가고 있음이 엄연한 현실임에도 그것을 벗어날 수 있는, "큰 나라가 먼저 스스로 낮추어 작은 나라를 포용하라"는 노자의 해결 묘방에 귀를 기울이지 않는다.

개인 또한 재력과 권력을 가진 이들이 먼저 돈 없고 힘없는 사람들에게 스스로 낮추어 겸손하게 다가가 그들에게 베풀고 그들이 원하는 바를 해결하기 위해 진정으로 노력할 경우 지구촌은 머지않아 태평성세를 구가하며 지상천국(地上天國)으로 바뀌게 될 것이다.

爲道

道는 만물의 비밀 간직한 깊은 곳

도덕경 제62장

道者萬物之奧. 善人之寶. 不善人之所保.
美言可以市, 尊行可以加人. 人之不善, 何棄之有?
故立天子, 置三公, 雖有拱璧以先駟馬, 不如坐進此道.
古之所以貴此道者何? 不曰求以得, 有罪以免邪?
故爲天下貴.

도자만물지오. 선인지보. 불선인지소보.
미언가이시, 존행가이가인. 인지불선, 하기지유?
고입천자, 치삼공, 수유공벽이선사마, 불여좌진차도.
고지소이귀차도자하? 불왈구이득, 유죄이면야?
고위천하귀.

도는 만물의 오묘한 비밀이 간직된 깊숙한 곳이다.
도를 잘 추구하는 사람에게는 더없는 보물이요,
도를 잘 추구하지 못하는 사람이라 하더라도
비록 그 가치를 모르기는 하지만 도를 지니고는 있다고 하겠다.
잘 다듬어진 미려한 말은 세상 사람들에게 잘 받아들여지고
존경받을 수 있는 행실은
다른 사람들에게 두루 영향을 미치는 법이다.
도를 잘 추구하지 못하는 사람이라 하더라도
도를 지닌 존재인지라 어떻게 버릴 수 있겠는가?
그러므로 천자를 옹립하고 삼정승을 임명하여 천하를 다스릴 때
네 필 말이 끄는 수레에
아름드리 옥을 가득 싣고 달려가서 헌납한다고 할지라도
오히려 가만히 앉아서
이 도의 세계로 진입하는 것보다 못할 것이다.
예부터 줄곧 모든 이가 이 도를 귀하게 여긴 까닭이 무엇이겠는가?
도로써 구하면 얻게 되고
죄가 있더라도 도로써 면할 수 있기 때문이 아니겠는가?
그러므로 세상 모든 이가 도를 귀하게 여기는 것이다.

자연계로부터 만물이 나올 때 그 무엇도 예외 없이 도를 통해 나오게 마련이다. 도를 통해 나오고 도에 따라 생명을 영위하며 도에 따라 이 세상에서의 인연을 마치고 떠나서 저세상으로 가는 것이 만고불변의 자연법칙이다. 생명 영위에 있어서 자

연법칙에 어긋나는 삶을 살아갈 때 다시 말해 제 생명을 운전하면서 가야 할 궤도를 벗어나 길이 아닌 곳으로 갈 때 목적지에 도달하기 전에 천길 벼랑 아래로 떨어져 비명에 생애를 마감하게 되지 않겠는가?

그럼에도 제 생명을 이끌고 가면서도 어느 길로 가야 할지에 대해 알아보려는 노력, 즉 길을 찾기 위한 구도(求道)의 노력 없이, 또한 별다른 고민 없이 막연한 생각으로 어둠 속에서 헤매거나 시야를 가리는 자욱한 안개 속을 방황하는 이들이 적지 않다.

길을 찾기 위한 노력을 통해[求道] 길을 찾아서 가야 할 길로 들어서더라도[得道] 끊임없이 길을 닦으면서[修道] 길을 벗어나지 않고 지속해서 걸어야[行道] 인생의 최종 목적지에 도달하게 될 것이고[達道] 비로소 더욱 차원 높은 세계로 통하는 새로운 길로 들어설 수 있으리라[通道].

미리 대비하면 어려워질 일 없다

도덕경 제63장

爲無爲, 事無事, 味無味. 大小多少, 報怨以德.

圖難於其易, 爲大於其細,

天下難事, 必作於易, 天下大事, 必作於細.

是以聖人終不爲大, 故能成其大.

夫輕諾者必寡信, 多易必多難.

是以聖人猶難之, 故終無難矣.

위무위, 사무사, 미무미. 대소다소, 보원이덕.

도난어기이, 위대어기세,

천하난사, 필작어이, 천하대사, 필작어세.

시이성인종불위대, 고능성기대.

부경락자필과신, 다이필다난.

시이성인유난지, 고종무난의.

무엇을 하든지 인위적으로 하지 말고 자연스럽게 해야 하며
무리하게 일을 추진하지 말고 순리적으로 해야 하며
다섯 가지 맛에 현혹되지 말고 맛없는 담백한 음식을 섭취한다.
지금 작다고 해서 작은 것으로 여길 것이 아니라
장차 커질 것을 미리 대비하고
현재 적다고 해서 적은 것으로 여길 게 아니라
장차 많아질 것을 미리 내다봐야 하리라.
따라서 우선은 작은 것으로 여길 수 있는 소소한 원한이라 하더라도
큰 은덕으로 갚아 문제를 근본적으로 해결하는 것이 바람직하리라.
해결하기 어려운 일을 제대로 해결하려면
해결하기가 비교적 쉬울 때 미리 해결해야 하고
세상에 지대한 영향을 미치는 큰일도
작은 일일 때 만전을 기해 잘 해야 한다.
천하의 어려운 일도 따지고 보면 쉬운 데서 시작되고
천하에 지대한 영향을 미치는 중대사도
반드시 조그만 일에서 비롯되는 법이다.
따라서 훌륭한 위정자는 미리 서두르기 때문에
마지막에 가서 큰일을 하지 않으므로 큰일을 이루는 것이다.
대개 가볍게 승낙하거나 쉽게 약속을 하는 사람은
실천 가능성이 희박한 법이고
쉽게 여기는 일이 많다 보면 반드시 자주 어려움을 겪게 되는 법이다.
그러므로 훌륭한 위정자는 무슨 일이든 어려워질 수 있다고 여기고
미리 대비하므로 끝내 어려워질 일이 없는 것이다.

나랏일이든, 가정사든, 사업이든, 병고(病苦)를 다스리는 일이든 인위(人爲), 인공(人工), 조작(操作)의 비자연적 방법으로 노력할 게 아니라 물 흐르듯 자연스럽게 순리적으로 처리하는 것이 문제를 근본적으로 해결하는 최상의 방식이라는 점을 노자는 '위무위(爲無爲) 사무사(事無事) 미무미(味無味)'라는 아홉 글자로 설명하고 있다.

'위무위'란 아무것도 하지 않는 것이 아니라 자연스러움을 배제한 인위적 노력은 제대로 된 성과를 거두지 못한다는 점을 설명한 것이고, '사무사'란 일을 하지 말라는 것이 아니라 순리와 자연을 벗어나, 일을 위한 일을 끝없이 만들어 백성들을 지치게 만들지 않는 것이 바람직하다는 점을 강조한 것으로 생각된다.

'미무미'란 별다른 문제의식 없이 입에 달게 느껴지는 맛 좋은 음식을 추구하다 보면 비록 입에는 행복이지만 몸에는 좋은 양질의 음식을 섭취하지 못함으로써 몸의 균형과 조화를 잃어 심신(心身)의 건강에 이롭지 못하다는 교훈을 피력한 것으로 판단된다.

기미(幾微)가 나타나고 조짐(兆朕)이 보이는데도 '설마 무슨 문제가 생기기야 하겠나?'라는 안이한 생각의 대처가 세상을 놀라게 하는 대형 사건·사고로 이어지는 현상을 종종 보게 된다. 지금은 작게 보이지만 시간이 흐르면서 어느 순간에 작은 게 아니라는 사실을 깨닫게 되고 오늘 보기에는 적어 보이지만 어느 시점에 이르면 결코 적은 것이 아니라는 사실을 두 눈으로 확인할 수 있게 된다.

오랜 세월을 통해 수많은 사건·사고가 발생하고 그 사건·사고에 직간접으로 연루된 수많은 사람의 지혜롭지 못한 대처로 인해 막대한 피해를 보았던 역사의 교훈을 인식하지 못하고 되새겨보지도 않는 태도는 미래의 비슷한 사건·사고들을 초래할 수 있는 매우 위험한 것이다.

세상에 단 하나뿐인 생명, 둘도 없는 소중한 생명을 영위하는 데 있어서도 위험한 질병을 예고하는 전조 증상을 무감각으로 받아들이거나 '설마 무슨 문제가 있으랴'라는 안이한 대처로 일관하다가 정작 암이나 난치병, 괴질의 마각(馬脚)이 서서히 드러나기 시작하면 그제야 혼비백산(魂飛魄散)하고 충격에 빠져 정신적 공황상태로 들어가 비명횡사를 자초하는, 돌이킬 수 없는 우(愚)를 범하게 된다.

사람이 암이나 난치병, 괴질에 걸리고 병의 상태가 말기(末期)라 하더라도 질병이라는 결과는 반드시 그것을 초래한 원인이 있는 것임에도 그 원인을 찾아서 무위자연(無爲自然)의 '참 의료'를 통해 근본적으로 해결하기 위한 노력을 기울이기보다는 그저 질병의 증상에만 집착하여 그 증상을 없애기 위해 온갖 무리한 방법을 동원하여 생명의 터전인 몸을, 피아간에 돌이킬 수 없는 막대한 피해를 야기하는 전쟁터로 만들어 생명체의 시스템 붕괴로 인해 결국 스스로 죽음을 부르게 된다.

사람의 생명을 앗아갈 수도 있는 질병이라는 문제도 노자의 가르침대로 해결하기 어려워지기 전에 미리 다스리고 문제가 더욱 커지기 전에 조기에 해결할 경우, 어떤 어려운 문제라 하더라도 근본적으로 해결이 가능할 것이다. 섭생(攝生), 즉 제 생명

경영을 위한 그 어떤 노력도 없이 질병의 공격에 무방비 상태로 지내다가 일단 질병의 문제가 발생하면 인위, 인공, 조작의 무리한 수단과 방법을 총동원하여 공격, 파괴, 제거를 시도함으로써 도리어 몸의 자연치유 능력을 약화시키고 면역력을 떨어뜨려 해결 불가능의 상태로 만드는 것이 오늘날 '현대의학'이 지니고 있는 의료의 본질적 문제라 하겠다.

자연계로부터 생명과 함께 부여받은 몸 안의 의사가 행하는 '참 의료' 행위를 세상의 비자연적인 무리한 의료를 이용해 도리어 방해함으로써 질병 문제의 해결을 더욱 어렵게 만드는 우를 범하지 않는 것이 공해시대 암, 난치병, 괴질을 근본적으로 해결하는 기본적 전제라는 사실을 잊지 말아야겠다.

守微

큰 나무도 작은 싹에서 나온다

도덕경 제64장

其安易持, 其未兆易謨. 其脆易泮, 其微易散.

爲之於未有, 治之於未亂.

合抱之木, 生於毫末, 九層之臺, 起於累土, 千里之行, 始於足下.

爲者敗之, 執者失之. 是以聖人, 無爲故無敗, 無執故無失.

民之從事, 常於幾成而敗之. 愼終如始, 則無敗事.

是以聖人, 欲不欲, 不貴難得之貨, 學不學, 復衆人之所過,

以輔萬物之自然而不敢爲.

기안이지, 기미조이모. 기취이반, 기미이산.

위지어미유, 치지어미란.

합포지목, 생어호말, 구층지대, 기어누토, 천리지행, 시어족하.

위자패지, 집자실지. 시이성인, 무위고무패, 무집고무실.

민지종사, 상어기성이패지. 신종여시, 즉무패사.

시이성인, 욕불욕, 불귀난득지화, 학불학, 복중인지소과,

이보만물지자연이불감위.

안정되어 있을 때 유지하기가 쉽고
아직 조짐이 나타나기 전에 도모하기가 쉬우며
취약할 때 부수기가 쉽고 미세할 때 흩어버리기가 쉽다.
아직 일이 생겨나기 전에 해결해야 하고
미처 혼란스러워지기 전에 다스려야 한다.
아름드리의 거대한 나무도 털끝만 한 어린싹으로부터 나온 것이고
아홉 층의 높은 누대도 흙을 한 삼태기씩 쌓아 올린 것이며
천 리의 먼 길도 발밑에서 시작된 것이다.
무슨 일이든 인위적으로 하는 사람은 제대로 이루기 어렵고
집착하여 붙잡는 사람은 놓치게 마련이다.
그러므로 성인은 자연법칙에 반하여
인위적으로 하는 일이 없으므로 잘못되는 일이 없고,
집착하여 붙잡는 법이 없으므로 놓칠 일이 없는 것이다.
백성들은 일을 추진할 때 늘 거의 이루어지다가 실패로 돌아가나니
처음 시작할 때의 그 마음 그대로 유지하여
마무리할 때까지 신중하게 한다면 실패하는 일이 없을 것이다.
그러므로 성인은 다른 이들이 원하지 않는 것을 원하므로
얻기 어려운 재화를 귀하게 여기지 않으며
다른 이들이 배우려고 하지 않는 것을 배우려 하므로
뭇사람이 스쳐 지나간 곳이라 하더라도 되돌아가서 세심하게 살펴보되
만물의 자연스러움을 도울 뿐 감히 인위적으로 하지 않는다.

오늘의 시대를 의학적으로 설명할 때 '각종 암, 난치병, 괴질이 창궐하는 공해시대'라 할 수 있겠다. 통계청 발표에 의하면, 2017년 우리나라에서 세상을 떠난 사람의 수는 약 28만 명에 달하는데 그중 30%가 암으로 인한 사망이고 또 30%가 심뇌혈관 질환으로 인한 사망이라 한다. 다른 질병 사망자까지 합치면 사망자 10명 중 7~8명이 각종 암이나 난치병으로 사망한다는 결론이 나온다.

세상에 나온 사람들은 누구나 예외 없이 언젠가는 죽게 되는 것이지만 중요한 것은 천수(天壽)를 온전하게 누리면서 건강하게 명대로 살다가 죽는 것이 아니라 각종 암이나 난치병, 괴질에 걸려 고통 속에 비명횡사(非命橫死)한다는 데 문제의 심각성이 있는 것이다. 즉 늙어 죽는 것이 아니라 난치성 질병으로 온갖 고통을 받으며 힘겨운 삶을 살다가 앞길이 구만리나 되는 창창한 나이, 아직 한창 일할 나이에 비참하게 생을 마감하는 것이다.

과거에는 국가 통치자나 위정자들의 권력에 대한 집착과 끊임없이 다른 나라의 영토와 재물을 탐하는 욕심으로 인해 벌이는 전쟁에서 수많은 무고(無辜)한 목숨이 스러져갔으나 현대에는 그런 전쟁이 줄어든 반면 난치성 병마(病魔)들의 창궐 때문에 더 많은 목숨이, 과거와 비교하면 여러 가지 면에서 더욱 살기 좋아진 세상을 등지고 대거 저세상으로 떠나간다.

과거 공해가 없던 시절에는 전쟁이나 전염병, 괴질에 희생되는 것이 아니라면 별다른 노력을 기울이지 않더라도 저절로 자신의 건강을 유지 증진시킬 수 있었으나 요즘에는 유기농, 저농

약 등 질 좋은 식품 선택을 위시하여 건강에 도움 되는 효과적 운동을 배워 열심히 하고 암, 난치병, 괴질의 근본적 해결을 위한 '참 의료'의 방도(方道)를 찾는 등의 여러 가지 노력을 기울이지 않으면 안 되는 시대를 살고 있다. 그런데도 이러한 엄연한 사실을 망각한 채 아직도 여전히 건강은 거저 주어지는 것으로 착각하고 아무런 대책 없이 그럭저럭 사는 사람들이 적지 않다는 것이 더욱 심각한 문제라 하겠다.

소화불량 등의 조그만 문제라 해서 대수롭지 않게 여기고 지내다가 위암 등 난치성 병마로 발전되어 목숨을 위태롭게 만드는 시점에 이르러 너 나 할 것 없이 가슴을 치고 후회하며 속수무책으로 죽음을 맞이하는 우(愚)를 범하는 시대에 현대인들은 살고 있다. 이러한 방식의 삶을 영위하는 이들에게 노자는 말한다.

"건강이 괜찮을 때 건강을 유지하기 쉽고, 질병의 조짐이 본격적으로 드러나기 전에 병마를 다스려야 효과적으로 해결할 수 있으며, 병의 싹이 약할 때 제거하기 쉽고, 병세가 미세할 때 다스려야 무난하게 해결할 수 있으리라."

질병으로 드러나기 전에 해결하고 병마가 생명의 질서를 교란하기 전에 다스리는 게 효과적일 것이다. 아름드리나무도 털끝만 한 싹에서 나오고 아홉 층의 높은 누대도 흙을 한 삼태기씩 쌓아 올린 것이며 천 리의 먼 길도 발밑에서 시작된 것이다. 병마를 다스리되 순리와 자연에 어긋나는 무리한 의료, 비자연적 치료로는 병고를 근본적으로 해결하는 효과를 거두지 못한다.

세상의 의료 체계는 병마를 해결한 것처럼 보이다가 결국에는 실패로 귀결되는데 순리 자연의 '참 의료' 방약(方藥)을 받아들여 시종일관 정성스럽게 다스리면 병고(病苦)를 효과적으로 극복하고 건강을 회복할 수 있으리라. '참 의료'는 만물의 약성을 제대로 알고 활용하여 몸 안의 자연치유 능력을 북돋아 병마를 다스릴 뿐 인위적 의료를 통한 무리한 치료를 하지 않는 것이다.

道로써 다스리는 게 나라의 福

도덕경 제65장

古之善爲道者, 非以明民, 將以愚之. 民之難治, 以其智多.
故以智治國, 國之賊, 不以智治國, 國之福.
知此兩者亦稽式. 常知稽式, 是謂玄德.
玄德深矣, 遠矣, 與物反矣, 然後乃至大順.

고지선위도자, 비이명민, 장이우지. 민지난치, 이기지다.
고이지치국, 국지적, 불이지치국, 국지복.
지차양자역계식. 상지계식, 시위현덕.
현덕심의, 원의, 여물반의, 연후내지대순.

옛적에 도를 잘 닦아서 실천한 이들은
나랏일에 관하여 누구든지 모든 일을 두루 잘 알 수 있도록 밝혀
백성들이 일일이 시비곡직(是非曲直)을 따지게 하지 않고 자연 그대로 살게 하여
마치 어리석은 것처럼 각자 소박한 삶을 영위할 수 있게 했다.
백성들을 다스리기 어렵게 만드는 중요 원인으로는
시비곡직을 따지는 그들의 지식이 많아지게 한 것을 꼽을 수 있다.
그러므로 시비곡직을 따지는 지식 위주로 나라를 다스리는 것은
나라에 해를 끼치는 나라의 도적이요,
지식 위주로 나라를 다스리지 않는 것은
나라에 도움 되는 나라의 복이라 하겠다.
이 두 가지의 장단점을 올바로 아는 것을 기본적 정치 공식이라 하겠고
늘 이러한 정치 공식을 터득하여 알고 있는 것을 현묘(玄妙)한 덕이라 하겠다.
현묘한 덕은 차원이 깊고 멀어서
세상 사람들의 일반적 인식과는 상반된 것처럼 보이지만
이러한 덕이라야 도에 크게 순응하는 경지에 이를 수 있으리라.

도리(道理)에 부합하는 '참 의료'를 터득하여 실천하는 이들은 생명을 영위함에 있어서 먹을거리, 의복, 주거 등 여러 부면의 세세한 일들에 대해 일일이 분별하고 따지고 신경 쓰기보다는 덜 가공한 거친 음식, 투박한 칡베 옷, 삼간초가에서 유유자적하면서 천지(天地)와 하나 되어 소박(素朴)한 삶을 영위함

으로써 난치성 병마는 물론 삼재(三災)와 팔난(八難)이 범접 못하는 자연스러운 삶의 주인공으로 살아간다.

식자우환(識字憂患)으로 현미경을 이용해 물컵의 세균을 확인하여 컵을 살균 소독해 물을 마시고 몸에 좋다는 것만을 골라서 먹는 한편 비단옷을 걸치고 고대광실 넓은 집에 기거하며 온몸의 기(氣)를 끊임없이 소모하면서 지내는 이들은 스스로 제 생명력을 약화시키면서도 그 모든 행위가 오히려 건강에 이로울 것이라는 착각 속에 살아간다. 이치에 어긋나고 자연법칙을 거스르면서 어떻게 명대로 살 수 있으며 건강하게 살 수 있겠는가?

의학의 아버지로 불리는 2,500여 년 전의 히포크라테스가 이야기한 바대로 '몸 안에 존재하는 백 명의 의사'가 체내의 자연치유 능력을 십분 활용하여 병마를 물리치는 참 의료를, 세상의 비자연적 공격 의료를 투입하여 방해하는 우(愚)를 너 나 할 것 없이 범하는 비이성적 세상에 우리는 살고 있다.

노자의 무위자연의 핵심 사상을 의료에 대입할 경우 그 메시지는 "많이 아는 지식의 인위적 의료로 병마(病魔)를 물리치는 것은 건강의 적이요, 지식의 의료가 아닌 도리에 부합하는 지혜의 의료로 병마를 다스리는 것은 건강의 축복이다"라는 것으로 요약될 수 있겠다. 이러한 의료, 즉 도리에 부합하는 '참 의료'는 세상의 일반적 인식과 상반되는 것처럼 여겨질 수 있겠지만 이렇듯 덕스러운 의료라야 도리에 크게 부합하는 진정한 '참 의료'임에 틀림없으리라.

後己

江海가 모든 물의 王이 된 까닭

도덕경 제66장

江海之所以能爲百谷王者, 以其善下之, 故能百谷王.
是以聖人欲上民, 必以言下之, 欲先民, 必以身後之.
是以聖人處上而民不重, 處前而民不害.
是以天下樂推而不厭.
以其不爭, 故天下莫能與之爭.

강해지소이능위백곡왕자, 이기선하지, 고능백곡왕.
시이성인욕상민, 필이언하지, 욕선민, 필이신후지.
시이성인처상이민부중, 처전이민불해.
시이천하낙추이불염.
이기부쟁, 고천하막능여지쟁.

강과 바다가 모든 골짜기 물의 왕이 될 수 있는 것은
스스로 잘 낮추기 때문에
모든 골짜기 물의 왕이 될 수 있는 것이다.
그러므로 훌륭한 위정자는
백성들의 윗사람이 되고자 하면
반드시 말을 낮추어 겸손하게 해야 하고
백성들보다 앞에 서고자 하거든
반드시 몸을 그들의 뒤에 두어야 한다.
그러므로 훌륭한 위정자는 위에 있더라도
백성들이 무거워하지 않으며
앞에 있더라도 백성들이 손해라고 여기지 않는다.
그러므로 천하 사람들이 기꺼이 추대하며
조금도 싫어하는 마음을 갖지 않는다.
그 누구와도 다투려 하지 않으므로
천하 사람들이 그 누구도 그와 다툴 수 없다.

자신을 낮추어 세상 사람들과 어우러져 살아가는 처세(處世)의 지혜를 가장 극명하게 가르쳐주고, 낮은 자세의 정치로 세상 사람들을 잘 다스려 자유롭게, 평화롭게, 풍요롭게 살 수 있도록 이끌어줄 수 있는 최고의 스승은 바로 '도(道)의 상징'으로 내세운 물이라 하겠다. 밖으로는 처세와 정치, 안으로는 생명 살림을 물 흐르듯 자연스럽게 할 때 그야말로 세계는 평화로울 것이고 몸과 마음은 아무런 질병 없이 건강할 것이다.

《도덕경》 제8장에서 강조한 바대로 물은 순리에 따른 자연스러움을 지니고 일곱 가지 덕성을 고루 갖춘 데다가 그 어떤 존재와도 부딪쳐 싸우거나 선두 경쟁을 일삼지 않는 부쟁(不爭)의 덕스러움을 온몸으로 보여주는 훌륭한 존재의 표상이다.

노자가 《도덕경》을 통해 물의 덕성에 대해 소상하게 말해주기 전까지 세상 사람들은 물을 그저 만상(萬象), 만물(萬物)의 하나인 물로 심상하게 보았을 뿐인데 '물이 도에 가장 가까운 존재'라는 진리를 설파함으로써 비로소 '물은 순리와 자연의 표상'으로서 자리매김할 수 있게 되었다.

잘 알려진 대로 지구 표면의 약 70%가 물로 덮여 있고 우리 몸 역시 제 몸 중량의 약 70%에 달하는 물을 지니고 있으며, 지구든, 사람 몸이든 전체 물의 거의 전부를 소금물이 차지하고 있다는 것은 다시 말해 지구와 인체를 구성하는 모든 원소를 함유한 소금물이 모든 생명의 제1물질이라는 사실을 명명백백하게 설명해 주고 있는 것이다.

어떤 원인에 의해 바닷물의 염분 농도가 낮아지고 불순물과 오물에 의해 오염되면 부영양화에 의해 바닷물이 썩듯이 우리 몸 역시 어떤 원인에 의해 혈액이 오염될 경우 염증과 담(痰)이 시작되고 마지막에는 암이나 난치병으로 진전되어 마침내 목숨을 잃게 된다.

강이나 하천의 물도 맑음을 유지하며 막힘없이 잘 흐르면 만물을 자라게 하는 등 물이 물로서의 제 역할과 기능을 제대로 수행할 수 있겠지만 뭔가에 가로막혀 흐름이 멈춰 고이게 되면 그 물은 오래가지 못하고 부패하게 된다. 물의 부패를 정화(淨

化)하는 최대의 힘은 지구 구성 요소인 온갖 미네랄을 머금은 소금에서 나오고 혈액의 부패를 정화하는 힘 역시 인체를 구성하는 온갖 미네랄을 머금은 소금에서 나온다.

그럼에도 불구하고 인체 필수 원소가 거의 들어 있지 않고 대부분 NaCl이라는 특정 물질로 구성되다시피 한 '소금 아닌 소금'을 소금으로 착각, 오인하여 사용하는 과정에서 드러난 혈압 상승, 염증 유발 등의 문제점을 모든 소금의 문제점으로 간주한다. 이것이 온 세상 사람들의 건강을 망치게 하는 오늘날 '소금 유해론'의 실상(實相)이다.

오늘날, 농사짓는 대부분 토양의 미네랄 고갈로 인해 곡식이나 채소, 과일을 통해 섭취할 수 있는 미네랄이 대폭 줄어들고 거의 유일하다시피 한 미네랄 공급원이라 할 수 있는 자연 소금의 섭취를 줄이도록 세계보건기구(WHO)가 전 인류에게 권고함으로써 인류는 미네랄 부족과 불균형에 따른 심각한 건강상의 문제에 봉착하게 되었다.

'미네랄 닥터'라는 수식어로 널리 알려진, 세계적으로 유명한 미국의 조엘 월렉 박사의 《죽은 의사는 거짓말을 하지 않는다》라는 저서는 미네랄 부족과 불균형 때문에 야기되는 인류 건강상의 심각한 위험성과 여러 가지 문제점, 그리고 그 해결 방안에 대해 명쾌하게 밝힌 역작으로 꼽힌다. 소금은 인체 필수 미네랄의 주된 공급원이지 '건강의 적'이 아니라는 사실을 간접적으로 증명해 보인 훌륭한 '건강 이정표'라 하겠다.

三寶

세 가지 보배는 자애·검소·겸양

도덕경 제67장

天下皆謂我, 道大, 似不肖.
夫唯大, 故似不肖. 若肖, 久矣其細也夫!
我有三寶, 持而保之.
一曰慈, 二曰儉, 三曰不敢爲天下先.
慈故能勇, 儉故能廣, 不敢爲天下先, 故能成器長.
今舍慈且勇, 舍儉且廣, 舍後且先, 死矣!
夫慈以戰則勝, 以守則固. 天將救之, 以慈衛之.

천하개위아, 도대, 사불초.
부유대, 고사불초. 약초, 구의기세야부!
아유삼보, 지이보지.
일왈자, 이왈검, 삼왈불감위천하선.
자고능용, 검고능광, 불감위천하선, 고능성기장.
금사자차용, 사검차광, 사후차선, 사의!
부자이전즉승, 이수즉고. 천장구지, 이자위지.

천하 사람들이 모두 다 나의 도에 대해 말하기를
“내가 이야기하는 도는 위대해 보이지만
옛 성현들의 가르침을 닮지 않은 것 같다”고 말한다.
유독 다른 도와 다르게 위대해 보이므로
다른 도와 닮지 않은 것처럼 보이는 것이다.
만약 옛 성현들의 도를 닮았다고 한다면
모두 다 나의 도에 대해 자잘하다고 여긴 지 오래되었을 것이다.
나에게는 소중하게 여겨 간직하고 지키는 세 가지 보배가 있으니
그것은 첫째, 자애로움이고, 둘째 검소함이며,
셋째 천하 사람들보다 앞서려 하지 않음이다.
자애로우므로 용감할 수 있고
검소하므로 널리 확장할 수 있는 것이며
천하 사람들보다 앞서려 하지 않으므로
훌륭한 인재들의 어른이 될 수 있는 것이다.
오늘날 자애로움 없이 마냥 용감하거나
검소함 없이 계속 넓히거나
뒤에 서려 하지 않고 항시 앞서려 하는 것은
바로 죽음으로 가는 길이다.
자애로움을 가지고 싸우면 이길 것이고
그것을 이용하여 지키면 견고할 것이다.
하늘이 장차 구원해 줄 것이고 자애로움으로써 지켜줄 것이다.

《도덕경》의 경문을 읽노라면 그 첫인상은 세상 사람들의 주

장이나 생각과 정반대로 논리를 전개한다는 생각이 든다. 대부분의 사람이 남보다 앞서려 하는데 뒤에 서라고 하고 더욱 높은 위치에 오르려 하는데 낮은 곳에 자리 잡으라고 권고한다.

일반적으로 용감하다고 여기는 것 중에서도 잔인무도한 부분을 포함하지 않고 자비로운 마음을 근거로 발휘하는 용감함이 진정한 용감함임을 밝히고 있다. 꼭 필요한 것을 그 필요성에 맞게 확장하는 게 아니라 수많은 백성을 동원하여 그들의 피땀을 쥐어짜서라도 높고 긴 성곽(城郭)을 수축하거나 웅장하고 화려한 고대광실(高大廣室)을 짓는 행위, 즉 검소함에 근거하지 않고 무지(無知)와 허황한 탐욕에 근거한 위정자의 호화사치와 횡포를 노자는 극도로 경계하고 있는 것이다.

권력이 높거나 재물이 풍부할수록 낮은 자세, 겸손함의 미덕, 검소 순박의 생활방식과는 거리가 먼 호화사치를 일삼는 위정자들이 시간과 공간을 초월하여 역사적으로 끊임없이 등장해 세상을 어지럽게 하고 백성들의 삶을 곤고(困苦)하게 몰아가다가 결국에는 다 같이 파멸의 운명을 맞는 볼썽사나운 광경들을 연출한 것이 어디 한둘인가?

그냥 바른말이 아니라 세상 사람들의 일반적 수준을 아득히 뛰어넘는 차원 높고 지혜로운 안목으로 우주 자연의 위대한 도리(道理)를 설파하다 보니 이러한 가르침을 처음 접하는 사람들은 모두 "왜 노자께서는 옛 성현들의 가르침과 조금도 닮지 않고 위대해 보이기는 하지만 실제로는 위대하지 않은 것처럼 판단되는 그런 이야기들을 하실까?"라는 의문을 갖게 된다.

논리의 비약처럼 생각되겠지만 근세의 인물로서 불세출의 신

의로 불리는 인산 김일훈(仁山 金一勳·1909~1992) 선생의 '무의자유(無醫自癒)'를 지향하는 신의학 이론은 노자의 무위자연(無爲自然)을 지향하는 처세 및 정치 철학과 궤를 같이하는 차원 높은 '참 의료' 이론임에도 불구하고 세상 사람들에게는 일반적 과학 상식과 의학 지식에 반하는, 따라서 도저히 믿고 받아들이기 어려운 이상한 논리로 비칠 뿐이라는 점에서 일맥상통한다.

세상에 등장한 이래 지금까지 진리로 믿었던 천동설(天動說)에 근거한 우주관을 고집하며 지동설(地動說)에 근거한 새로운 우주관을 말하는 사람들을 박해, 탄압하고 심지어 죽음으로 몰고 가기까지 한 중세의 역사적 사실은 의학에 있어서 오늘에도 지속적으로 반복되는 악순환을 보이고 있다.

인산 선생은 그의 저서 《신약(神藥)》을 통해 '사람 몸에 침투하여 질병을 일으키는 세균이나 바이러스를 질병 발생의 주된 원인으로 간주하여 그들을 공격, 파괴, 제거하기 위해 모든 노력을 기울이는 오늘날의 의료는 외부 요인보다 더욱 중요한 체내의 자연치유 능력의 정상화를 위한 어떤 노력이나 조치도 하지 않는, 비정상적 의료 행태를 벗어나지 못하고 있는 실정'이라 지적한 바 있다.

자연 소금을 대나무 통 속에 넣어 소나무 장작불로 아홉 번 구워내 소금 속의 독성을 제거하고 약성을 향상시킨 죽염(竹鹽)을 제시하여 소금이 인류 '건강의 적'이 아니라 만병을 예방하고 물리칠 수 있는 '자연 신약'으로서 각종 암, 난치병, 괴질의 문제를 근원적으로 해결할 수 있는 전략 핵무기 중의 대표적 물질이라는 사실을 천명한 것은 천동설 의료를 지동설 의료로 혁명적으로 대체시켜 나갈 하나의 훌륭한 사례라 하겠다.

참으로 위대한 진리는 마치 진리가 아닌 것처럼 보이게 마련이고 따라서 세상 사람들에게 받아들여지기 어려운 이상한 논리나 주장처럼 인식되기 십상이라는 사실을 감안하여 '참 의료 진리'를 화두(話頭) 삼아 올바른 깨달음을 얻을 수 있기를 바라는 바이다.

配天

맞불어 싸우지 않고 이긴다

도덕경 제68장

善爲士者不武, 善戰者不怒, 善勝敵者不與, 善用人者爲之下.
是謂不爭之德, 是謂用人之力, 是謂配天, 古之極也.

선위사자불무, 선전자불노, 선승적자불여, 선용인자위지하,
시위부쟁지덕, 시위용인지력, 시위배천, 고지극야.

훌륭한 무사는 무력을 함부로 쓰지 않고
참으로 전쟁을 잘하는 이는
분노의 감정에 좌우되지 않으며
진정으로 상대를 잘 이기는 사람은
서로 맞붙어 싸우지 않고
사람을 잘 쓰는 사람은 스스로 자신을 낮춘다.
이를 다투지 않음의 덕이라 하겠고
사람을 쓸 줄 아는 능력이라 하겠으며
자연의 이치에 부합하는 것이라 하리니
고대로부터 내려오는 지극한 도리(道理)라 하겠다.

중국 선(禪)의 황금시대로 꼽히는 당나라 때 조동종(曹洞宗)의 종조로 널리 알려진 동산 양개(洞山良价)선사는 스승의 지도 방식에 대해 의료인에 빗대어 "참으로 훌륭한 의사는 단지 팔짱만 끼고 있을 뿐이다[良醫拱手]"라는 말로 간명직절하게 표현한 바 있다.

"만약 스승께서 제자를 깨우쳐주기 위해 복잡다단한 가르침과 다양한 이야기들을 들려주었더라면 결코 깨달음을 성취한 오늘의 나는 존재하지 못했을 것"이라는 동산선사의 말은 비단 간화선(看話禪)의 지도뿐만 아니라 다른 모든 부면에도 공통으로 적용될 수 있는 명언(名言) 중의 명언이라 하겠다.

특히 오늘의 의료에서는 동산선사의 이 명언이 시사하는 바를 더욱 깊이 되새겨봐야 하리라 생각된다. 훌륭한 의사가 이렇다 할 치료 방법을 찾지 못했거나 어떻게 해야 할지에 대해 판단이 서지 않아서 단지 팔짱만 끼고 있는 걸까?

병마(病魔)의 고통으로 위기에 처한 환자에게는 신속한 치료가 급선무지만 급하다고 해서 일시적 증상 완화를 도모하는 데 그치거나 질병의 뿌리를 제거하기보다 가지치기 방식의 지엽적 해결에 집착할 경우 병자의 생명을 되살리려는 의사의 노력은 소기의 목적을 이루지 못하게 된다.

도리어 훌륭한 의사를 만나 효과적인 치료를 통해 되살아날 기회를 상실케 하고 희미하게나마 지니고 있던 마지막 소생 가능성마저 봉쇄하여 비명횡사(非命橫死)로 이어지게 하는, 우(愚)를 범하는 결과를 초래한다.

진정으로 훌륭한 무사는 부득이한 경우가 아니라면 함부로 무력을 쓰거나 무기를 휘두르지 않고 정말로 싸움을 잘하는 이는 화가 난다고 해서 분노의 감정을 주체하지 못해 그로 인해 본격적으로 싸움을 벌이게 되는 우를 범하지 않는 법이다.

적을 가벼이 여기는 것은 큰 재앙

도덕경 제69장

用兵有言, 吾不敢爲主而爲客, 不敢進寸而退尺.
是謂行無行, 攘無臂, 扔無敵, 執無兵.
禍莫大於輕敵, 輕敵幾喪吾寶. 故抗兵相若, 哀者勝矣.

용병유언, 오불감위주이위객, 불감진촌이퇴척.
시위행무행, 양무비, 잉무적, 집무병,
화막대어경적, 경적기상오보. 고항병상약, 애자승의.

전쟁에서 군대를 움직임에 있어서 이런 이야기들을 한다.
전쟁이란 수많은 사람의 생사가 걸린 중대한 문제인 만큼
주도적으로 싸움을 걸 게 아니라 소극적으로 대응하고
한 치를 나아가기보다는 한 자를 물러선다는 마음가짐으로 임한다.
이른바 '어떤 움직임도 없는 것처럼 보이지만
최선의 작전을 신속하게 수행하고
꼭 팔을 휘두르지 않고도 상대를 효과적으로 물리치며
맞붙어 싸우는 일 없이도 적을 잘 이겨내고
별다른 무기를 잡지 않고도
최고의 무기를 잡은 것 이상으로
잘 대처'하는 것이다.
전쟁에 임하여 주도적, 능동적으로 대응하지 않는다고 해서
적을 가벼이 여기라는 뜻은 아니니
적을 가벼이 여기는 것처럼 크나큰 재앙은 없을 것이다.
적을 가벼이 여기면 우리 모두의 보배라 할 수 있는
나라를 잃을 수도 있는 것이다.
(적군이든, 아군이든 가리지 말고
사람의 목숨을 함부로 해치지 않아야 한다는 이야기이다.)
그러므로 아군, 적군이 서로 맞붙어 싸울 때
수많은 사람의 죽음과 부상에 대해
자애로운 마음으로 슬퍼할 줄 아는 쪽이
최종적으로 승리하게 되는 법이다.

———

개인이든, 어떤 조직이나 단체든 싸움 또는 전쟁으로 문제를 해결하려는 양상을 보이는 경우가 적지 않다. 핑계나 명분이야 어떻든지 간에 다툼은 양자 간에 서로 크고 작은 피해를 야기하게 마련이며 심지어 죽음과 멸망을 초래하는 끔찍한 결과로 이어지기도 한다.

이러한 속성을 십분 참작해 되도록 전쟁을 하지 말아야 한다는 생각에 근거하여 주도적으로 먼저 싸움을 걸기보다는 상대편이 싸움을 걸어오면 부득이 대응함으로써 피아간(彼我間)에 엄청난 인명과 재산의 피해가 야기되는 재앙(災殃)을 자초하지 말고 비록 재앙이 닥치더라도 그 피해를 최소화하려는 노력을 기울이는 것이 인간적인 도리(道理)임을 노자는 강조하고 있다.

적극적으로 전쟁을 일으켜 먼저 상대를 공격하지 않는 것이 바람직하다는 논리는 자칫 전쟁을 쉽게 여기거나 적을 가벼이 생각하고 안일한 대응을 해도 좋다는 뜻으로 오인할 소지가 다분하므로 다시금 '적을 가벼이 여기는 것보다 더 큰 재앙은 없다'라고 부연 설명을 한다.

왜냐하면 적을 가벼이 여겨 전쟁에 패할 경우, 백성들은 생명과 재산을 빼앗기게 되고 심지어 모두의 공동체인 나라를 송두리째 잃게 되어 다 같이 돌이킬 수 없는 운명의 나락으로 떨어지는 비극을 맞게 되기 때문이다.

나라의 보물은 백성이고 백성의 보물은 생명과 재산인데 전쟁은 이 모든 것을 한꺼번에 다 잃게 만드는 재앙이므로 가능하다면 전쟁을 벌이지 말아야 하고 부득이 전쟁을 하더라도 그로 인해 다치거나 죽은 이들에 대해 슬피 여기는 마음가짐을 지녀야 한다는 점을 노자는 거듭 강조하고 있는 것이다.

내 말을 알아듣는 이가 적은 이유

도덕경 제70장

吾言甚易知, 甚易行. 天下莫能知, 莫能行.
言有宗, 事有君. 夫唯無知, 是以不我知.
知我者希, 則我者貴. 是以聖人被褐懷玉.

오언심이지, 심이행. 천하막능지, 막능행.
언유종, 사유군. 부유무지, 시이불아지.
지아자희, 칙아자귀, 시이성인피갈회옥.

내가 하는 말은 매우 쉽게 알아들을 수 있고
쉽게 실천할 수도 있는 것들이다.
그런데도 천하 사람들이 제대로 알아듣지도 못하고 실천하지도 않는다.
말에는 최고로 높은 말이 있고 일에는 가장 중요한 일이 있는 법이다.
세상 사람들이 그러한 내용을 알아차리지 못하기 때문에
내가 하는 말의 깊은 뜻과 추구하는 바의 소중한 가치를
제대로 파악하지 못하는 것이다.
나를 아는 사람이 드물고
나를 본받는 사람이 적을 수밖에 없는 까닭이다.
그러므로 성인은 겉으로는 하찮아 보이는 거친 칡베 옷을 입고도
속으로는 가슴 속에 더없이 소중한 보배를 품고 살아가는 그런 존재이다.

노자는 제1장 '도(道)란 무엇인가?'라는 이야기를 시작한 이래 제70장에 이르러 "자신의 말은 알아듣기도 쉽고 실천하기도 어렵지 않은데 천하 사람들이 제대로 알아듣지도 못하고 또한 실천하려고 노력하지도 않는다"라며 아쉬움을 토로한다.

말은 말이라고 해서 다 같은 말이 아니다. 말 중에서도 우주 만유의 법칙과 만상(萬象), 만물의 도리(道理)를 훤하게 꿰뚫는 혜안(慧眼)으로 여실하게 파악한 실상(實相)을 설명한 '최고 수준의 언어[言有宗]'는 바로 성인들에 의해 제시되어 인류의 삶을 인도해 주는 종교의 법어(法語)요, 복음(福音)이라 하겠다.

일 역시 세상에는 다양한 일들이 광범위하게 있고, 그중에서

도 가장 중요한 핵심이며 최우선적으로 해야 할 일이 분명 존재하지만[事有君] 말해 주어도 이해하지 못하고 알려고 노력하지도 않는지라 대부분의 사람이 상대적으로 덜 중요하고 덜 급한 일에 매달려 유한한 인생(人生)의 황금보다 소중한 시간을 낭비, 허비하다 인생의 종착지에 다다라 온갖 회한 속에 또 다른 저편의 세상으로 떠난다.

세상 현실에 절망을 느껴 세속을 등지고 진령산맥의 태백산 깊은 산속으로 은둔의 삶을 영위하기 위해 가는 길에 함양(咸陽)의 함곡관(函谷關)을 지나다가 자신을 알아보고 도에 대해 지혜로운 말씀을 남겨달라는 관령(關令) 윤희의 간청에 못 이겨 노자는 세상 사람들에게 5,000여 어(語)로 도에 대해 설명한 주옥같은 말씀을 남겼는데 바로 《도덕경(道德經)》이다.

지난 1986년 6월 15일, 인류 의료의 역사가 시작된 이래 가장 알기 쉽고 실천하기 쉬운 창조적 신의학(新醫學) 이론과 처방이 우리나라 지리산 초입에 자리 잡은 산골 함양(咸陽)에서 인산 김일훈(仁山 金一勳·1909~1992) 선생에 의해 설파(說破)되어 《신약(神藥)》이라는 이름으로 출간되어 수많은 이가 이 책을 읽고 각종 암, 난치병, 괴질의 생존 위협으로부터 자신과 가족의 생명을 구하는, 구료(救療)의 신화(神話)가 빚어지고, 의료의 기적(奇跡)들이 잇달아 나타나 세상을 깜짝 놀라게 한 바 있다.

그러나 대부분의 사람은 인산 선생의 《신약》《신약본초(神藥本草)》 등 고금동서에 유례가 전혀 없는 전무후무한 창조적 신의학 이론과 처방이 담긴 저서들을 통해 '참 의료의 진리'를 접하거나 그 방약의 활용으로 죽을 목숨을 건지고도 여전히 인산 선생의 참 의료 이론과 방약들에 대해 그 의미와 가치를 제대로 알아듣고 올바로 실천하여 온전하게 병고(病苦)를 근본적으로 해결하는 이들은 거의 없는 실정이다.

2,500여 년의 시간과 수만 리의 공간을 넘어서 노자는 중국 서안(西安) 태백산 인근의 함양에서, 인산 선생은 한반도 남쪽 지리산 인근의 함양에서, 세상의 무지(無知)를 개탄하면서 다 같이 어둠의 세상을 향하여 한 말씀을 던진다. "내 말은 알아듣기 쉽고 실천하기도 쉬운데 천하 사람들이 알아듣지도 못하고 실천하려고 노력하지도 않는다.… 나를 알아보지도 못하고, 본받고 따르려고도 하지 않으므로 그저 남모르는 최상의 보물을 품에 안은 채 허름한 칡베 옷을 입은 야인(野人)으로 인중고적(人中孤寂) 속에 살아갈 수밖에 없는 노릇이다…."

세상의 위정자들이 무지와 끝없는 탐욕으로 천하 사람들을 병란(兵亂)과 재앙(災殃)의 벼랑 끝으로 몰아가는 것을 막으려 노심초사(勞心焦思) 노력한 노자의 마음을, 《도덕경》 81장 전문을 통해 엿볼 수 있다.

'참 의료'의 진리에 부합하지 않는, 그릇된 인식에 근거한 편견의 의료, 상업주의 의료의 전횡으로 인해 세상 인류가 스스로 자초한 암, 난치병, 괴질의 창궐에 의해 전멸 위기로 치닫고 있는 것을 안타까이 여겨 우주 자연의 법칙과 생명원리에 부합하는, 고금동서에 유례가 없는 전혀 새로운 '참 의료' 이론과 방약을 제시하여 인류를 비명횡사의 나락으로부터 구제하고자 한 인산 선생의 대비(大悲)의 마음은 그의 저서 《우주와 신약》《신약》《신약본초》 등에 잘 나타나 있다.

知病

病을 병으로 알면 병들지 않는다

도덕경 제71장

知不知, 尙矣, 不知知, 病也.

聖人不病, 以其病病. 夫唯病病, 是以不病.

지부지, 상의. 부지지, 병야.

성인불병, 이기병병. 부유병병, 시이불병.

病

알면서도 안다는 티를 내지 않는 것을 높은 경지라 하겠고
알지 못하면서 아는 체하는 것을 병증이라 하겠다.
성인에게 그런 병증이 없는 것은 그런 병증을 병증으로 여기기 때문이다.
안다는 티를 내거나 아는 체하는 병증을 병증으로 여기기 때문에
그런 병증이 나타나지 않는 것이다.

비록 세상에서 처음으로 진리를 밝혀 그에 따른 차원 높은 이야기를 들려주어도 세상 사람들은 대부분 그동안 스스로 만들어 놓은 나름의 고정관념의 틀 안에서 크게 벗어나지 못하고 자신의 깜냥대로 받아들여 판단하고 결론 내리게 마련이어서 별다른 깨달음의 효과를 거두기 어렵다는 게 참으로 안타깝다.

고정관념의 틀을 과감하게 깨뜨려야만 비로소 우주 만유와 세상만사의 실상(實相)을 여실(如實)하게 볼 수 있기 때문이다. 《도덕경》의 이야기를 노자가 말하고자 한 본래의 취지와 크게 다르거나 아니면 정반대로 해석하는 예가 비일비재한 이유라 하겠다.

그러면서도 더 큰 문제는 제대로 모르는 게 틀림없는데도 왜 그런 착각을 하게 되었는지 감을 잡기 어렵지만, 아무튼 스스로 잘 알고 있다고 확신하고 자신의 판단에 근거하여 제 생각이 옳고 제 주장이 맞다고 침 튀기면서 큰소리로 떠들어댐으로써 듣는 이들로 하여금 적지 않은 오인과 혼란에 빠지도록 한

다는 데 있다.

모르는 것은 죄가 아니지만, 또한 공부해서 알아나가면 되지만 저 스스로 안다고 착각하고 그렇게 기정사실화해서 자신을 속이고 남도 오도하는 어리석음은 그 폐해가 적지 않은지라 노자는 이렇듯 엄중하게 꾸중을 하면서 문제의 본질을 밝히는 것이 더 중요하다는 사실을 강조한 것이리라. 다시 말해 제대로 알아도 티를 내지 말아야 하는 법인데 정확하게 알지 못하면서 아는 것처럼 말하고 또한 몰라도 아는 척하는 것은 심각한 지적(知的) 병증임을 거듭 천명한 것이라 하겠다.

정치와 처세(處世)에 있어서도 모르는 것을 아는 척하고 아닌 것을 긴 척하는 게 문제지만 사람의 생사(生死)에 지대한 영향을 미치는 의료에 있어서는 의학이론이 잘못되거나 효과 나지 않을 약을 처방해 줄 경우, 그 악영향은 곧바로 환자에게 미쳐 치명적 결과로 이어질 수 있는 중대한 사안임이 틀림없는데도 세상에는 그런 일들이 여전히 비일비재하다는 게 더 큰 문제라 하겠다.

따라서 결론은 딱 하나이다. 자신의 병고를 해결해 주지 못한다고 세상의 의료 체계를 원망할 게 아니라 스스로 '참 의료'의 도리(道理)를 터득하고 올바른 섭생(攝生)을 위한 노력을 기울여 만병(萬病)을 사전에 방비하되 혹여 예기치 못한 외적 요인이나 잠시의 부주의로 인해 질병에 걸리더라도 순리(順理)와 자연의 방약을 적절하게 활용하여 병마(病魔)를 물리치는 한편 건강을 회복하는 것이 상책이라 하겠다.

愛己

인위 통치 아닌 순리 정치 실천

도덕경 제72장

民不畏威, 則大威至. 無狎其所居, 無厭其所生.

夫唯不厭, 是以不厭.

是以聖人自知不自見, 自愛不自貴. 故去彼取此.

민불외위, 즉대위지. 무압기소거, 무염기소생.

부유불염, 시이불염.

시이성인자지불자현, 자애불자귀. 고거피취차.

백성들이 법령에 따른 처벌을 두려워하지 않는 지경에 다다르면
사형(死刑) 등 더욱 가혹한 법령에 따른 엄중한 처벌을 하는 상황에 이르리라.
다시 말해 위정자가 도리(道理)에 어긋나는 정치를 함으로써
백성들이 위정자의 권위를 인정하지 않고
법령에 따른 처벌을 두려워하지 않게 되면
사형 등 더욱 가혹한 법령에 따른 처벌을 하는 지경에 이르게 되리라.
도덕 정치가 아닌 포학(暴虐)의 정치를 통해
백성들을 궁지로 몰아가지 말아야 하고
그들의 삶을 억압하지 말아야 하리라.
위정자가 백성들을 억압하지 않으면
그들 역시 정치에 대해 환멸을 느끼거나
위정자를 싫어하지는 않을 것이다.
그러므로 훌륭한 위정자는 스스로 해야 할
무위자연(無爲自然)의 정치적 도리를 알아서 묵묵히 실행할 뿐
자신의 위상(位相)이나 공적을 드러내지 않고
자신의 존재와 역할을 소중하게 여기지만
자신을 스스로 치켜세우지는 않는다.
그러므로 인위, 인공적인 무리한 통치를 지양하고
무위자연의 순리적 정치를 실천하는 것이다.

춘추전국 시절, '그 누구에게도 예외가 있을 수 없는 엄격한 법령을 마련하여 천하를 다스려야 한다'라고 주장하면서 까다

롭기 그지없는 법령을 제정해 직접 나라를 다스리는 데 앞장섰던 상앙(商鞅)은 뒷날 자신이 마련한 엄격한 법령의 그물에 자기가 걸려 처벌받아 죽음에 이르는 그야말로 '사람을 위한 법이 아니라 법을 위한 법치(法治)의 말로(末路)'를 보여주었다.

상앙의 가혹하기 이를 데 없는 법치주의는 진시황(秦始皇)대에 이르러 극에 달했는데 진(秦)나라를 멸하고 천하를 통일하여 한(漢)나라를 건국한 한 패공 유방(劉邦)이 당시의 진나라 수도 함양(咸陽)에 들어가 첫 번째 한 일이 진나라의 까다로운 법령을 모두 폐지하고 가장 중요한 법령만을 간명직절하게 요약한 '약법삼장(約法三章)'의 긴급조치였다.

이 역사적 사건을 보면서 사람들은 이렇듯 가혹한 법치주의에 대해 '도대체 법령은 누구를 위해, 무엇을 위해 존재하는 것인가'라는 기본적인 의문에 봉착하게 된다. 이 오랜 기본적 의문은 아직도 풀리지 않고 있으며 그 누구도 해결하지 못하는 난제 중의 난제로 남아 있는 것이 작금의 현실이다.

우리 사회에도 무슨 사건만 터지면 더욱 가혹한 법령을 마련하고 관련 기준을 대폭 강화하여 문제를 해결해야 한다고 생각하고 실제로 그 생각에 근거하여 더욱 까다로운 기준을 마련해 시행에 들어감으로써 그로 인한 피해는 고스란히 관련 업체나 관계자들에게 돌아갔던 사례가 적지 않다.

단적인 예로 식품위생법의 경우 국제 기준보다 대폭 강화된 기준을 적용해 관련 업체들을 예외 없이 처벌하거나 선진국에서도 여러 가지 이유를 감안하여 식품의 다이옥신 규제를 실행에 옮기지 못하던 것을 과거 십수 년 전 우리 식품의약품안전

처에서는 일부 식품에 적용시켜 시행했던 일은 대표적 사례라 하겠다.

노자는 이 장을 통해 까다로운 법령과 가혹한 형벌로 다스리는 정치의 한계를 지적하고 우주 자연의 법칙에 근거한 순리적 정치라야 가혹한 법령의 제정을 통해 처벌을 계속 강화하는 악순환의 고리를 끊고 문제를 근본적으로 해결할 수 있다고 강조하고 있다.

이는 마치 현대의학으로 일컬어지는 서양의학에서 "사람 몸에 질병을 일으키는 것으로 확인된 세균이나 바이러스에 집착해 가장 효과 좋다고 확신하는 항생제나 스테로이드 등의 약물을 지속적으로 투여하면서 병과 싸우고 우선 드러나는 증상 해결에 집중하는 대증(對症)요법의 치료를 하는 것은 질병을 근본적으로 해결하는 훌륭한 의료가 못 된다"라는 인산 김일훈(仁山 金一勳·1909~1992) 선생의 '무의자유(無醫自癒)' 이론과 일맥상통하는 것으로 판단된다.

任爲

'다투지 않고 이기는' 자연의 道

도덕경 제73장

勇於敢則殺, 勇於不敢則活.

此兩者, 或利或害. 天之所惡, 孰知其故? 是以聖人猶難之.

天之道, 不爭而善勝, 不言而善應, 不召而自來, 繟然而善謀.

天網恢恢, 疏而不失.

용어감즉살, 용어불감즉활.

차양자, 혹리혹해. 천지소오, 숙지기고? 시이성인유난지.

천지도, 부쟁이선승, 불언이선응, 불소이자래, 천연이선모.

천망회회, 소이불실.

과격한 행동에 용감하면 사람을 죽음으로 몰아가게 되고
과격한 행동에 용감하지 않으면 사람을 위기에서도 살아나게
할 것이다.
이 두 가지는 어떤 선택을 하든
혹 이로울 수도 있겠지만 또는 해로울 수도 있을 것이다.
누군가를 하늘이 미워하므로 그를 해치거나 죽여야 한다고 주장한다면
하늘이 참으로 미워한다는 것을,
어떻게 알 수 있으며 누가 그 까닭을 알 수 있겠는가?
그런 것은 성인도 오히려 판단하기 어려우리라 여겨진다.
하늘, 즉 자연의 도리는 다투지 않고도 결과적으로 이기게 되고
말로써 요구하지 않아도 잘 응해주고 부르지 않아도 스스로 오며
느슨한 것처럼 보일지라도 잘 도모해 나가는 법이다.
하늘, 즉 자연의 그물은 그물코가 너르고 엉성한 것처럼 보이더라도
결코, 빠뜨리거나 놓치는 일이 없다.

자애롭지 못한 사람에게 강력한 무력(武力)과 과감한 추진력이 있다면 자기 자신뿐만 아니라 다른 사람 역시 죽이거나 해칠 우려가 클 것이고, 과격한 행동을 삼가고 신중에 신중을 기하는 진정한 용기(勇氣)를 지닌 이라면 자신도, 남도 죽음으로 내모는 상충상극(相沖相剋) 공멸(共滅)의 길이 아니라 다 같이 사는 상생상합(相生相合) 공생(共生)의 길로 들어설 것이다.

지금까지는 용감한 것을 미덕으로 여기며 수많은 무용담(武勇談)이 사람들의 입에 오르내리며 회자(膾炙)되었지만, 노자의

가르침을 감안한다면 용감(勇敢)함을 높이 살 게 아니라 용불감(勇不敢)을 더욱 중요시해야 할 것 같다. 자신과 상대의 힘이나 실력을 정확하게 비교, 분석한 결과를 근거로 냉철하게 판단하여 결코 이길 수 없는 무모한 싸움을, 온 나라의 명운(命運)을 걸고 요행만을 바라며 감행함으로써 다 같이 공멸하는 어리석음을 범하지 않는 것이 좀 더 지혜롭고 현명하다 하겠다.

《손자병법(孫子兵法)》에서 전쟁에 있어서 최고의 수준은 '전쟁을 하지 않고 이기는 것[不戰而勝]'이라 하였다. 전쟁에 임한 양측 모두 피아간에 엄청난 인명 손실과 재산 피해를 초래했다면 비록 승리했다 하더라도 그 승리의 의미는 상당 부분 퇴색될 수밖에 없을 것이다. 그래서 노자는 말한다. "다투지 않고 이기는 것이 자연의 도"라고.

우리 몸의 질병을 다스림에 있어서도 질병을 일으킨 세균이나 바이러스, 또는 병든 세포들에 일일이 대항하여 몸을 전쟁터 삼아 싸우지 말고 태어날 때부터 줄곧 동거(同居)해 온 몸 안의 만능 의사(醫師), 즉 체내의 자연치유 능력이 자연의 법칙에 근거해 순리적으로 병마(病魔)를 물리칠 수 있도록 조치하는 것이 백전백승(百戰百勝)의 묘법(妙法)이라 하겠다.

制惑

목수 대신 나무 깎으면 손 다친다

도덕경 제74장

民不畏死, 奈何以死懼之?
若使民常畏死, 而爲奇者, 吾將得而殺之,
孰敢? 常有司殺者殺. 夫代司殺者殺, 是謂代大匠斲,
夫代大匠斲者, 希有不傷其手矣.

민불외사, 내하이사구지?
약사민상외사, 이위기자, 오장득이살지,
숙감? 상유사살자살. 부대사살자살, 시위대대장착,
부대대장착자, 희유불상기수의.

위정자의, 도를 넘은 가혹한 통치로 인해
백성들이 죽음조차 두려워하지 않는다면
어떻게, 죽음으로써 그들에게 두려움을 갖게 할 수 있겠는가?
만약 백성들로 하여금 늘 죽임을 당할까 봐 두려워하도록
공포 분위기를 조성해 놓고
조정(朝廷)의 명령에 반하는 기이한 행위를 하는 자를
내가 장차 잡아 죽이겠다고 한다면
누가 감히 그 일을 집행할 수 있겠는가?
언제나 죽이는 것을 맡아 처리하는 이가 죽이는 법이다.
죽이는 것을 담당하는 이를 대신하여 죽인다면
그것은 대목수를 대신하여 나무를 깎는 것이라 하겠다.
대목수를 대신하여 나무를 깎는 자는
그 손을 다치지 않는 경우가 드물 것이다.

위정자가 하늘을 대신해 백성을 죽이는 것은 대목수를 대신해 나무를 깎는 것과 같은 것이니, 대목수를 대신해 나무를 깎으면 손을 다치지 않을 사람이 드물 것이다. 위정자의, 도를 넘은 가혹한 통치가 끝 모르게 지속될 경우 백성들은 자포자기의 심정으로 될 대로 되라는 마음가짐으로 죽음조차 두려워하지 않고 조정의 통제에 불응하게 되는 법이다.

일단 통제 불능의 상태로 접어들면 법령을 어기는 사람들에게 아무리 가혹한 형벌을 시행하고 심지어 잇달아 사형에 처하더라도 백성들을 통제할 수 없게 되고 혼란의 극치를 이루며

나라는 망국(亡國)으로 치닫게 된다.

우리 몸도 이와 똑같은 과정을 거쳐 죽음의 질병을 부르게 되는 법이다. 즉 무위자연의 순리적 섭생(攝生)과 거리가 먼 인위(人爲), 인공(人工), 조작(操作)이 가미된 비자연의 무리한 삶을 영위함으로써, 나라의 백성에 해당하는 우리 몸 안의 세포가 '가야 할 때가 언제인가를 알아서 떠나지 않고' 계속 버티면서 국가의 통제에 불응하며 따로 세력을 형성해 사회의 안녕과 질서를 파괴하는 반국가적 행위를 하는 것이 바로 암(癌)이다.

따라서 암을 면밀하게 살펴볼 경우, 암은 우선 외부로부터 쳐들어온 침략자가 아니라 맡은바 소임을 다하기 위해 열심히 일하던 국가 일꾼이었고 주어진 임무를 완수하고 임기가 끝났는데도 나라 행정 절차의 혼선 때문에 그러한 사실을 올바로 인식하지 못한 채 위정자의 통제에 불응하며 나아가 통치 방식의 잘못으로 인해 나라가 위태로워질 수 있다며 직언(直言)과 고언(苦言)을 서슴지 않는 존재로 바뀌게 된 것이다.

즉 암은, 생명 경영의 부주의와 잘못으로 인해 발생할 수밖에 없는 환경이 조성되고 여러 다른 조건이 충족돼 오랜 기간에 걸쳐 생성된 것이지 어느 날 느닷없이 나의 생명을 해치기 위해 쳐들어온 침략자가 아니라는 점을 분명하게 인식할 필요가 있겠다.

따라서 암이 발생할 수밖에 없는 생명의 환경을 바꾸어 암의 문제를 근본적으로 해결하기 위해 노력하는 것이 급선무임에도 그런 노력보다는 대증요법과 땜질 처방의 비순리적 치료에만 의존하여 암을 공격, 파괴, 제거하기 위해 모든 노력을 기울임으로써 인체의 생명에 지대한 악영향을 미치고 면역력을 약화시켜 마지막에는 자연치유 능력에 의한 건강 회복의 기회마저 상실케 하여 비명횡사로 이어지게 만드는 것이다.

오늘날 온 세상의 의료가 다양한 시각에 의한 접근 방식으로 암을 연구하고 실험하여 입체적으로 암의 실체를 파악하지 않고 암의 현상적 모습에만 집착해 암을, 단순하게 우리 생명을 해치는 적으로 간주하여 공격, 파괴, 제거의 치료 방식을, 별다른 생각 없이 반복하여 적용하는 우(愚)를 범하고 있는 실정이다.

독일 태생의 미국의 대체의학자 안드레아스 모리츠는 그의 저서《암은 병이 아니다》를 통해 '암은 내 몸의 마지막 생존전략'이라고 전제하고 "진정한 암 치료는 우리 몸의 다른 신체기관을 파괴하면서 이뤄지는 것이 아니라 암세포가 급격히 성장하도록 만드는 원인을 제거하거나 멈추게 함으로써만 가능하다"고 강조했는데 올바른 암 치료 방향을 제시해 주는 훌륭한 이정표라 하겠다.

貪損

무리한 정치에 세상이 병든다

도덕경 제75장

民之饑, 以其上食稅之多, 是以饑.
民之難治, 以其上之有爲, 是以難治.
民之輕死, 以其上求生之厚, 是以輕死.
夫唯無以生爲者, 是賢於貴生.

민지기, 이기상식세지다, 시이기.
민지난치, 이기상지유위, 시이난치.
민지경사, 이기상구생지후, 시이경사.
부유무이생위자, 시현어귀생.

백성들이 굶주리게 되는 것은
조정에서 지나치게 많은 세금을 거두기 때문에
그래서 굶주리게 되는 것이다.
백성들을 다스리기 어려워지는 것은
위정자가 무위자연의 순리를 벗어난,
인위의 무리한 정치를 행하기 때문에
그래서 다스리기 어려워지는 것이다.
백성들이 죽음을 가벼이 여기는 것은
위정자가 자기 자신들만 잘 먹고 잘살기를 추구하기 때문에
그래서 상대적 박탈감을 느끼게 된 백성들이
죽음조차 가벼이 여기게 되는 것이다.
인위적 삶이 아닌 무위자연의 순리적 삶을 영위하는 것이
삶을 존귀하게 여기는 것보다 더 나은 것이라 하겠다.

위정자가 무위자연(無爲自然)의 순리를 벗어난, 인위, 인공, 조작의 무리한 정치를 행하게 되면 나라는 병들게 되고 사회혼란을 불러 결국 망국(亡國)의 길로 치닫게 된다. 순리적 정치를 통해 나라를 잘 다스려 평화롭게 만드는 것이나 무위자연의 순리적 삶을 통해 몸과 마음을 다 같이 건강하게 만드는 것은 규모의 차이만 있을 뿐 방식은 다르지 않은 것이라 하겠다.

순리적 삶의 방식에서 벗어나 비자연의 무리한 삶을 영위할 경우 몸 안의 조화와 균형이 무너지면서 각급 조직과 기관의 세포들은 상생(相生) 상합(相合)이 아니라 상충(相衝) 상극(相

剋)의 끝없는 싸움을 통해 치안(治安)이 무너지고 국방력의 약화를 초래해 내부의 반란과 외부의 침략이라는 최악의 위기를 맞게 된다.

이때 나라 안팎의 혼란을 수습하고 위기를 극복하기 위해서는 지혜와 경험이 풍부한 정치지도자를 옹립하여 자연법칙에 다른 순리적 통치 방식으로 복귀하여 질서를 회복하고 외침을 물리치며 치안을 바로잡아 평화를 되찾듯이 몸 또한 자연치유 능력이 충분히 발휘되어 본래의 건강을 회복할 수 있도록 지혜롭게 다스릴 필요가 있는 것이다. 이러한 방식이야말로 문제를 근본적으로 해결할 수 있는 최상의 지혜로운 묘법(妙法)이라 하겠다.

戒强

산 것은 부드러우나 죽으면 뻣뻣

❀

도덕경 제76장

人之生也柔弱, 其死也堅强.

萬物草木之生也柔脆, 其死也枯槁.

故堅强者死之徒, 柔弱者生之徒.

是以兵强則滅, 木强則折. 强大處下, 柔弱處上.

인지생야유약, 기사야견강.

만물초목지생야유취, 기사야고고.

고견강자사지도, 유약자생지도.

시이병강즉멸, 목강즉절. 강대처하, 유약처상.

사람이 살아 있을 때는 부드럽고 연약하지만
죽으면 딱딱하고 뻣뻣해진다.
온갖 물체, 풀과 나무들 역시 살아 있을 때는
부드럽고 연약하지만 죽으면 마르고 뻣뻣해진다.
그러므로 딱딱하고 뻣뻣한 것은 죽음의 무리이고
부드럽고 연약한 것은 삶의 무리이다.
따라서 군대가 경직된 조직으로 운영되면 자멸하게 되고
나무가 말라서 뻣뻣해지면 부러지게 된다.
강하고 큰 것은 아래쪽에 자리 잡게 되고
부드럽고 유연한 것은 위쪽에 자리 잡게 된다.

살아 있는 사람들의 가장 두드러진 특성은 부드럽고 연약하다는 것이다. 단 네 글자로 이러한 특성을 잘 설명해 주는 특별난 기인(奇人)의 특별난 글귀가 있다. 김삿갓이라는 별명으로 더 잘 알려진 김병연(金炳淵) 선생이 길을 가다가 때마침 초상을 치르고 있던 한 상갓집에 들러 시장기를 면하려 하매 그곳에 있던 누군가가 선비 행색을 지닌 그에게 밥값으로 만장(輓章)에 쓸 글귀를 부탁하였다.

김삿갓은 조금의 망설임도 없이 즉시 붓을 들어 '柳柳花花'(유유화화)라 써서 주니 모두 그 뜻을 몰라 설명을 부탁하매 "사람이란 살아 있을 때는 부드럽다가 죽으면 꼿꼿해지는 법"이라고 풀이해 주었다. 버들 유자를 우리말로 '부들부들', 꽃 화자를 꽃꽃→꼿꼿으로 풀이하여 "살아 있을 때에는 부들부들

부드럽던 사람이, 죽은 뒤에는 몸이 굳어져 꼿꼿해진다"고 설명하여 그 자리에 있던 많은 사람을 크게 웃게 하는 한편 깊이 감탄하게 한 바 있다.

비록 해학적으로 들릴 수 있는 이야기지만 "사람이 살아 있을 때는 부드럽고 연약하지만 죽으면 딱딱하고 뻣뻣해진다"는 말 속에서, 삶에서 유연성이 얼마나 중요한지에 대해 강조한 노자 사상의 편린(片鱗)을 엿볼 수 있다.

노자는 사람뿐만 아니라 다른 동식물을 위시하여 심지어 풀과 나무들조차 "살아 있을 때는 부드럽고 연약하지만 죽으면 마르고 뻣뻣해진다"라고 강조한 뒤 이런 논리를 유추하여 나라의 운명에 크게 영향을 미치는 군대 역시 유연성을 상실하고 경직된 조직으로 운영될 경우 전쟁에서 이길 수 없을 뿐 아니라 스스로 멸망을 초래하게 될 가능성마저 커진다고 경고한다.

나무도 생명력이 약화되어 수분이 말라서 뻣뻣해지면 마지막에는 부러지거나 부서져 수명이 끝나게 되는 것이고 사람 역시 생명력을 떠받치는 물(혈액과 체액)이 마르면서 불(체온)이 사그라지게 되면 점차 유연성을 유지하지 못해 죽음으로 이어지게 되는 법이다.

인체 안팎을 흐르는 기(氣)와 혈액(血液)의 순환이 원활하지 못하고 체온 역시 정상 범위(섭씨 36.5~37.3)에서 벗어나 점차 낮아져서 35도 이하로 내려가면 조직의 유연성이 떨어져 몸은 굳어가고 암세포는 기하급수적으로 불어나게 된다.

물과 불의 신묘한 조화 덕에 유지되는 생명체의 '생명의 불꽃'이 사그라지고 '생명의 물줄기' 흐름이 원활하지 못하게 되면 우리 육신의 무병장수(無病長壽) 불로장생(不老長生)의 염원은 허망한 물거품으로 끝나게 되고 게다가 고정관념의 틀을 깨지 못한 영성(靈性)마저 영원성(永遠性)에 합류하지 못하고 종막을 고하게 된다. 한마디로 육신의 생명은 인생행로에서 암, 난치병, 괴질의 복병(伏兵)을 만나 비명횡사(非命橫死)를 피하지 못하고 정신 생명이라 할 영성 역시 어둠에 갇혀 영원성의 밝은 세상으로 가지 못한 채 미망(迷妄)의 윤회(輪廻)를 거듭하는 신세를 면하기 어려우리라는 점을 간과하지 말아야겠다.

天道

자연은 남는 것 덜어 不足을 보충

도덕경 제77장

天之道, 其猶張弓與?

高者抑之, 下者擧之, 有餘者損之, 不足者補之.

天之道, 損有餘而補不足. 人之道則不然, 損不足以奉有餘.

孰能有餘以奉天下, 唯有道者.

是以聖人爲而不恃, 功成而不處, 其不欲見賢.

천지도, 기유장궁여?

고자억지, 하자거지, 유여자손지, 부족자보지.

천지도, 손유여이보부족. 인지도즉불연. 손부족이봉유여,

숙능유여이봉천하, 유유도자.

시이성인위이불시, 공성이불처, 기불욕현현.

자연의 도리는 마치 활시위를 당기는 것과 같아서
높으면 누르고 낮으면 올린다.
남는 것을 덜어내어 부족한 것을 보충한다.
자연의 도리는 남는 것을 덜어내 부족한 것을 보충하는 데 반하여
사람의 도리는 그렇지 않아
부족한 사람에게서 덜어내어 남는 사람에게 바친다.
누가 남는 사람에게서 덜어내어 천하 사람들에게 바칠 수 있겠는가?
그것은 오로지 자연의 도리를 터득하여
그 도리에 따르는 사람만이 가능할 것이다.
그러므로 훌륭한 위정자는 뭔가를 해놓고도
생색(生色)을 내거나 내세우지 않고
공을 세우더라도 그 공을 스스로 차지하지 않는다.
그것은 자신의 훌륭한 면모를 드러내 보이려고 하지 않기 때문이다.

하늘의 도, 즉 자연의 도리는 활시위를 당겨 화살을 쏘아 과녁을 맞히는 것과 같다고 하겠다. 화살 끝이 높으면 누르고 낮으면 올려서 정확을 기해 쏘아야 과녁에 적중한다는 것은 활을 쏘아본 사람은 누구나 공감하는 이야기일 것이다. 그리고 자연의 도리는 남는 것을 덜어내어 부족한 것을 보충하는 법인데 사람의 도리는 그렇지 못해서 부족한 사람들의 것을 덜어내어 여유로운 사람들에게 바친다.

누가, 여유로운 사람들의 것을 덜어내어 천하 사람들에게 바칠 수 있겠는가? 그것은 오로지 자연의 도리를 터득하여 그 도

리에 따르는, 다시 말해 무위자연(無爲自然)의 정치를 펴는 위정자라야 가능할 것으로 판단된다. 이러한 위정자는 세상 사람들에게 꼭 필요한 중요한 사업들을 성공적으로 이뤄놓고도 일절 생색을 내거나 그 공(功)을 자신의 것으로 차지하는 법이 없다. 그것은 애초에 자기 자신의 훌륭한 면모를 내세우거나 드러내 보이려는 의도를 전혀 갖고 있지 않기 때문이다.

높으면 누르고 낮으면 올리고 남으면 덜어내고 부족하면 보충하여 우리 몸 오장육부의 조화와 음양(陰陽)의 균형을 유지하는 것이 건강을 위한 매우 중요한 방책이라 하겠다. 즉 인체를 구성하는 60가지 미네랄들이 금목수화토(金木水火土) 오행(五行)의 상생상합(相生相合)으로 조화를 이루고 산·알칼리의 평형과 산화·환원력의 균형이 적절하게 유지돼야 우리 몸은 기본적인 건강상태를 지속해서 유지할 수 있다 판단된다.

任信

柔弱한 물이 굳센 돌을 뚫는다

도덕경 제78장

天下莫柔弱於水而攻堅强者, 莫之能勝, 以其無以易之.
弱之勝强, 柔之勝剛, 天下莫不知, 莫能行.
是以聖人云, 受國之垢, 是謂社稷主, 受國不祥, 是謂天下王.
正言若反.

천하막유약어수이공견강자, 막지능승, 이기무이역지.
약지승강, 유지승강, 천하막부지, 막능행.
시이성인운, 수국지구, 시위사직주, 수국불상, 시위천하왕.
정언약반.

천하의 만물 가운데 물보다 더 부드럽고 여린 것은 없겠지만
단단하고 굳센 것을 공격하여 파괴하는 힘은
그 어떤 것도 물을 이길 수 없는데
그것은 그 어떤 힘으로도
물의 부드럽고 여린 유연성을 바꿀 수 없기 때문이다.
부드럽고 여린 유연성을 시종일관 유지하므로
물에서는 그러한 힘이 나오는 것이다.
여린 것이 굳센 것을 이기고
부드러운 것이 단단한 것을 이긴다는 이치를
천하 사람들은 모르지 않지만
부드럽고 여린 유연성의 도리를 제대로 실천하지도 않는다.
그러므로 옛 성인이 이런 말을 한 것이다.
"나라의 더러운 일을 모두 받아들여 떠맡아 처리하는 이를,
종묘사직, 즉 한 국가의 군주라 이르고
각 나라의 상서롭지 못한 궂은일을 모두 받아들여 처리하는 이를,
온 천하의 제왕이라 이른다."
참으로 바른말은 마치 정반대로 말하는 것처럼 여겨지게 되는 법이다.

살아 있는 것의 가장 두드러진 특성은 부드럽고 여린 것으로 요약되고 죽은 것의 대표적인 특성은 딱딱하고 뻣뻣한 것으로 귀결된다. 언뜻 보기에는 단단하고 굳센 것이 우월해 보이고 부드럽고 연약한 상대는 쉽사리 이길 수 있을 것으로 생각되지만 마음의 눈으로 여실(如實)하게 우주 만물의 속성을 관찰해 보

면 유연성을 지닌 존재가 존귀한 자리에 앉고 강대한 존재가 그 아래 자리하여 좌우로 늘어서서 명령을 받든다.

역사상 전쟁과 통치의 온갖 속성을 두루 지니고 수많은 사연을 간직하여 오랜 시간과 공간을 통해 끊임없이 사람들의 입에 오르내리며 회자(膾炙)되고 있는 이야기가 초왕 항우(項羽)와 한 패공 유방(劉邦)이 주인공으로 등장하는《초한지(楚漢志)》이다. 힘센 것을 일컬을 때 고금을 막론하고 "힘이 항우 같다"라고 하는데 이 말은 바로 진시황의 제국을 무너뜨리는 데 결정적으로 이바지한 역사적 인물 항우를 지칭하는 말이다.

천하무적의 항우가, 덩치도 작고 힘도 별로 세지 못한 유방에게 결국 패하여 자결로 생애를 마감한 반면, 유방은 초나라와의 전쟁에서 승리해 진나라 시대를 마감하고 천하를 통일하여 통일 제국 한(漢)나라의 창업주로 등극한 역사 이야기에서 유연성의 소중한 가치를 확연하게 느낄 수 있을 것으로 판단된다.

천하에 둘도 없는 명장으로 이름난 관운장(關雲長), 장비(張飛) 또한 수많은 영웅호걸이 종횡무진으로 활약하는 시절에 유약의 대명사처럼 알려진 유비(劉備)의 휘하 장수라는 사실 또한 "강대한 존재는 아래에 자리하고[强大處下] 부드럽고 여린 존재는 위에 자리한다[柔弱處上]"라고 설파한 노자 이야기의 진정한 의미를 잘 보여준다 하겠다.

노자는 이 장을 통해 인간으로서 본받아야 할 '유연성의 상징적 존재가 바로 물'이라고 설파한다. 한마디로 물보다 더 부드럽고 여린 것은 없지만 단단하고 군센 것을 공격하여 파괴하는 힘은 그 어떤 것도 물을 이길 수 없다고 말하고 그 힘의 원천은 부드럽고 여린 유연성의 특성을 바꾼 적이 없기 때문이라고 덧붙인다. 초지일관으로 계속 떨어지는 물은 결국 바위를 뚫는 놀라운 파괴력을 보여준다. 노자의 가르침을 의학적으로 받아들여 한마디로 요약하자면 이런 명언으로 귀결될 것 같다.

"유연성이 멀어지게 되면 죽음이 가까워지게 된다!"

任契

順理의 위정자는 능력자를 쓴다

도덕경 제79장

和大怨, 必有餘怨, 安可以爲善? 是以聖人執左契, 而不責於人.
有德司契, 無德司徹, 天道無親, 常與善人.

화대원, 필유여원, 안가이위선? 시이성인집좌계, 이불책어인.
유덕사계, 무덕사철, 천도무친, 상여선인.

깊은 원한은 그것을 화해시켜 풀더라도
반드시 남는 원한, 즉 여한이 있게 마련이다.
어찌 잘한 일이라 할 수 있겠는가?
그러므로 성인은 받을 권리의 증표, 즉 채권을 갖고 있더라도
갚아야 할 사람에게 채근하거나 독촉하지 않는다.
그래서 덕스러운 사람에게는,
그에 걸맞도록 빌려주고 되돌려받는 직무를 맡기는 데 반해
덕스러움이 부족한 사람에게는 세금을 징수하는 직무를 맡긴다.
자연의 도리에 따르는 위정자는
자기 자신과 가깝고 멀고를 가리지 않고
늘 잘하는 사람으로 하여금 직무를 맡아서 일하도록 한다.

오랜 옛적, 나라의 곡식을 빌려다 먹고 못 갚을 경우, 그들이 받는 육체적, 정신적 고통은 지금으로선 상상조차 쉽지 않다. 우리나라 역시 불과 몇십 년 전까지만 해도 소위 '보릿고개'라고 불리는 춘궁기(春窮期)를 넘지 못하고 사망에 이르는 숫자가 적지 않았던 사실은 먹고살기가 쉽지 않았음을 잘 설명해주고 있다.

요즘처럼 배부르고 등 따신 세상에서는 짐작하기조차 어렵겠지만 극심한 배고픔을 겪어본 사람들은 그 고통의 무게를 누구보다도 잘 알고 있을 것이다. 그래서 백성들의 먹고사는 일은 더없이 소중한 일이고 위정자들이 가장 우선하여 해결해야 할 국가적 중요 과제 중의 으뜸이라 해도 과언이 아닐 것이다.

자기 자신과 가족들이 최소한의 연명(延命), 즉 목숨을 잇기 위해 나라의 곡식을 빌려다 먹고 그것을 갚지 못해 겪게 되는 징벌의 고통에 따른 깊은 원한을 위정자가 어떻게 풀어줄 것인가? 사실 백성들을 배부르고 등 따습게 해야 할 책임을 지닌 이들이 바로 위정자들이고 그들이 제 소임을 다하지 못할 경우, 백성들은 굶어 죽게 되거나 물심양면으로 이중고를 겪게 될 확률이 높아지게 되는 것이다.

그런데도 가까스로 죽음을 면할 정도의 곡식을 빌려주고 그것을 갚으라고 백성들을 채근하거나 윽박지르는 관리들을 거느린 위정자라면 그야말로 자신의 본분을 망각하고 본말전도의 착각 속에 빠져 저밖에 모르는 구제 불능의 통치자로서 백성들의 깊은 원한을 사게 되어 조기에 정치 생명을 잃는 비극으로 이어지게 될 것이다.

백성들의 원한이 나라를 붕괴시키는 원인으로 작용하듯이 우리 몸의 세포들이 가야 할 때인 데도 가지 않고 뭔가 충언(忠言), 고언(苦言), 직언(直言)을 하는 데도 몸 안의 천하를 다스리는 위정자가 전혀 귀를 기울이지 않고 저 하고 싶은 대로 하다가 급기야 죽음의 위기로 치닫게 되는 게 오늘날의 암, 난치병, 괴질 문제의 본질이라 하겠다. 백성들의 충언, 고언, 직언에 귀를 기울이는 '몸 천하'의 현명한 위정자가 될 때 비로소 우리 몸 안의 천하는 건강과 행복의 태평성세가 되리라 생각된다.

道에 따른 소박한 삶을 살게 한다

❁

도덕경 제80장

小國寡民. 使有什伯之器而不用, 使民重死而不遠徙.
雖有舟輿, 無所乘之, 雖有甲兵, 無所陳之. 使民復結繩而用之.
甘其食, 美其服, 安其居, 樂其俗. 隣國相望, 鷄犬之聲相聞,
民至老死, 不相往來.

소국과민. 사유십백지기이불용, 사민중사이불원사.
수유주여, 무소승지, 수유갑병, 무소진지. 사민부결승이용지.
감기식, 미기복, 안기거, 낙기속. 인국상망, 계견지성상문,
민지노사, 불상왕래.

나랏일을 처리하는 정부 조직의 규모를 작게 줄이고
백성들의 숫자를 적게 유지한다.
그러면 뛰어난 능력을 지닌 인재라 하더라도
활용할 일이 없게 된다.
즉 무위자연의 정치를 통해 백성들로 하여금
자연의 도리에 따른 소박한 삶을 살도록 할 수 있는 것이다.
백성들이 죽음을 중요하게 여겨 먼 곳으로
옮겨 다니지 않게 한다.
따라서 비록 배나 수레가 있더라도 탈 일이 없고
갑옷과 병장기가 있더라도 드러내 보이거나
사용할 일이 없는 것이다.
백성들이 노끈을 매 문자 대신 쓸 정도로
단순 소박(素朴)하게 살도록 한다.
그러면 백성들은 자신들의 음식을 달게 여기고
입는 옷을 아름답게 여기며
거주하는 곳을 편안하게 여기고
미풍양속을 즐기는 소박한 삶을 살게 된다.
이웃 나라는 서로 바라볼 수 있을 정도로 가깝고
닭 우는 소리, 개 짖는 소리가 서로 들릴 정도이지만
늙어 죽을 때까지 서로 왕래할 일이 없도록 하는 것이
무위자연의 도리에 부합하는 이상적 정치라 하겠다.

'자연으로 돌아가라'는 노자의 가르침에 부합하는 논리와

주장 중 '슬로 시티'를 위시하여 '슬로 푸드' '로컬 푸드 운동' '축소지향의…' '작은 것이 아름답다' 등 우리가 상식적으로 알고 있고 추구하고 있는 바와는 정반대로 가는 듯한 움직임들이 꽤 활발하게 진행되고 있음은 '순리와 자연의 회복'이라는 차원으로 받아들일 경우 매우 고무적인 일이라 하겠다.

인위(人爲), 인공(人工), 조작(操作) 등 자연의 도리에 반하는 여러 가지 노력을 통해 이룬 '거대한 물질문명'은 찬란하기 그지없고 눈부시기 그지없지만, 그것은 어디선가 불어닥친 바람에 의해 일시적으로 일어나는 파도이자 물거품처럼 오래지 않아 소멸하고 마는 허망한 환상에 불과하다는 사실을 직시할 필요가 있을 것이다. 즉 사람이 살아가는 데 있어서 꼭 필요하거나 그렇게 해야 할 중요한 이유가 있는 것도 아닌 일들에 국가나 기업 또는 단체의 재정과 인력을 쏟아붓는 어리석음은 예나 지금이나 별반 달라진 것이 없다.

그러한 속성을 하루속히 깨닫지 못하면 죽을 때까지 잘한답시고 많은 백성을 총동원하여 그들의 피와 땀을 짜내고 고귀한 목숨을 생매장하면서 전술 전략적 측면에서 아무런 쓸모조차 없는 '만리장성(萬里長城)'을 구축하여 후대 관광객들의 코 묻은 돈을 그러모으는 데에나 활용하는 희대의 어리석음에 기인한 진시황의 행위를, 그 형태와 사람만 달리하여 시간과 공간을 넘어 지속적으로 반복할 수밖에 없을 것이다.

적은 백성의 작은 나라에서는 자연의 도리에 부합하는 정치가 행해지고 백성들은 천성(天性)에 따라 순리적 삶, 소박한 삶을 영위하게 된다. 따라서 비록 훌륭한 인재가 있다 하더라도 수행할 직무조차 없어서 쓸 일이 없고 수레나 배가 있어도 그것을 타고 돌아다닐 일이 없으며 갑옷이나 병장기가 있지만, 그것을 드러내 보이거나 실제로 쓸 일이 없는 것이다.

천하를 통일하여 제국(帝國)을 건설하거나 강대국으로 위세를 떨치더라도 그것은 한 치 앞을 내다보지 못한 허망한 환상을 좇는 과대망상증 환자의 광기(狂氣)에 불과한 것이어서 그런 국가와 정치지도자는 인류 전체에 지대한 해악(害惡)을 끼친 뒤 그리 오래가지 못하고 각자 스스로 처참하게 붕괴하였음은 오랜 역사가 증명해 보여주고 있다.

그러한 역사를 거울삼아 위정자는 인위, 인공, 조작을 배제하고 자연의 도리에 부합하는 무위정치를 펴야 하고 백성들은 자연의 도리에 부합하는 순리적인 삶, 소박한 삶을 영위해야 한다는 것이 노자(老子) 가르침의 핵심이라 하겠다.

博識한 자는 제대로 알지 못한다

도덕경 제81장

信言不美, 美言不信. 善者不辯, 辯者不善. 知者不博, 博者不知.

聖人不積, 旣以爲人己愈有, 旣以與人, 己愈多.

天之道, 利而不害, 聖人之道, 爲而不爭.

신언불미, 미언불신. 선자불변, 변자불선. 지자불박, 박자부지.

성인부적, 기이위인기유유, 기이여인, 기유다.

천지도, 이이불해, 성인지도, 위이부쟁.

신뢰가 가는 진실한 말은 참답게 보이려 꾸미지 않는 법이고,
참답게 보이려 꾸민 말은 믿을 만한, 진실한 말이 못 된다.
참으로 잘못이 없는 이는
여러 가지 논리로 구구하게 변명하지 않는 법이고
이런저런 논리를 들어 구구하게 변명하는 사람은
잘못이 없는 사람이 아닐 것이다.
뭐 한 가지라도 제대로 아는 사람은
이것저것 여러 가지를 두루 알고 있다고 내세우지 않는 법이고
이것저것 두루 알고 있다고 내세우는 사람은
어느 것 하나라도 제대로 아는 것이 없는 사람이다.
그래서 성인은 재물이든 지식이든 많이 모아두지 않으므로,
남을 위해 일하는 데도 결국에는 자기 자신의 것으로 되고
늘 남에게 주는 데도 마지막에는 자기 자신의 것이 더욱 많아지게 된다.
자연의 도리는 만물에 이로움을 줄 뿐 해롭게 하지 않으며
성인의 도리는 무엇을 하더라도 다른 사람들과 경쟁하거나 다투지 않는다.

개가 짖는 소리를 '개소리'라고 하는 데 반하여 짐승 중의 왕이라고 하는 사자(獅子)가 울부짖는 소리는 '사자후(師子吼)'라는 표현을 쓴다. 역사적으로 수많은 사람의 수많은 이야기 중 오직 석가모니 부처님의 설법만을 사자후라고 일컫는 것도 같은 맥락으로 판단된다.

옛적 어느 선사(禪師)가 "개에게 돌을 던지면 개는 돌을 좇아 달려가 돌을 물고[韓獹逐塊] 사자에게 돌을 던지면 사자는 돌 던진 사람을 찾아내 그리로 달려가서 사람을 문다[獅子咬人]" 라고 한 이야기 역시 여러 가지 면에서 시사하는 바 적지 않다. 입에서 나오는 소리라는 점에서는 그저 다 같은 짐승의 소리지

만 개의 머리에서 나온 소리와 사자의 생각에서 나온 소리는 차원이 다르고 미치는 영향도 다르다는 것을 잘 설명해 주고 있는 이야기라 하겠다.

'글로는 말을 다 표현하지 못하고, 말로는 생각을 모두 표현하기 어렵다[書不盡言 言不盡意]'는 《주역(周易)》 계사전(繫辭傳) 공자(孔子)의 설명처럼 생각을 말로 적절하게, 이해하기 쉽도록, 보태거나 꾸밈없이 표현한다는 것은 그리 쉬운 일이 아닐 것이다. 특히 말을 이렇게 저렇게 그럴듯하게 아름답게 훌륭해 보이도록 꾸민다면 그 말의 신뢰성은 스스로 실추되게 마련이다.

따라서 꾸미거나 보탬이 없이 간명직절(簡明直截)하게 핵심이 되는 요지를 말하는 것이 진실한 말임을 알 수 있을 것이다. 즉 다시 말해 진실한 말은 꾸밈이 없는 것이고 꾸밈이 있는 말은 진실한 말이 아니라는 이야기이다.

참으로 잘못한 게 없는 사람은 변명을 늘어놓지 않는 법이고 구구하게 변명을 늘어놓는 사람은 정말 잘못한 게 없는 사람이 아닐 것이다. 정말 잘못한 것이 없다면 무엇 때문에 구구한 변명을 늘어놓겠는가?

모두 81장 5,000여 언으로 구성된 이 《도덕경》은 아무런 꾸밈도, 보탬도 없이 있는 그대로 자연스럽게 우주 자연의 법칙에 근거하여 살아가야 할 사람의 도리를 밝힌 지자(知者)의 진실한 말이고 제대로 표현한 훌륭한 법문(法門)이라는 사실을 감안해 이를 잘 받아들여 실천할 경우 자연의 도리에 부합하는 소박한 삶으로 회귀할 수 있으리라 판단된다.

青鶴山人 金侖世

道德經

第一章 - 體道

道可道, 非常道, 名可名, 非常名. 無名天地之始, 有名萬物之母. 故常無欲以觀其妙, 常有欲以觀其徼. 此兩者, 同出而異名, 同謂之玄. 玄之又玄, 衆妙之門.

도를 도라고 하겠지만 늘 도라는 개념으로 한정하지는 않는다. 어떤 대상에 대해 이름을 붙일 수는 있지만 늘 그 이름으로 불리지는 않는다. 천지가 개벽하여 시작될 때에는 이름이 없었지만, 만물이 하나 둘 탄생하면서부터 이름이 붙게 되었다. 뭔가를 해보려 하지 않고 있는 그대로 둠으로써 자연의 신묘한 속성이 그대로 유지되는 것을 보게 되고 뭔가를 하거나 만들려고 함으로써 인위, 인공이 가해지는 것에 따른 결과물들을 보게 된다.

가공하기 이전의 통나무가 지닌 신묘한 속성과 가공한 이후에 만들어진 여러 가지 결과물은, 나올 때는 원래 같은 것이었지만 뒤에는 달라져 다른 이름으로 불리게 되는데 다 같이 현묘하다고 이를 수 있겠다. 자연 그대로의 현묘하고 또 현묘한 속성은 온갖 신묘한 것들이 생성되어 나오는 문이라 하겠다.

第二章 - 養身

天下皆知美之爲美, 斯惡已. 皆知善之爲善, 斯不善已. 有無相生, 難易相成, 長短相形, 高下相盈, 音聲相和, 前後相隨. 是以聖人處無爲之事, 行不言之教. 萬物作而不爲始, 生而不有, 爲而不恃, 功成而不居. 夫唯弗居, 是以不去.

세상 사람들이 다 아는 아름다움이란, 아름답게 보이고자 잘 가꾸고 꾸민 인위적인 아름다움인지라 이는 진정한 아름다움이 아니라 하겠다. 세상 사람들이 다 아는 훌륭함이란 훌륭하게 보이고자 널리 알리고 드러낸 인위적인 훌륭함인지라 이는 진정한 훌륭함이 아니라 하겠다.

세상에 존재하는 모든 것은 상대적으로 아무것도 없던 상태에서 생겨나서 있게 된 것이고 해결하기 어려운 일은 상대적으로 쉬운 일에서 진행되어 이뤄진 어려움인 것이다. 길이가 긴 것은 상대적으로 짧은 것들이 이어져 길게 형성된 것이고 높은 것은 밑에서부터 상대적으로 채워져 올라가 높아진 것이다. 음악은 낱낱의 소리가 모여 서로 조화를 이룬 것이고 앞섰다는 것은 누군가 뒤를 쫓음으로써 상대적으로 앞섰다고 여기는 것이다.

그러므로 성인은 인위, 인공, 조작을 가미하지 않은 무위의 일을 처리하고 굳이 말이 필요 없는 말 없음의 가르침을 몸소 행동으로 보여 본받도록 하는 것이다. 만물이 잘 자라더라도 스스로 키운 것이라고 내세우지 않으며 만물이 생산되어 그것을 수확하더라도 제 것으로 소유하지 않는다. 무엇을 하더라도 자신이 했다는 것을 드러내지 않으며 공을 이루더라도 그 공을 스스로 차지하지 않는다. 공을 제 것으로 차지하지 않으므로 그 공은 사라지지 않는 것이다.

第三章 - 安民

不尙賢, 使民不爭. 不貴難得之貨, 使民不爲盜. 不見可欲, 使民不亂. 是以聖人之治, 虛其心, 實其腹, 弱其志, 强其骨. 常使民無知無欲. 使夫智者不敢爲也. 爲無爲則無不治.

나라를 잘 다스리는 이는, 다른 이들에 비해 상대적으로 재주가 더 뛰어난 사람들을 중시하여 등용하지 않으므로 백성들로 하여금 도덕성을 도외시하고 지나치게 재주만을 위주로 경쟁하지 않도록 한다. 얻기 어려운 재물이나 돈을 귀중하게 여기지 않으므로 백성들로 하여금 남의 것을 훔치는 일이 없도록 한다. 탐낼 만한 것들을 보여주지 않으므로 백성들로 하여금 마음의 혼란을 일으키지 않도록 한다.

그러므로 훌륭한 위정자의 통치 방식은 백성들로 하여금 마음속에 자리잡은 번뇌를 비우고 배를 채우게 하며 제 고집대로 하려는 마음의 의지를 약하게 하고 몸의 뼈대를 굳건하게 한다. 언제나 백성들로 하여금 잔꾀를 부리지 못하게 하고 제 욕심대로 하지 못하게 한다. 다른 이들보다 영리한 사람들로 하여금 나랏일을 함부로 하는 일이 없도록 한다. 이렇듯 어떤 일이든지 자연의 도리에 어긋나지 않도록 무위로써 처리하면 다스려지지 않을 일이 없으리라.

第四章 - 無源

道沖而用之或不盈, 淵兮似萬物之宗. 挫其銳, 解其紛, 和其光, 同其塵, 湛兮似或存. 吾不知誰之子. 象帝之先.

도는 텅 빈 그릇이지만 그 무엇을 담아도 가득 차는 법이 없구나. 헤아릴 수 없이 깊어서 만물의 조종이라 하리. 도는 그 날카로움을 무디어지게 하고 얽히고설킨 것을 푸는구나. 빛과 융화하지만 먼지와도 하나가 되나니, 도는 한없이 맑아서 존재하는지조차 분간하기 어렵네. 나는 그가 누구의 자식인지 알 수 없어라. 다만 그 어떤 것보다도 먼저 존재했으리라 여길 뿐.

第五章 - 虛用

天地不仁, 以萬物爲芻狗, 聖人不仁, 以百姓爲芻狗. 天地之間, 其猶橐籥乎! 虛而不屈, 動而愈出, 多言數窮, 不如守中.

천지는 어질지 않구나, 만물을 '풀 개'로 여기는 것을 보니. 임금은 어질지 않구나, 백성을 '풀 개'로 여기는 것을 보니. 천지 사이는 마치 풀무와 같구나, 텅 비었어도 찌그러지지 않고 움직일수록 더욱 나오는구나. 말을 많이 하다 보면 자주 막히게 되나니, 마음속에 간직하여 지키느니만 못하리라.

第六章 - 成象

谷神不死, 是謂玄牝. 玄牝之門, 是謂天地根. 緜緜若存, 用之不勤.

텅 빈 골, 신묘한 작용은 죽지 않는다. 이를 현묘한 암컷이라 부른다. 현묘한 암컷의 문을 천지의 뿌리라고 부른다. 끊임없이 면면히 이어져 오며 써도 써도 고갈되지 않는다.

第七章 - 韜光

天長地久, 天地所以能長且久者, 以其不自生, 故能長生. 是以聖人, 後其身而身先, 外其身而身存. 非以其無私邪? 故能成其私.

천지는 길게 오래오래 존재한다. 천지가 길게 오래오래 존재할 수 있는 까닭은 자기 자신을 위한 삶을 살지 않기 때문에 오래오래 살 수 있는 것이다. 그러므로 성인은 자기 몸을 뒤처지게 하지만 자연스레 앞서게 되고 자신을 제외하지만 제외되지 않는다. 그것은 자기 자신을 위한 삶을 영위하지 않기 때문이 아니겠는가? 그러므로 자신의 영원한 삶은 저절로 완성되는 것이다.

第八章 - 易性

上善若水, 水善利萬物而不爭. 處衆人之所惡, 故幾於道. 居善地, 心善淵, 與善仁, 言善信, 政善治, 事善能, 動善時. 夫唯不爭, 故無尤.

참으로 훌륭한 이의 삶이란 물 흐르듯 자연스럽다. 물은 만물을 두루 이롭게 하고 그 누구와도 다투지 않는다. 뭇사람들이 싫어하는 곳, 낮은 곳으로 가서 자리 잡는다. 물은 도와 가장 가깝다. 물에서 현명한 삶의 방식을 배운다.

물처럼 땅을 잘 가려서 머문다. 깊고도 고요한 연못의 마음을 지닌다. 물이 그러하듯이 누구에게나 어질게 대한다. 언제나 변함없는 물소리처럼 그렇게 믿음직스럽게 말을 한다. 자연스러운 물의 정치로 주변과 세상을 다스린다. 물이 낮은 곳으로 흐르듯 무슨 일이든 순리적으로 처리한다. 때에 맞게 움직이는 물처럼 할 일을 제때에 한다. 물은 그 누구와도 다투지 않으므로 어떤 허물도 있지 않다.

第九章 - 運夷

持而盈之, 不如其已. 揣而銳之, 不可長保. 金玉滿堂, 莫之能守. 富貴而驕, 自遺其咎. 功遂身退, 天之道也.

가질 만큼 가졌는데도 더 채우려 드는 것, 그만두느니만 못 하다네. 이미 날카로운데도 더욱 날카롭게 만들려고 애쓰는 일, 결코 길게 보전하지 못하리니, 황금과 옥이 집 안에 가득하다 한들 제대로 지켜낼 수 없다네. 부유하고 고귀하더라도 교만하면 스스로 그 허물을 남기게 되는 법. 공을 이룬 뒤에 미련 없이 물러나는 게 자연의 도리에 부합하나니.

第十章 - 能爲

載營魄抱一, 能無離乎? 專氣致柔, 能如嬰兒乎? 滌除玄鑒, 能無疵乎? 愛民治國, 能無爲乎? 天門開闔, 能爲雌乎? 明白四達, 能無知乎?

혼백을 실은 존재가 하나를 품고 가면서 이탈하지 않게 할 수 있겠는가? 기운을 전일하게 하여 부드러움을 이룬 뒤에 마치 갓난아이처럼 유연성을 유지할 수 있겠는가? 현묘한 거울을 잘 닦아내어 티 없이 할 수 있겠는가? 백성을 사랑하고 나라를 통치함에 있어서 무위자연의 정치로 다스릴 수 있겠는가? 하늘 문을 여닫는 일을 암컷처럼 자연스레 할 수 있겠는가? 모든 방면에 명명백백하게 통달하는 것을 인위적 지식이 아닌 자연적 지혜로 할 수 있겠는가?

第十一章 - 無用

三十輻, 共一轂, 當其無, 有車之用. 埏埴以爲器, 當其無, 有器之用. 鑿戶牖以爲室, 當其無, 有室之用. 故有之以爲利, 無之以爲用.

서른 개의 바큇살이 하나의 살통으로 연결되어 수레를 이룬다. 비었으므로 말미암아 수레로서의 쓰임새가 나온다. 찰흙을 잘 이겨 그릇을 빚는다. 비었으므로 인해 그릇으로서의 쓰임새가 나온다. 벽에 문을 내고 창을 뚫어 방을 만든다. 비었으므로 인해 방으로서의 쓰임새가 나온다. 그러므로 있음(가짐)에서 이로움이 나오는 것이고 없음(비움)에서 쓰임새가 나오는 것이다.

第十二章 - 檢欲

五色令人目盲, 五音令人耳聾, 五味令人口爽, 馳騁畋獵, 令人心發狂. 難得之貨, 令人行妨. 是以聖人, 爲腹不爲目. 故去彼取此.

온갖 빛깔은 사람의 눈을 멀게 하고 갖가지 소리는 사람의 귀를 먹게 하며 맛 좋은 먹거리들은 사람의 입맛을 버려놓는다. 말달리며 사냥질하는 것은 사람의 마음을 돌게 만들고 얻기 어려운 재화는 사람들에게 못된 짓을 하게 만든다. 따라서 훌륭한 위정자는 자연스레 배를 채울 뿐 눈과 귀와 입을 위해 마음을 쓰지 않는다. 그러므로 보기 좋은 빛깔, 듣기 좋은 소리, 맛 좋은 먹거리에 마음을 쓰지 않고 '생명의 자연'을 온전하게 간직할 뿐이다.

第十三章 - 猒恥

寵辱若驚, 貴大患若身. 何謂寵辱若驚? 寵爲下, 得之若驚, 失之若驚, 是謂寵辱若驚. 何謂貴大患若身? 吾所以有大患者, 爲吾有身, 及吾無身, 吾有何患? 故貴以身爲天下, 若可寄天下, 愛以身爲天下, 若可託天下.

치욕을 총애로 받아들여 깜짝 놀라며 좋아하고 큰 환란을 제 몸처럼 귀하게 여긴다. 치욕을 총애로 받아들여 깜짝 놀라며 좋아한다는 말은 무슨 뜻인가? 누군가의 아랫사람 되는 것을 총애로 여겨 그 지위를 얻어도 놀라며 좋아하고 잃어도 놀라며 슬퍼한다. 그래서 치욕을 총애로 받아들여 깜짝 놀라며 좋아한다고 말한 것이다.

큰 환란을 제 몸처럼 귀하게 여긴다는 것은 무슨 말인가? 나에게 큰 환란이 있는 까닭은 내가 '있음의 몸[有身]'으로 살기 때문이다. 내가 '없음의 몸[無身]'으로 살아간다면 나에게 무슨 환란이 있겠는가? 그러므로 개체적 자아를 넘어 우주적 자아인 '없음의 몸'으로 거듭나게 해서 제 몸과 천하를 똑같이 귀하게 여기는 이에게는 천하를 맡길 만하고 제 몸과 천하를 똑같이 사랑하는 이에게는 천하를 부탁할 만한 것이다.

第十四章 - 贊玄

視之不見, 名曰夷, 聽之不聞, 名曰希, 搏之不得, 名曰微. 此三者不可致詰, 故混而爲一. 其上不皦, 其下不昧. 繩繩兮不可名, 復歸於無物. 是謂無狀之狀, 無物之象, 是謂惚恍. 迎之不見其首, 隨之不見其後. 執古之道, 以御今之有. 能知古始, 是謂道紀.

도(道)는 색깔이 없기에 보려 해도 보이지 않으므로 어슴푸레함이라 하고 또한 소리가 없기에 들으려 해도 들리지 않으므로 희미함이라 하며 더구나 형체가 없기에 잡으려 해도 잡히지 않으므로 미묘함이라 하리라. 이 세 가지를 말로 따진다고 해서 낱낱이 분별해 낼 수는 없으리라. 그러므로 이 세 가지는 혼연일체로 이루어진 본디부터 하나였던 것이라 하리. 그것의 위라 하여 밝은 게 아니요 밑이라 하여 어두운 것도 아니라네.

끊임없이 이어져 개념을 정립할 수 없는지라 만물이 생겨나기 전의 상태로 돌아가 보나니 이것을, 모양 없음의 모양이라 하고 아무것도 없음의 형상이라 하며 이것을, 느낄 수는 있지만 볼 수는 없는 황홀의 경지라 하리라. 앞에서 맞이하여도 그 머리를 볼 수 없고 뒤에서 쫓아가도 그 뒷모습을 볼 수 없구나. 옛 도를 가지고 오늘의 일을 다루나니 아득한 옛적의 시원을 알겠어라. 이를 도의 실마리라 이르리…

第十五章 - 顯德

古之善爲道(士)者, 微妙玄通, 深不可識. 夫唯不可識, 故强爲之容. 豫兮若冬涉川, 猶兮若畏四鄰, 儼兮其若客, 渙兮其若冰釋, 敦兮其若樸, 曠兮其若谷, 混兮其若濁, 澹兮其若海, 飂兮若無止. 孰能濁以靜之徐淸, 孰能安以動之徐生. 保此道者, 不欲盈. 夫唯不盈, 故能蔽不新成.

옛적에 도를 터득하여 잘 실천한 이는 은미하고 오묘한 데다 보이지 않는 세계에 통달하여 그 깊이를 알 수 없나니. 그렇듯 알 수 없겠지만 그래도 굳이 형용하여 보리라. 조심스레 머뭇거리는 모습은 마치 큰 코끼리가 겨울 내를 건너는 듯하고 신중하기 그지없는 태도는 마치 개가 사방의 적을 경계하고 대비하는 듯하네. 숙연한 자세는 마치 초대받은 손님처럼 조심스러워하고 격의 없이 소탈한 모습은 마치 굳은 얼음을 녹이듯 시원스럽네.

투박한 것은 다듬지 않은 통나무 같고 탁 트인 모습은 텅 빈 골짜기처럼 걸림 없네. 흙탕물처럼 흐리멍덩해 보이지만 바다처럼 담박한 모습을 보이기도 하네. 머물 데 없는 나그네처럼 바람 따라 구름 따라 떠도네. 그 누가 흐린 물을 고요하게 하여 서서히 맑아지게 할 수 있으랴. 그 누가 가만히 있는 것을 움직여 서서히 살아나게 할 수 있으랴. 이러한 도리를 지키는 이라면 채우려 들지 않는 법 채우려 들지 않으므로 낡은 것들이라 해도 새롭게 만들지 않나니.

第十六章 - 歸根

致虛極, 守靜篤. 萬物並作, 吾以觀復. 夫物芸芸, 各復歸其根. 歸根曰靜, 靜曰復命. 復命曰常, 知常曰明. 不知常, 妄作凶. 知常容, 容乃公, 公乃全(王), 全(王)乃天, 天乃道, 道乃久, 沒身不殆.

비우기를 극진히 하고 고요함을 철저히 유지한다. 그리하면 만물이 다 같이 생겨나 움직이더라도 나는 그들이 본래의 고요한 자리로 되돌아가는 본연의 참모습[實相]을 볼 수 있다네. 세상 만물이 무성하게 자라더라도 마지막에는 제각기 그들의 뿌리로 되돌아간다네. 뿌리로 되돌아간다는 것은 본래의 고요함으로 되돌아감을 이름이네. 고요함으로 되돌아간다는 것은 천명(天命)으로 복귀한다는 말이네. 천명으로 복귀하는 것은 정상(正常)적 도리(道理)요. 정상적 도리를 아는 것을 밝음이라 하리라. 정상적 도리를 알지 못하면 망령 되이 좋지 못한 짓을 하게 되리라.

정상적 도리를 알면 세상을 포용할 수 있게 되고 세상을 포용하게 되면 지공무사(至公無私)의 공적인 삶을 살 수 있게 되리라. 공적인 삶을 살게 되면 주인공으로서의 온전한 삶을 살 수 있게 되고 하늘을 본받아 더욱 존귀한 삶을 살 수 있게 되리라. 그리고 존귀한 삶에서 더 나아가 자연의 도리에 부합하는 삶을 살게 되고 도리에 부합하는 삶을 살면 천지(天地)와 더불어 하나가 되어 장구한 삶을 살 수 있게 되리라. 죽을 때까지 위태로울 일이 없는 거룩한 존재로서의 삶을 살 수 있게 되리라.

第十七章 - 淳風

太上 不知有之, 其次 親而譽之, 其次 畏之, 其次 侮之. 信不足焉, 有不信焉. 悠兮其貴言. 功成事遂, 百姓皆謂, '我自然'.

물 흐르듯 자연스러운 정치로 천하를 잘 다스리는 최상의 위정자는 천하 사람들이 그런 이가 존재하는지조차 알지 못한다. 그다음으로 천하를 잘 다스린 이는 백성들이 위정자를 가까이하며 그 공덕을 칭송하게 된다. 그다음의 위정자에 대해서는 백성들이 두려워하고 그다음의 위정자에 대해서는 백성들이 그를 업신여기게 된다.

스스로 진실성이 부족하면 다른 이들에게 신뢰를 받지 못하는 법이니 깊이 생각하고 또 생각하여 말을 아끼고 생색을 내지 않아야 백성들로부터 무한한 존경과 신뢰를 얻을 수 있으리라. 이러한 무위자연의 정치라야 그러한 정치에 의해 위대한 공을 이루고 대역사를 완성하더라도 백성들이 다 같이 위정자의 정치 역량이 주된 성공의 요인이라는 사실을 인식하지 못하고 "우리 모두의 노력에 의해 자연스레 이루어진 것이다"라고 이야기하게 된다.

第十八章 - 俗薄

大道廢, 有仁義, 智慧出, 有大僞, 六親不和, 有孝慈, 國家昏亂, 有忠臣.

세상 사람들이 처음에는 위대한 도에 의해 인위, 인공, 조작이 가미되지 않은 순리와 자연의 소박한 삶을 영위하다가 점차 도덕의식이 미약해지면서 어느 정도 인위적 노력이 가미된 어짊과 의로움을 강조하는 세상으로 되었고 따지고 분별하는 지혜를 중시하는 풍조가 등장하면서 거짓과 속임수가 횡행하는 불신의 사회로 바뀌었다.

부모, 형제, 부부간의 자연스러운 인간관계에 사사로운 욕심과 아집(我執)이 개입되어 화목하지 못하게 되면서 세상은 효성과 자애로움 등의 윤리적 가치관을 강조하게 되었고 국가의 도덕적 기본질서가 혼란스러워지고 나라가 위태로워지면서 그러한 위기를 온몸으로 막으려는 충신들의 행적이 부각되고 세상의 이목을 끌게 되었다.

第十九章 - 還淳

絶聖棄智, 民利百倍, 絶仁棄義, 民復孝慈, 絶巧棄利, 盜賊無有. 此三者, 以爲文不足. 故令有所屬. 見素抱樸, 少私寡欲.

거룩함을 끊고 아는 것을 버려야 백성들의 이로움이 백배에 달하리라. 가식이 깃든 인자함을 끊고 의로움을 버려야 백성들은 참으로 효성스럽고 자애로워지리라. 기교를 끊고 이익을 버려야 도적질이 없어지리라. 세상에서는 이 세 가지를 문물과 제도로 삼고 있으나 다소 미흡한 부분이 있으므로 더 근원적 가치 개념을 제시하여 그에 따르도록 하리라.

섬유의 본바탕 빛깔을 물들이지 말고 그대로 드러나게 하며 통나무의 질박한 속성을 훼손하지 말고 원형 그대로 안고 살아야 하리라. 개인적 이익을 추구하거나 자기 자신을 내세우는 것을 적게 하고 뭔가를 만들거나 이루려고 하는 의도와 사사로운 욕심을 줄여야 하리라.

第二十章 - 異俗

絶學無憂, 唯之與阿, 相去幾何? 美之與惡, 相去若何? 人之所畏, 不可不畏. 荒兮其未央哉! 衆人熙熙, 如享太牢, 如春登臺. 我獨泊兮, 其未兆, 如嬰兒之未孩, 儽儽兮, 若無所歸. 衆人皆有餘 而我獨若遺. 我愚人之心也哉! 沌沌兮! 俗人昭昭, 我獨昏昏. 俗人察察, 我獨悶悶. (澹兮其若海, 飂兮若無止) 衆人皆有以, 而我獨頑且鄙. 我獨異於人, 而貴食母.

더 많은 것을 알기 위한 배움을 그만두면 근심 걱정이 사라지리라. '예'라는 대답과 '응'이라는 말의 거리는 얼마나 되는가? 좋다거나 아름답다는 개념과 나쁘다거나 밉다는 생각의 거리는 얼마나 되는가?

사람들이 신경 쓰고 두려워하는 바를 신경 쓰고 두려워하지 않을 수는 없겠지만 그런 식으로 일일이 따지고 든다면 세상은 얼마나 황량하고 거칠어지겠는가? 배운 지식을 잣대로 삼아 일일이 살피고 따지려 든다면 그것은 아마도 끝이 없을 것이다. 세상 사람들은 그저 희희낙락하는구나. 마치 큰 소를 잡아 잔치를 벌이는 듯, 남녀가 서로 어울려 봄놀이를 하는 듯…. 나만 홀로 담백하나니. 그 어떤 표정도 없는 것은 아직 웃지도 못하는 어린아이 같구나. 초라한 모습은 마치 돌아갈 집도 없는 떠돌이 같구나. 사람들은 모두 여유롭고 넉넉해 보이는데 나만 홀로 부족해 보이고 뭔가 잃어버린 사람 같구나.

나는 어리석은 사람의 마음을 지녔구나. 어리숙하고 어리숙하도다. 사람들은 모든 부면에 밝은데 나만 홀로 어둡구나. 사람들은 매사 잘 살피는데 나만 홀로 흐리멍덩하구나. (고요하고 깊구나, 마치 바다처럼. 바람결 같구나, 어디에도 머물지 않는 것은) 사람들은 다 쓸모가 많지만 나만 홀로 아무런 쓸모가 없는 사람처럼 완고하고 촌스럽구나. 나만 홀로 다른 사람들과 달리 먹여주는 어미를 존귀하게 여기는구나.

第二十一章 - 虛心

孔德之容, 惟道是從. 道之爲物, 惟恍惟惚. 惚兮恍兮, 其中有象, 恍兮惚兮, 其中有物. 窈兮冥兮, 其中有精, 其精甚眞, 其中有信. 自今及古, 其名不去, 以閱衆甫. 吾何以知衆甫之狀哉! 以此.

태초(太初)에, 무형(無形)의 세계로부터 하나의 통로를 통하여 유형(有形)의 세계로 나오는 덕스러운 모습은 오직 도(道)로부터 나올 뿐이다. 다시 말해 덕(德)이란, 만물(萬物)의 시원이자 아버지인 도가 무(無)의 세계로부터 만물의 어머니인 유(有)의 세계로 통하는 구멍을 통해 만상(萬象), 만물로 드러나는 작용을 말한다. 보이지도, 들리지도 않고 붙잡을 수도 없는 도가 유형의 물상(物象)으로 변화하는 모습은 오로지 황홀하여 실체를 형용하기 어렵다.

홀연 나타나되 형체를 알아보기 어렵지만 그 속에 분명 만 가지 현상이 있고 형체를 알아보기 어렵되 홀연 나타나나니 그 속에 분명 만물이 있다. 고요하고 어둡지만 그 속에 만물의 바탕 물질[精]이 있고 그 바탕 물질은 참되고 그 속에 믿음이라는 씨앗이 있다. 예부터 지금에 이르기까지 그 이름이 떠난 적 없으니 그것으로써 만물 창조의 시원이자 아버지인 중부(衆父)를 본다. 나는 무엇으로써 만물 창조의 아버지인 중부의 모습을 알겠는가? 바로 이것으로써, 즉 도의 작용으로 나타나는 덕을 미루어 아는 것이다.

第二十二章 - 益謙

曲則全, 枉則直, 窪則盈, 敝則新, 少則得, 多則惑. 是以聖人抱一爲天下式. 不自見故明, 不自是故彰, 不自伐故有功, 不自矜故能長. 夫唯不爭, 故天下莫能與之爭. 古之所謂曲則全者, 豈虛言哉! 誠全而歸之.

굽은 것이 온전한 법이다. 구부리면 펴게 되고 움푹 팬 곳은 채워지게 되며 낡아진 뒤에 새로워지고 아는 것이 적으면 터득하게 되며 배운 것이 많으면 미혹에 빠지게 된다. 이러한 까닭으로 성인은 하나를 가슴에 안고서 천하의 표준이 되는 것이다.

스스로 현명함을 드러내지 않으므로 자연스레 빛을 발하게 되고 스스로 옳다는 것을 내세우지 않으니 저절로 드러나게 되며 스스로 자신의 공로를 내세우지 않으므로 도리어 공로를 인정받게 되고 스스로 잘난 체하지 않으므로 지도자로서의 역할을 하게 된다. 남들과 다투려는 마음이 없으므로 천하 사람들이 그와 더불어 다툴 수 없게 된다. 예부터 일컬어져 온 '굽은 것이 온전하다'는 이야기가 어찌 헛된 말이겠는가? 참으로 온전할 수 있으리니 온전함을 유지한 채 자연 수명을 온전하게 누리고 무의 세계로 돌아갈 수 있으리라.

第二十三章 - 虛無

希言自然. 故飄風不終朝, 驟雨不終日. 孰爲此者? 天地. 天地尚不能久, 況於人乎? 故從事於道者, 同於道, 德者, 同於德, 失者, 同於失. 同於道者 道亦樂得之, 同於德者, 德亦樂得之, 同於失者, 失亦樂得之. 信不足焉, 有不信焉.

'소리 없는 말'이, 자연이 인간에게 하는 참된 말이다. 그러므로 거센 바람은 아침나절 불지 못하고 퍼붓듯 쏟아지는 세찬 소낙비는 한나절을 가지 못한다. 거센 바람을 일으키고 세찬 소낙비를 내리게 하는 이는 누구인가? 천지자연이 아닌가. 천지자연조차 도를 벗어난 비정상적인 현상을 오랫동안 지속하지 못하는데 하물며 사람이랴?

그러므로 도를 따르는 이는 도에 동화되고 덕을 좇는 이는 덕에 동화되며 도를 벗어나고 덕을 잃어 길 아닌 데로 가는 사람은 스스로 추구하는 도 아닌 분야에 동화되리라. 도에 동화된 이를, 도 역시 받아들일 것이고 덕에 동화된 이를, 덕 역시 받아들일 것이며 도 아닌 분야에 동화된 이를, 도 아닌 분야에서 또한 받아들이리라. 무위자연의 도와 덕이 지닌 절대적 신뢰성을 확보하지 못하면 다른 이들로부터 신뢰를 받지 못하리라.

第二十四章 - 苦恩

企者不立, 跨者不行. 自見者不明, 自是者不彰, 自伐者無功, 自矜者不長. 其在道也, 曰 餘食贅形. 物或惡之, 故有道者不處.

발돋움해서는 오래 서지 못하고, 가랑이를 크게 벌린 채로는 제대로 걷지 못하리라. 스스로 보이려고 애쓰면 온전하게 드러나지 못하고, 스스로 옳다고 고집하면 제대로 인정받지 못하게 되며, 공을 세웠더라도 그 공로를 내세우면 그 공은 사라지게 되고, 스스로 잘난 체하면 무리의 지도자가 될 수 없으리라. 이러한 행위들은 도리에 비추어 볼 때, 마치 먹다 남긴 음식이나 불필요한 군더더기일 뿐이어서, 세상 사람들이 싫어할 수 있으므로, 도를 체득한 이는 그런 처신을 하지 않는다.

第二十五章 - 象元

有物混成, 先天地生. 寂兮寥兮, 獨立而不改, 周行而不殆, 可以爲天下母. 吾不知其名, 强字之曰道, 强爲之名曰大. 大曰逝, 逝曰遠, 遠曰反. 故道大, 天大, 地大, 人亦大. 域中有四大, 而人居其一焉. 人法地, 地法天, 天法道, 道法自然.

어떤 존재가 혼돈 속에 이뤄졌는데 천지보다 먼저 생겨났다네. 아무 소리 없이 고요하고 어떤 형상도 없이 텅 비었구나. 무엇에 의지하지 않고 홀로 서서 늘 한결같으며 두루 다니더라도 위태로울 일이 없나니, '천하의 어머니'라고 할 만하다네. 나는 그의 이름을 알지 못한다네. 그저 문자로 표현한다면 도(道)라 할 것이요, 억지로 이름을 붙인다면 크다 하리라.

크다는 것은 계속 뻗어간다는 것이고, 계속 뻗어가게 되면 멀리 가게 되고, 멀리 가면 끝에 가서는 되돌아오게 되리라. 그러므로 도가 크고 하늘도 크며 땅도 크고 사람 또한 크구나! 우주에는 네 가지 큰 것이 있는데, 사람이 그중 하나를 차지한다네. 사람은 땅을 본받고 땅은 하늘을 본받으며, 하늘은 도를 본받고 도는 자연을 본받는구나!

第二十六章 - 重德

重爲輕根, 靜爲躁君. 是以君子終日行, 而不離輜重. 雖有榮觀, 燕處超然. 奈何萬乘之主, 而以身輕天下? 輕則失根, 躁則失君.

무거운 것은 가벼운 것의 뿌리요, 조용한 것은 조급한 것의 임금이네. 그러므로 군자는 날 저물도록 다니더라도, 행렬의 중심에 있는 무거운 짐수레에서 떠나지 않나니, 비록 화려한 볼거리가 있을지라도 평소와 다름없이 담담하고 초연할 뿐이네. 어떻게 만 대의 전차(戰車)를 지닌 만승(萬乘) 천자로서 스스로 천하 사람들에게 가볍게 처신할 수 있겠는가? 가볍게 처신하면 뿌리를 잃는 것이요, 조급하게 굴면 임금의 권위를 잃는 것이라네.

第二十七章 - 巧用

善行無轍迹, 善言無瑕謫, 善數不用籌策, 善閉無關楗而不可開, 善結無繩約而不可解. 是以聖人常善救人故無棄人, 常善救物故無棄物. 是謂襲明. 故善人者, 不善人之師, 不善人者, 善人之資. 不貴其師, 不愛其資, 雖智大迷, 是謂要妙.

수레를 정말 잘 모는 사람은, 지나간 뒤에 수레바퀴 자국이 남지 않고, 말을 참으로 잘하는 이는, 흠 잡거나 따질 데가 없으며, 셈을 정말 잘하는 사람은, 산가지를 사용하지 않는 법이라네. 문을 참으로 잘 닫는 이는, 잠금장치를 쓰지 않더라도 남들이 열지 못하고, 정말 잘 묶는 사람은, 튼튼한 끈으로 묶지 않더라도, 풀지 못하는 법이라네.

따라서 참으로 훌륭한 위정자는, 언제나 사람을 잘 활용하므로 버려지는 사람이 없게 되고, 늘 만물을 잘 활용하므로, 버려지는 물건이 없게 되나니, 이를 밝음을 체득한 것이라 이르리. 그러므로 뭔가를 잘하는 사람은, 그렇지 못한 사람의 스승이요, 잘하지 못하는 사람은 잘하는 사람에게 도움 되는 존재라. 그 스승 됨을 귀하게 여기지 않고, 그 도움 되는 존재를 아끼지 않는다면, 비록 지식을 지녔다 하더라도 크게 미혹된 것이니, 이를 핵심 묘리(妙理)라 이르리.

第二十八章 - 反樸

知其雄, 守其雌, 爲天下谿. 爲天下谿, 常德不離, 復歸於嬰兒. 知其白, 守其辱, 爲天下谷. 爲天下谷, 常德乃足, 復歸於樸. 樸散則爲器, 聖人用之, 則爲官長, 故大制不割.

남성다운 굳센 기질을 갖추고도 여성다운 부드러움을 지키면 천하의 골짜기가 되나니 천하의 골짜기가 되면 그 골짜기로 덕이 모여들게 되고 언제나 덕이 떠나지 않아 마지막에는 순진무구한 갓난아이 상태로 되돌아가게 된다. 영대(靈臺)가 밝아서 명명백백하게 알면서도 마치 사리에 밝지 못해 어두운 것처럼 일절 아는 티를 내지 않는, 무심(無心)의 바보스러움을 지키면 천하의 큰 골이 되나니 천하의 큰 골이 되면 언제나 덕이 풍족해져 다듬기 전의 질박한 통나무로 되돌아가게 된다. 통나무를 쪼개면 그릇이 되나니 위정자가 그것(통나무)을 쓰면 관아의 우두머리가 된다. 그러므로 참으로 크게 쓰려면 잘게 쪼개지 않는 법이다.

第二十九章 - 無爲

將欲取天下而爲之, 吾見其不得已. 天下神器, 不可爲也, 不可執也. 爲者敗之, 執者失之. 是以聖人無爲故無敗, 無執故無失. 故物或行或隨, 或噓或吹, 或强或羸, 或培或墮. 是以聖人 去甚, 去奢, 去泰.

천하를 차지하려고 하되 무위자연의 도리를 벗어나 인위적 노력을 기울인다. 나는 그런 이들이 천하를 얻지 못하리라 본다. 천하는 신령스런 기물이어서 인위적 노력으로 차지할 수 없고 잡을 수도 없는 것이다. 그런데도 인위적 노력으로 차지하려고 하면 실패하게 되고 권력을 잡아 놓치지 않으려 해도 잃게 된다. 그래서 도리를 체득한 훌륭한 이는 천하를 인위적 노력으로 차지하지 않으므로 실패하지 않고 권력을 잡아도 잃지 않게 된다.

그러므로 만물의 모습은 각양각색이어서 어떤 것은 앞서가고 어떤 것은 뒤따르며 어떤 것은 숨을 코로 약하게 쉬고 어떤 것은 숨을 입으로 거칠게 쉬며 어떤 것은 강하고 어떤 것은 약하며 어떤 것은 북돋아 주고 어떤 것은 무너뜨린다. 그러므로 우주 자연의 도리(道理)를 체득한 훌륭한 이는 도리에 부합하지 않는 모든 것을 배제한다. 즉 무슨 일이든 도를 넘지 않고 겉치레나 사치스러움을 버리며 필요 이상으로 크게 만들고 화려하게 꾸미는 호화로움을 지양하는 것이다.

第三十章 - 儉武

以道佐人主者, 不以兵强天下. 其事好還. 師之所處, 荊棘生焉. (大軍之後必有凶年) 善有果而已, 不以取强. 果而勿矜, 果而勿伐, 果而勿驕, 果而不得已, 果而勿强. 物壯則老, 是謂不道. 不道早已.

도로써 임금을 보좌하는 이는 무력을 동원해 천하를 강압적으로 다스리도록 하지 않는다. 그렇게 처리한 일은 그에 상응하는 대가로 바로 되돌아오게 된다. 군사를 주둔시켰던 곳은 가시덤불로 뒤덮이게 되고 (큰 전쟁을 치른 뒤에는 반드시 흉년이 들게 마련이다.) 임금을 보좌하여 일을 잘 처리하는 이는 소기의 성과를 거둔 뒤에는 더 이상 밀어붙이지 않으며 강압적으로 차지하지 않는다.

성과를 거두었으되 자랑하지 않고 성과를 거두었으되 공을 가로채지 않는다. 성과를 거두었으되 교만하지 않고 성과를 거두었으되 어쩔 수 없이 한 것이며 성과를 거두었으되 강압적으로 밀어붙이지 않는다. 만물은 기운이 왕성하면 곧 노쇠하게 되나니 그런 현상을 도리에 부합하지 않는 것이라 이른다. 도리에 부합하지 않으면 오래가지 못하고 일찍 끝나게 된다.

第三十一章 - 偃武

夫兵者, 不祥之器, 物或惡之, 故有道者不處. 君子居則貴左, 用兵則貴右. 兵者不祥之器, 非君子之器, 不得已而用之, 恬淡爲上. 勝而不美而美之者, 是樂殺人. 夫樂殺人者, 則不可得志於天下矣. 吉事尙左, 凶事尙右. 偏將軍居左, 上將軍居右, 言以喪禮處之. 殺人之衆, 以悲哀泣之, 戰勝以喪禮處之.

무릇 무력이란 것은 상서롭지 못한 것이어서, 사람들이 대체로 싫어하는 것이므로, 도를 따르는 이는 무슨 일을 무력으로 처리하지 않는다. 훌륭한 이는, 평상시에는 왼쪽을 귀하게 여기지만, 군대를 움직일 때는 오른쪽을 더 귀하게 여긴다. 군대란 상서롭지 못한 것이라, 군자가 다룰 대상이 아니다. 어쩔 수 없이 쓰는 것으로, 따라서 초연하고 담담한 마음가짐이 우선이므로, 비록 전쟁에서 승리했다 하더라도 그것을 찬미하지 않는다.

전쟁 승리를 찬미하지 말아야 하는데도 찬미하는 사람은, 사람 죽이는 일을 즐기는 자이니, 무릇 사람 죽이는 일을 즐기는 자는, 세상에서 큰 뜻을 펼 수 없을 것이다. 길한 일을 도모할 때에는 왼쪽을 중시하고 흉한 일을 처리할 때에는 오른쪽을 더 귀중하게 여긴다. 편장군이 왼쪽에 자리하고 더 높은 지위의 상장군이 오른쪽에 자리하는 것은 상례(喪禮)에 따라 처신하는 것임을 말해준다. 비록 부득이한 일이라고는 하지만 많은 사람을 죽였으므로 슬피 울어 애도하는 것이고 전쟁에서 승리했다 하더라도 상례로써 처리하는 것이다.

第三十二章 - 聖德

道常無名, 樸. 雖小, 天下莫能臣. 侯王若能守之, 萬物將自賓. 天地相合, 以降甘露, 民莫之令而自均. 始制有名, 名亦旣有, 夫亦將知止, 知止可以不殆. 譬道之在天下, 猶川谷之於江海.

도는 이름 붙이기 전의 이름 없는 그 무엇, 다듬기 이전의 통나무 같은 것이라 하겠다. 도의 이러한 속성을 그대로 보여주는, 가공하기 이전의 통나무 같은 사람은 비록 보잘것없어 보이지만 천하의 그 누구도 신하로 삼아 부리지 못한다. 제후나 임금, 즉 통치자가 만약 도를 지킬 수 있다면 모든 이가 그 통치 구역으로 스스로 찾아오게 될 것이다.

이렇듯 도에 따르는 세상은 하늘과 땅이 서로 교감하여 단 이슬을 내리고 백성들을 법령으로 통제하지 않아도 스스로 균형과 조화를 이루게 된다. 통나무를 다듬어 비로소 뭔가를 만들면 그때부터는 이름이 붙게 되고 이름이 붙게 되면 끝없는 분화(分化)로 이어져 통나무로서의 자연스러움과 멀어지게 되고 질박한 속성을 잃게 되므로 어느 단계에 이르러서는 그칠 줄 알아야 한다. 그쳐야 할 때 그칠 줄 알면 위태로워지지 않기 때문이다. 결론적으로 비유하자면 도가 천하에 존재하는 것은 마치 강과 바다에 흘러들어오는 물의 근원인 산골짜기의 시냇물 같은 것이라 하겠다. 천하 사람들이 길을 말미암아 다니듯이 세상의 온갖 물은 흘러흘러 바다로 모여드는 법이다.

第三十三章 - 辯德

知人者智, 自知者明. 勝人者有力, 自勝者强. 知足者富. 强行者有志. 不失其所者久. 死而不亡者壽.

다른 사람에 대해 잘 아는 것은 지혜로움이고 자기 스스로에 대해 잘 아는 것은 밝음이다. 다른 사람을 이김은 힘이 센 것이고 자기 스스로를 이김은 강한 것이다. 만족할 줄 아는 사람이 진정한 부자이고 강력하게 실천하는 사람이 뜻 있는 사람이다. 제자리를 벗어나지 않아야 오래갈 수 있는 것이고 죽은 뒤에도 사라지지 않는 사람이라야 참으로 장수를 누리는 것이다.

第三十四章 - 任成

大道汎兮, 其可左右. 萬物恃之以生而不辭, 功成而不有. 衣養萬物而不爲主, 可名於小. 萬物歸焉而不爲主, 可名爲大. 以其終不自爲大, 故能成其大.

위대한 도는 세상에 넘쳐흘러서 왼쪽으로 가기도 하고 오른쪽으로 흐르기도 한다. 만물이 도에 의지하여 생겨나지만 그것을 마다하지 않고 공을 이루고도 차지하지 않으며 만물을 입히고 먹여서 기르되 주인 노릇 하지 않는다. 스스로의 존재와 역할을 일절 드러내 보이지 않으므로 보잘것없는 것으로 일컬어질 수 있으리라. 만물이 다 같이 도에 귀의하되 자신을 내세워 주인 노릇 하지 않으니 위대하다고 하겠다. 스스로 위대하다고 여기지 않으므로 그 위대함을 자연스럽게 이룰 수 있는 것이다.

第三十五章 - 仁德

執大象, 天下往. 往而不害, 安平泰. 樂與餌, 過客止. 道之出口,淡乎其無味, 視之不足見, 聽之不足聞, 用之不足旣.

위대한 형상, 즉 도를 잡은 이에게 천하 사람들이 몰려가게 된다. 그리로 몰려가서 도의 정치가 행해지는 곳에서 살면 어떤 피해도 입지 않는다. 백성은 안락하게 살고 나라는 평화로우며 천하는 태평성세를 구가할 것이다.

풍악을 울리고 맛난 음식을 차려 잔치를 베풀면 지나가는 사람들의 흥미를 끌어 그들을 멈추게 할 수 있으련만 도에 대한 이야기는 아무리 말해도 담백하여 그 어떤 맛도 느끼지 못한다. 도는, 보려 해도 잘 보이지 않고 들으려 해도 잘 들리지 않지만 그 쓰임새는 써도 써도 다함이 없는 신묘한 속성을 지니고 있다.

第三十六章 - 微明

將欲歙之, 必固張之, 將欲弱之, 必固强之, 將欲廢之, 必固興之, 將欲取之, 必固與之, 是謂微明. 柔弱勝剛强. 魚不可脫於淵, 國之利器, 不可以示人.

자연의 이치는, 장차 오므리고자 하면 반드시 먼저 펼치고 장차 약화시키려면 반드시 먼저 강하게 하며 장차 폐지하려면 반드시 먼저 흥성하게 하고 장차 가져오려면 반드시 먼저 주는 법이다. 이를 미명(微明), 즉 '명백하게 드러나기 전의 미미한 밝음'이라고 하겠다. 부드럽고 약한 것이 굳센 것을 이긴다. 물고기가 연못을 벗어나면 안 되는 것처럼 나라의 날카로운 병기를 사람들에게 드러내 보여 두려움을 주면 안 된다.

第三十七章 - 爲政

道常無爲而無不爲. 候王若能守之, 萬物將自化. 化而欲作, 吾將鎭之以無名之樸. 無名之樸, 夫亦將不欲. 不欲以靜, 天下將自正.

도는 늘 아무 일도 하지 않는 것처럼 자연스럽게 하는데도 되지 않는 일이 없다. 제후나 임금이 만약 도에 따라 정치를 한다면 만물은 저절로 바뀌게 될 것이다. 저절로 바뀌는데도 자연스러움을 벗어나 인위적 정치를 시도할 경우 나는 이름 붙이기 이전의 통나무처럼 소박한 도로써 그런 인위적 정치 행위를 억제할 것이다. 이름 붙이기 이전의 통나무 같은, 무위정치로 세상을 다스릴 경우 자연스러움을 벗어난 그 어떤 정치적 야욕도 부리지 않게 되리라. 아무런 정치적 야욕 없이 조용히 도로써 다스리더라도 천하는 저절로 바른 세상이 될 것이다.

第三十八章 - 論德

上德不德, 是以有德, 下德不失德, 是以無德. 上德無爲而無以爲(下德無爲而有以爲), 上仁爲之而無以爲, 上義爲之而有以爲, 上禮爲之而莫之, 應則攘臂而扔之, 故失道而後德, 失德而後仁, 失仁而後義, 失義而後禮. 夫禮者, 忠信之薄而亂之首. 前識者, 道之華而愚之始. 是以大丈夫處其厚, 不居其薄, 處其實, 不居其華. 故去彼取此.

최상의 풍부한 덕을 지닌 이는 덕을 드러내거나 내세우지 않으므로 세상 사람들로부터 진정한 덕스러움이 있음을 인정받게 된다. 덕이 부족한 사람은 모자란 덕을 의식하여 스스로의 덕을 드러내거나 내세움으로써 도리어 세상 사람들로부터 덕이 부족하다는 것을 알게 만든다.

풍부한 덕을 지닌 이는 스스로 드러내거나 내세우려는 인위적 노력이 없고 인위적 노력을 통해 뭔가를 하거나 대가를 얻으려는 의도가 없다. (덕이 부족한 사람은 스스로 드러내거나 내세우려는 인위적 노력은 없다 하더라도 인위적 노력을 통해 뭔가를 하거나 대가를 얻으려는 의도가 전혀 없는 것은 아니다.)

최상의 인자스러움을 지닌 이는 비록 인위적 노력을 기울이기는 하지만 인위적 노력을 통해 뭔가를 하거나 대가를 얻으려는 의도를 갖고 있는 것은 아니다. 최상의 의로움을 지닌 이는 인위적 노력을 기울이고, 인위적 노력을 통해 뭔가를 하거나 대가를 얻으려고 한다.

최상의 예법을 추구하는 이는 인위적 노력을 기울이고, 온갖 노력을 기울였음에도 따르지 않으면 팔을 걷어붙이고 잡아 끌어당겨서라도 억지로 하게 만든다. 그러므로 세상에서 도가 사라진 뒤에 덕스러움을 중시하게 되었고 덕스러움이 사라진 뒤에 인자스러움을 중시하게 되었으며 인자스러움이 사라진 뒤에 의로움을 중시하게 되었고 의로움이 사라진 뒤에 예법을 중시하게 되었다.

예법이라는 것은 진실성과 믿음성이 엷어지면서 중시하게 된 것으로서 가치관을 혼란스럽게 만든 우두머리이고 예전에 행해졌던 법과 제도에 대한 과거의 지식은 인위적인 의도가 드러나 겉으로는 화려해 보이지만 실속이 부족한 도의 꽃이자 오늘의 현실을 제대로 읽지 못하는 어리석음의 시초라 하겠다.

그러므로 훌륭한 구도자는 돈독하고 두터운 도덕을 추구하지 인위적인 의도에 의한, 얄팍한 예법을 지키려 애쓰지 않고 결실을 거둘 수 있는 도덕을 추구하지 인위적 의도가 드러나는 화려한 꽃을 보여주려 애쓰지 않는다. 따라서 드러내 보이려는 화려한 꽃이나 얄팍한 예법을 버리고 결실로 이어질 열매와 돈독하고 두터운 도덕을 취한다.

第三十九章 - 法本

昔之得一者, 天得一以清, 地得一以寧, 神得一以靈, 谷得一以盈, 萬物得一以生, 侯王得一以爲天下正. 其致之一也, 謂天無以清, 將恐裂, 地無以寧, 將恐廢, 神無以靈, 將恐歇, 谷無以盈, 將恐竭, 萬物無以生, 將恐滅, 侯王無以正, 將恐蹶. 故貴以賤爲本, 高以下爲基. 是以侯王自稱, 孤, 寡, 不穀. 此非以賤爲本邪? 非乎? 故至譽無譽. 是故不欲琭琭如玉, 珞珞如石.

태초에 하나인 도를 터득하여 이루어진 것들이 있다. 하늘은 그 하나를 터득하여 맑은 하늘이 되었고 땅은 그 하나를 터득하여 안정을 되찾았으며 신은 그 하나를 터득하여 신령스러움을 지니게 되었다. 골짜기는 그 하나를 터득하여 채울 수 있었고 만물은 그 하나를 터득하여 생산할 수 있게 되었으며 후왕은 그 하나를 터득하여 천하를 바르게 다스릴 수 있었다.

그렇게 되도록 한 것은 하나이다. 하늘이 그 무언가를 통해 맑아지게 할 수 없다면 장차 쪼개지게 될 것이고 땅이 그 무언가를 통해 안정시키지 못한다면 장차 무너지게 될 것이며 신이 그 무언가를 통해 신령스러움을 지니지 못한다면 장차 그 어떤 영험도 없어져서 시들해질 것이다. 골짜기가 그 무언가를 통해 빈 곳을 채울 수 없다면 장차 마르게 될 것이고 만물이 그 무언가를 통해 생산하지 못한다면 장차 소멸하게 될 것이며 후왕이 그 무언가를 통해 천하를 바르게 다스리지 못한다면 장차 백성들에 의해 왕조가 뒤집힐 것이다.

그러므로 귀한 것은 천한 것을 근본으로 삼고 높은 것은 낮은 것을 기반으로 삼는 법이다. 따라서 후왕은 스스로 일컫기를 '의지할 데 없는 외로운 사람' '여러 가지 면으로 부족한 사람' '쭉정이처럼 잘 영글지 못한 사람'으로 지칭하니 이것이 바로 '천함을 근본으로 삼는다'고 한 것이 아니겠는가? 그렇지 않은가? 그러므로 최상의 예찬은 예찬의 언사(言辭)를 쓰지 않는 법이다. 그러므로 옥처럼 고귀한 모습도 아니요, 돌처럼 볼품없는 모습도 아닌 그저 있는 그대로, 생긴 그대로의 자연스러운 모습으로 살아야 하리라.

第四十章 - 去用

反者道之動, 弱者道之用. 天下萬物生於有, 有生於無.

근본으로 돌아가는 것이야말로 도의 움직임의 특징이라 하겠다. 유약한 것이야말로 도의 쓰임새의 특징이라 하겠다. 만물은, 드러난 도에 해당하는 '있음'에서 생겨나고 드러난 도에 해당하는 '있음'은 드러나지 않은 도에 해당하는 '없음'에서 생겨난 것이다.

第四十一章 - 同異

上士聞道, 勤而行之, 中士聞道, 若存若亡, 下士聞道, 大笑之. 不笑不足以爲道. 故建言有之, 明道若昧, 進道若退, 夷道若纇, 上德若谷, 廣德若不足, 建德若偸, 質眞若渝, 大白若辱, 大方無隅, 大器晩成, 大音希聲, 大象無形, 道隱無名. 夫唯道, 善貸且成.

정신적 수준이 높은 구도자는 도의 진리에 대해 들으면 부지런히 도를 실천하고 정신적 수준이 중간 정도 되는 구도자는 도의 진리에 대해 들으면 도에 대해 올바로 인식해 실천하기도 하고 그러지 않기도 하며 정신적 수준이 낮은 사람은 도의 진리에 대해 들으면 크게 비웃는다. 도를 전혀 모르는 사람이 비웃지 않을 정도라면 그것은 진정한 도의 진리라 할 수 없을 것이다.

예부터 전해져 오는 이야기 중에 이런 말이 있다. 도의 진리에 대해 밝게 아는 이는 마치 도의 진리에 어두운 것처럼 보이고 도의 진리에 대해 진전이 있는 사람은 오히려 퇴보한 것처럼 비치며 참으로 평탄한 길은 언뜻 보기에는 울퉁불퉁한 것처럼 여겨진다. 높은 덕은 마치 골짜기 같고 너른 덕은 부족한 것처럼 보이며 확고히 세워진 덕은 보잘것없는 것처럼 비치고 본질적으로 참된 것은 변질된 것처럼 보인다.

너무 결백한 것은 오히려 더럽게 보이고 거대한 사각형은 모서리가 없으며 큰 그릇은 늦게 완성되고 큰 소리는 희미하게 들리며 큰 형상은 어떤 모양인지 파악하기 어려운 법이다. 도는 그 모습이 드러나지 않으므로 뭐라 이름 붙일 수 없다. 오로지 도의 진리를 체득해야만 모든 것을 시작도 잘하고 완성도 잘할 수 있을 것으로 판단된다.

第四十二章 - 道化

道生一, 一生二, 三生萬物. 萬物負陰而抱陽, 沖氣以爲和. 人之所惡, 唯孤寡不穀, 而王公以爲稱. 故物或損之而益, 或益之而損. 人之所教, 我亦教之. 强梁者不得其死, 吾將以爲教父.

도에서 하나인 태극이 나오고 하나인 태극에서 둘로 갈라져 음양으로 나뉘게 되며 음양의 합일을 통해 만물 생성의 시원인 셋이 등장하고 셋은 만물을 빚어내기 시작한다. 이렇게 나오기 시작한 만물은 뒤로 음을 지고 앞으로 양을 안은 채 두 기운이 합해져 조화를 이루는 것이다.

사람들이 그렇게 되기를 싫어하는 것으로는 부모를 잃은 아이, 짝을 잃은 사람, 보잘것없는 사람인데 임금은 그런 이름을 자신의 칭호로 삼는다. 그러므로 만물은 덜어내더라도 오히려 늘어나기도 하고 혹은 보태더라도 도리어 줄어들기도 한다. 다른 사람들이 가르치는 바를 나 또한 가르치고자 한다. '강포한 자는 제명대로 살지 못하고 죽는다'고 하는데 나는 이것을 가르침의 으뜸으로 삼으려 한다.

第四十三章 - 徧用

天下之至柔, 馳騁天下之至堅. 無有入無間, 吾是以知無爲之有益. 不言之教, 無爲之益, 天下希及之.

세상에서 가장 부드러운 것이 가장 굳센 것을 부리는 법이다. 형체 없는 것이라야 틈이 없는 곳으로 들어갈 수 있다. 이런 이치로 미루어 인위(人爲), 인공(人工)의 요소가 없는 무위자연의 유익함을 알 수 있는 것이다. 말없이 스스로 깨닫게 하는 가르침과 인위적 요소를 배제한 무위의 유익함에 생각이 미치는 사람은 세상에 매우 드물다.

第四十四章 - 立戒

名與身孰親? 身與貨孰多? 得與亡孰病? 甚愛必大費, 多藏必厚亡. 故知足不辱, 知止不殆, 可以長久.

명예와 몸 중 어느 것에 더욱 신경 써야 하는가, 몸과 재산 중 어느 것이 더 소중한가, 얻음과 잃음 중 무엇이 더 문제인가, 너무 아끼게 되면 반드시 크게 소비할 일이 생기게 되며 지나치게 많이 쌓아두면 크게 잃게 되는 법이다. 만족해야 할 때 만족할 줄 알면 욕될 일이 없고 멈춰야 할 때 멈출 줄 알면 위태로울 일이 없게 되나니 그게 바로 탈 없이 오래갈 수 있는 삶의 바른길이라 하겠다.

第四十五章 - 洪德

大成若缺, 其用不弊. 大盈若沖, 其用不窮. 大直若屈, 大巧若拙, 大辯若訥. 躁勝寒, 靜勝熱. 淸靜爲天下正.

완벽하게 이뤄진 것은 마치 결함이 있는 것 같지만 그것을 사용하는데 아무런 문제가 없고 정말 큰 그릇은 가득 차더라도 마치 비어 있는 것처럼 채워도, 채워도 끝이 없다. 참으로 곧은 것은 마치 굽은 것처럼 보이고 최고로 정교한 것은 도리어 졸렬한 것처럼 여겨지며 참으로 잘

하는 말은 오히려 더듬는 것처럼 느껴진다. 몸을 움직여 찬 기운을 이길 수 있고 몸을 안정시켜 더운 기운을 극복할 수 있는 법이다. 맑고 고요함으로 천하를 바르게 한다.

第四十六章 - 儉欲

天下有道, 却走馬以糞. 天下無道, 戎馬生於郊. 禍莫大於不知足, 咎莫大於欲得. 故知足之足常足矣.

천하에 바른 도리의 정치가 행해지면 전쟁터를 누비던 말들을 빼내 농사에 쓸 거름 실은 마차를 끌게 하고 바른 도리에 어긋나는 정치가 행해지는 세상에서는 전쟁터를 누비는 말들이 들판에서 새끼를 낳게 된다. 재앙은 만족할 줄 모르는 것보다 더 큰 것이 없고, 허물은 더 많은 것을 차지하려고 하는 욕심보다 더 큰 것이 없다. 그러므로 만족할 줄 알아 만족하는 것이야말로 진정한 만족이라 하겠다.

第四十七章 - 鑒遠

不出戶, 知天下, 不闚牖, 見天道. 其出彌遠, 其知彌少. 是以聖人, 不行而知, 不見而明, 不爲而成.

문밖으로 나가지 않아도 천하사를 알고 창문 밖으로 내다보지 않아도 하늘의 도리를 꿰뚫어 본다. 문밖으로 더 멀리 나갈수록 아는 것은 더욱 폭이 좁아진다. 성인은 가보지 않아도 알고 들여다보지 않아도 그

대상에 대해 밝으며 인위적 노력을 하지 않아도 자연스럽게 뜻한 바를 이룬다.

第四十八章 - 忘知

爲學日益, 爲道日損. 損之又損, 以至於無爲. 無爲而無不爲. 取天下常以無事, 及其有事, 不足以取天下.

학문을 행하는 것은 날마다 인위적 지식을 보태는 것이고 도를 실천하는 것은 날마다 인위적 지식을 덜어내는 것이다. 덜어내고 또 덜어내서 두뇌 속에 자리 잡은 인위적 지식이 남아 있지 않은, 무위자연의 경지, 즉 무심(無心)의 경지에 이르면 인위적 노력을 하지 않고도 이루어지지 않는 일이 없게 된다. 천하를 차지하려면 늘 인위, 인공의 일들을 벌이지 말아야 한다. 그러한 일들을 벌이게 되면 천하를 차지할 수 없을 것이다.

第四十九章 - 任德

聖人常無心, 以百姓心爲心. 善者, 吾善之, 不善者, 吾亦善之, 德善. 信者, 吾信之, 不信者, 吾亦信之, 德信. 聖人在天下, 歙歙焉, 爲天下渾其心, 百姓皆注其耳目, 聖人皆孩之.

성인은 늘 자기 마음이 없이 백성들의 마음을 자기 마음으로 삼는다. 착한 이에게 나는 잘 대해주지만 좋지 못한 사람에게도 역시 잘 대해

준다. 이를 덕스러움에서 우러나오는 훌륭함이라 하겠다. 믿을 만한 사람을 나는 믿지만 믿을 만하지 못한 사람도 나는 역시 믿는다. 이를 덕스러움에서 우러나오는 믿음이라 하겠다.
성인은 천하를 다스림에 있어서 아무런 차별 없이 모든 사람을 받아들여 포용하고 천하 사람들을 위해 온 마음을 다하여 아무런 구별 없이 혼연일체가 되므로 백성들은 모두 그 이목을 집중하게 되는데 성인은 그들을 모두 자기 슬하의 어린아이처럼 여기며 사랑스럽게 대한다.

第五十章 - 貴生

出生入死. 生之徒, 十有三, 死之徒, 十有三, 人之生生, 動之於死地, 亦十有三. 夫何故? 以其生生之厚. 蓋聞善攝生者, 陸行不遇兕虎, 入軍不被甲兵, 兕無所投其角, 虎無所用其爪, 兵無所容其刃. 夫何故? 以其無死地.

보이지 않는 무(無)의 세계로부터 보이는 유(有)의 세계로 나오는 것을 태어남이라 하고 보이는 유의 세계로부터 보이지 않는 무의 세계로 들어감을 죽음이라 한다. 삶의 무대인 이 세상으로 나오는 무리가 열에 셋이고 삶의 무대를 떠나 저세상으로 들어가는 무리가 열에 셋이며 세상에 나와 살면서 차츰 죽을 곳으로 이동해 가는 사람들 또한 열에 셋이다.
그 이유가 무엇인가? 별다른 생각 없이 그저 살던 대로 살아가는 삶의 방식이 오랜 세월에 걸쳐 쌓이고 쌓여 아예 체질화되었기 때문이다. 예부터 전해 내려오는 이야기에 따르면 생명을 잘 붙잡고 살아가는 사람들, 즉 '생명 경영'을 잘 하는 사람들은 열에 하나 정도이다. 그들은 보이는 육신의 존재를 초월하여 보이지 않는 영적(靈的) 존재로 거듭남으로써 험난한 산길, 들길을 돌아다녀도 코뿔소나 호랑이의 공격을 받지 않으며 전쟁터에 들어가서도 창·칼·화살의 병장기에 찔리거나 다칠 일이 없다.

코뿔소는 뿔로 들이받을 데가 없고 호랑이도 발톱으로 할퀼 데가 없으며 무기의 칼날, 창날, 화살 역시 파고들 데가 없는 것이다. 그 이유가 무엇인가? 그런 이들, 즉 보이지 않는 무의 영적 존재로 거듭난 이들은 죽을 곳으로 들어가는 법이 없고 따라서 그들은 죽을 터에 있지 않으며 나아가 아예 죽을 터가 없기 때문이다.

第五十一章 - 養德

道生之, 德畜之, 物形之, 器成之. 是以萬物, 莫不尊道而貴德. 道之尊, 德之貴, 夫莫之命而常自然. 故道生之, 德畜之, 長之育之, 成之熟之, 養之覆之. 生而不有, 爲而不恃, 長而不宰. 是謂玄德.

도는 만물을 낳고 덕은 만물을 기르니 만물이 모양을 드러내고 기물이 이루어진다. 따라서 만물은 도를 존중하고 덕을 귀하게 여기지 않을 수 없다. 도를 존중하고 덕을 귀하게 여기는 것은 누군가 그렇게 하라고 시키지 않아도 늘 자연스레 그렇게 하는 것이다. 그러므로 도는 만물을 낳고 덕은 만물을 기르며, 도는 자라게 하고 덕은 번성하게 하며, 도는 열매를 맺게 하고 덕은 익게 하며, 도는 양육하고 덕은 덮어준다. 도는 만물을 낳고도 제 것으로 삼으려 들지 않으며 덕은 무엇인가를 하고도 내세우려 들지 않고 잘 자라게 하면서도 주재하려 들지 않는다. 이를 심심미묘(甚深微妙)하여 그 깊이를 헤아리기 어려운 우주 자연의 도리로부터 비롯된 현묘한 덕이라 하겠다.

第五十二章 - 歸元

天下有始, 以爲天下母. 旣得其母, 以知其子. 旣知其子, 復守其母, 沒身不殆. 塞其兌, 閉其門, 終身不勤. 開其兌, 濟其事, 終身不救. 見小曰明, 守柔曰强. 用其光, 復歸其明, 無遺身殃, 是謂襲常.

세상 모든 것에는 시작이 있는데 그것은 세상 모든 것의 어머니이다. 그 어머니에 대해 제대로 터득하면 그 자식에 대해 명확하게 알 수 있게 된다. 그 자식에 대해 알고 다시 근본으로 돌아가 그 어머니를 지키면 목숨을 마칠 때까지 위태로울 일이 없을 것이다. 세상으로 통하는 구멍을 막고 문을 닫아버리면 죽을 때까지 힘들 일이 없을 것이다. 세상으로 통하는 구멍을 열고 그 일을 해버리면 죽을 때까지 구원받지 못할 것이다. 보이는 현상 세계 너머의 실상(實相)을 깨달은 이는, 보통 사람들이 보지 못하는 작은 부분까지 보는 통찰력을 지니게 되는데 이를 '진정한 밝음'이라 하겠다. 그런 이들은 보통 사람들이 유연성을 잃고 경직되어 가는 것과는 다르게 처음부터 끝까지 부드러움을 잘 유지하는데 이를 '참으로 강함'이라 하겠다. 자신의 빛을 활용하여 실상을 훤히 꿰뚫어 보는 '진정한 밝음'으로 돌아감으로써 자신에게 어떤 재앙이 올 수 있는 소지도 남기지 않으니 이를 '불멸의 도를 체득함'이라 하겠다.

第五十三章 - 益證

使我介然有知, 行於大道, 唯施是畏. 大道甚夷, 而人好徑. 朝甚除, 田甚蕪, 倉甚虛, 服文彩, 帶利劍, 厭飮食, 財貨有餘, 是謂盜夸. 非道也哉!

나에게 만일 변함없이 지니고 있는 앎이 있다면 그것은 큰길로 다녀야 한다는 것이고 큰길을 벗어나 샛길로 가지 않기 위해 조심한다는 것이다. 큰길은 매우 평탄한데도 사람들은 비좁고 위험한 샛길을 좋아한다. 모두가 마땅히 가야 할 큰길을 벗어나 다들 샛길로 다님으로써 편법, 불법이 판을 쳐 조정 궁궐에는 나랏일을 제대로 할 만한, 사람다운 사람들이 없어 마치 빈 대궐 같고 밭에는 잡초만 무성하며 창고는 텅텅 비게 된다.

나라 살림이 그 지경임에도 위정자는 화려한 문양의 고급 옷을 입고 항시 공포 분위기를 조성하는 날카로운 칼을 차고 다니며 물려서 더 이상 못 먹을 정도로 먹고 마시며 천하의 재물을 긁어모아 펑펑 쓰는 호화사치를 누리니 그것은 천하를 통치하는 제왕이 아니라 도적의 우두머리라 하겠다. 그것은 결코 위정자가 마땅히 가야 할 큰길이 아닌 것이다.

第五十四章 - 修觀

善建者不拔, 善抱者不脫, 子孫以祭祀不輟. 修之於身, 其德乃眞, 修之於家, 其德乃餘, 修之於鄕, 其德乃長, 修之於邦, 其德乃豐, 修之於天下, 其德乃普. 故以身觀身, 以家觀家, 以鄕觀鄕, 以邦觀邦, 以天下觀天下. 吾何以知天下然哉? 以此.

도를 굳건하게 세워놓은 사람에게서는 아무도 그 도를 뽑아내지 못하고 도를 제대로 안고 있는 사람에게서는 그 누구라도 그 도를 이탈시키지 못한다. 그런 이의 자손은 대대로 제사를 멈추지 않을 것이다. 도로써 자기 자신을 닦을 경우 그 효과는 참된 사람으로 거듭날 것이고 도로써 가정을 다스리면 그 덕은 후손들에게 대대로 물려질 것이며 도로써 한 고을을 다스리면 그 덕은 온 마을 사람들에게 길이길이 미치게 되리라.

도로써 나라를 다스리면 그 덕으로 백성들이 풍요롭게 살 수 있게 될 것이고 도로써 천하를 다스리면 그 덕택이 온 세상 만백성에게 두루두루 미치게 되리라. 그러므로 자기 자신의 입장에서 자기 자신을 보아야 하고 가정의 입장에서 가정을 보아야 하며 고을의 입장에서 고을을 보아야 하고 나라의 입장에서 나라를 보아야 하며 천하의 입장에서 천하를 보아야 한다. 내가 무엇으로써 천하의 그러함을 알 수 있겠는가? 바로 이런 이유로써이다.

第五十五章 - 玄符

含德之厚, 比於赤子. 蜂蠆虺蛇不螫, 攫鳥猛獸不搏. 骨弱筋柔而握固. 未知牝牡之合而朘作, 精之至也. 終日號而不嗄, 和之至也. 知和曰常, 知常曰明. 益生曰祥, 心使氣曰强. 物壯則老, 是謂不道. 不道早已.

덕을 두터이 지닌 이는 생명의 자연을 그대로 간직한 갓난아이와 다름없이 천진무구한 속성을 보인다. 갓난아이는 무지, 무욕에다 일절 해물지심(害物之心)이 없고 아무런 분별심도 없으므로 벌이나 전갈, 살모사, 뱀 등의 독충들이 경계하거나 쏘지 않고 사나운 새, 무서운 짐승들도 달려들거나 할퀴지 않는다.

뼈는 약하고 근육은 부드러운데 손을 꼭 쥐는 것과 암컷, 수컷의 교합을 모르지만 고추가 서는 것은 정력의 충만함을 드러내 보여준다. 온종일 소리 내어 울더라도 목이 쉬지 않으니 조화로움의 극치라 하겠다. 조화로움을 잃지 않아야 항상성과 영원성을 유지할 수 있고 항상성과 영원성에 대해 알고 실천하여 그것을 체득하는 것을 밝음이라 하겠다.

성장해 가면서 어느 시점까지는 생명력이 늘어나게 되는데 그것을 상서로움이라 하겠고 점차 인위(人爲), 인공(人工)이 가미되면서 마음이 기를 부리는 것을 굳세다고 할 것이며 만물의 생명력이 가장 왕성하게 되면 최고조의 청장년 시기를 넘으며 쇠퇴기에 접어들어 마침내 노화가 시작되고 점차 생명력이 줄어들게 되나니 이를 자연의 도리에 부합하지 않는다고 하겠다. 자연의 도리에 부합하지 않으면 오래가지 못하고 일찍 끝나게 된다.

第五十六章 - 玄德

知者不言, 言者不知. 塞其兌, 閉其門, 挫其銳, 解其紛, 和其光, 同其塵, 是謂玄同. 故不可得而親, 不可得而疏, 不可得而利, 不可得而害, 不可得而貴, 不可得而賤. 故爲天下貴.

도에 대해 제대로 아는 이는 도에 대해 함부로 말하지 않고 도에 대해 이러쿵저러쿵 말하는 사람은 도에 대해 제대로 알지 못하는 것이다. 그 구멍을 틀어막고 그 문을 닫으며 그 날카로움을 꺾고 그 얽히고설킨 것을 풀어내며 그 빛을 조화시켜 세상 티끌과 하나가 된다. 이를 '현묘한 도리와 하나 됨'이라 하겠다. 그러므로 도를 체득하여 자연과 하나 된 그런 이들은 가까이할 수도 없고 멀리할 수도 없으며 이롭게 할 수도 없고 해롭게 할 수도 없으며 귀하게 받들 수도 없고 천하게 대할 수도 없는 법이어서 천하 사람들이 존귀하게 여기는 존재가 되는 것이다.

第五十七章 - 淳風

以正治國, 以奇用兵, 以無事取天下. 吾何以知其然哉? 以此. 天下多忌諱, 而民彌貧. 民多利器, 國家滋昏. 人多伎巧, 奇物滋起. 法令滋彰, 盜賊多有. 故聖人云, 我無爲, 而民自化. 我好靜, 而民自正. 我無事, 而民自富. 我無欲, 而民自樸.

나라를 다스릴 때에는 올바른 정치적 도리(道理)에 따라 다스려야 하고 나라의 명운(命運)이 걸린 전쟁을 치를 적에는 적이 예상하기 어려울 정도의 기발한 전술전략을 활용해야 하며 이런저런 명분으로 크고 작은 공사를 일으키거나 일들을 벌이지 않아야 천하 사람들의 마음을 얻을 수 있게 되리라. 내가 어떻게 그렇다는 사실을 알 수 있겠는가? 이런 이유로써 그렇게 판단하는 것이다.

천하 사람들에게 금지시키고 못 하게 막는 것들이 많아질수록 백성들의 삶은 더욱 곤궁(困窮)해지고 백성들에게 예리한 무기가 많을수록 나라는 더욱 혼란스러워지며 사람들의 재주가 많아질수록 실용적인 소박한 기물(器物)보다 기이한 물건들이 더욱 많이 만들어지고 법령이 늘어나고 까다로워질수록 도적은 더욱 많아지게 된다.

그러므로 성인, 즉 훌륭한 위정자는 이렇게 말한다. "내가 인위(人爲), 인공(人工)이 아닌 자연의 도리에 부합하는 정치를 하니 백성들은 자발적으로 변화와 혁신에 동참하여 스스로 바뀌게 되고, 내가 요란하게 성명을 발표하거나 구호를 외치며 몰아붙이지 않으니 백성들은 스스로 마땅히 해야 할 바른 도리를 실천하게 되며, 내가 호화로운 궁궐을 짓거나 장성(長城)을 쌓는 등 많은 재정이 소요되는 나랏일을 벌이지 않으니 백성들은 저마다 저절로 부유해지게 되고, 내가 원목(原木)을 가지고 뭔가를 만들려고 하는 것 같은 그런 인위적 정치를 지양(止揚)하니 백성들은 마치 통나무와 같은 질박한 천성(天性)을 잃지 않고 순박(淳樸)한 삶을 살아가게 되는 것이다."

第五十八章 - 順化

其政悶悶, 其民淳淳. 其政察察, 其民缺缺. 禍兮福之所倚, 福兮禍之所伏. 孰知其極, 其無正也. 正復爲奇, 善復爲妖. 人之迷, 其日固久. 是以聖人, 方而不割, 廉而不劌, 直而不肆, 光而不耀.

정치가 어수룩하면 백성들은 순박해지고 정치가 까다로우면 백성들은 순박함을 상실하게 된다. 재앙을 재앙으로 보지만 재앙에 의지하여 복이 오는 것이고 복을 복으로 여기지만 복에는 재앙이 숨어 있는 법이다. 그 누가 궁극적으로는 반드시 그것이 옳다, 그르다고 할 수 없다는 사실을 알겠는가? 올바름이라 여겼으나 그름으로 바뀌고 훌륭한 것으로 여겼으나 좋지 못한 것으로 드러나게 되나니 사람들이 이러한 도리에 밝지 못하여 실상(實相)을 제대로 인식하지 못한 채 살아온 것이 어제오늘의 일이 아니다.

그러므로 성인, 즉 훌륭한 위정자는 백성들의 표상으로서 이러한 면모를 보인다. 반듯하되 깎아내서 그런 게 아니고, 깔끔하되 다듬어서 그런 게 아니며, 강직하되 고집부리는 것이 아니고, 자연스레 빛이 나되 일부러 빛을 드러내려고 해서 그런 게 아니다.

第五十九章 - 守道

治人事天, 莫若嗇. 夫唯嗇, 是謂早服, 早服謂之重積德, 重積德則無不克, 無不克則莫知其極, 莫知其極, 可以有國, 有國之母, 可以長久, 是謂深根固柢, 長生久視之道.

백성들을 다스리고 하늘을 섬김에 있어서, 즉 자연의 이치에 맞게 천하만사를 처리해 나감에 있어서 아끼는 것보다 더 좋은 방법은 없을 것이다. 오로지 아끼는 것만이 백성들이 진심으로 따르도록 하는 법이라 하겠다. 백성들이 잘 따르는 것을 두터이 덕을 쌓는 일이라 하겠고 두터이 덕을 쌓으면 이겨내지 못할 일이 없을 것이다. 이겨내지 못할 일이 없으면 그 능력의 한계를 알지 못할 것이고 능력의 한계를 알지 못할 정도로 훌륭한 이는 나라를 맡아 다스릴 수 있을 것이다. 나라를 다스릴 도를 터득하여 도에 따라 나라를 다스릴 경우 그 나라는 오래

오래 유지될 것이다. 이것이 바로 깊은 뿌리, 견고한 밑동을 지녀 장구한 삶을 영위할 수 있고 오랜 세월 만물의 실상(實相)을 제대로 볼 수 있는 훌륭한 도리(道理)라 하겠다.

第六十章 - 居位

治大國, 若烹小鮮. 以道莅天下, 其鬼不神, 非其鬼不神, 其神不傷人, 非其神不傷人, 聖人亦不傷人. 夫兩不相傷, 故德交歸焉.

큰 나라를 다스리는 것은 마치 작은 생선을 익히듯이 해야 한다. 즉 자꾸만 손을 대어 뒤적거리지 않는 '가만둠'의 정치, 인위를 가하지 않는 무위자연의 도로써 다스려야 한다는 이야기이다. 도로써 세상을 다스리면 귀신이 귀신 노릇을 못 하게 된다. 귀신이 귀신 노릇을 못 할 뿐만 아니라 귀신이 사람을 해치지 못하게 되며 귀신이 사람을 해치지 못할 뿐 아니라 위정자도 또한 사람을 해치지 못하게 된다. 양쪽 모두 사람을 해치지 못하니 양쪽 모두의 덕이 다 같이 사람에게로 돌아가게 되는 것이다.

第六十一章 - 謙德

大邦者下流, 天下之牝, 天下之交也. 牝常以靜勝牡, 以靜爲下. 故大邦以下小邦, 則取小邦, 小邦以下大邦, 則取於大邦. 故或下以取, 或下而取. 大邦不過欲兼畜人, 小邦不過欲入事人. 夫兩者各得其所欲, 大者宜爲下.

큰 나라는 마치 큰 강의 하류와 같은 것이어서 모든 것을 포용하고 받아들이는 천하의 암컷이요, 천하의 모든 것이 모여 교류하는 터전이다. 암컷은 늘 고요함으로써 수컷을 이기는데 고요함으로써 자신을 낮추기 때문이다. 그러므로 큰 나라가 스스로 낮추어 작은 나라를 대하면 작은 나라 백성들의 민심을 얻게 되고 작은 나라가 스스로 낮추어 큰 나라를 대하면 큰 나라로부터 진심 어린 환대와 예우를 받을 수 있게 될 것이다.

그러므로 어떤 경우에는 낮춤으로써 얻게 되고 어떤 경우에는 낮추었음에도 얻게 된다. 큰 나라는 작은 나라의 백성들까지 함께 돌보려는 것뿐이고 작은 나라는 큰 나라에 편입되어 선진 문물을 받아들여 스스로 발전을 도모하려는 것뿐이다. 두 나라가 제각각의 원하는 바를 얻고자 하면 큰 나라가 먼저 스스로 낮추어야 할 것이다.

第六十二章 - 爲道

道者萬物之奧. 善人之寶. 不善人之所保. 美言可以市, 尊行可以加人. 人之不善, 何棄之有? 故立天子, 置三公, 雖有拱璧以先駟馬, 不如坐進此道. 古之所以貴此道者何? 不曰求以得, 有罪以免邪? 故爲天下貴.

도는 만물의 오묘한 비밀이 간직된 깊숙한 곳이다. 도를 잘 추구하는 사람에게는 더없는 보물이요, 도를 잘 추구하지 못하는 사람이라 하더라도 비록 그 가치를 모르기는 하지만 도를 지니고는 있다고 하겠다. 잘 다듬어진 미려한 말은 세상 사람들에게 잘 받아들여지고 존경받을 수 있는 행실은 다른 사람들에게 두루 영향을 미치는 법이다. 도를 잘 추구하지 못하는 사람이라 하더라도 도를 지닌 존재인지라 어떻게 버릴 수 있겠는가?

그러므로 천자를 옹립하고 삼정승을 임명하여 천하를 다스릴 때 네 필 말이 끄는 수레에 아름드리 옥을 가득 싣고 달려가서 헌납한다고 할지라도 오히려 가만히 앉아ㅋ서 이 도의 세계로 진입하는 것보다 못할 것이다. 예부터 줄곧 모든 이가 이 도를 귀하게 여긴 까닭이 무엇이겠는가? 도로써 구하면 얻게 되고 죄가 있더라도 도로써 면할 수 있기 때문이 아니겠는가? 그러므로 세상 모든 이가 도를 귀하게 여기는 것이다.

第六十三章 - 恩始

爲無爲, 事無事, 味無味. 大小多少, 報怨以德. 圖難於其易, 爲大於其細, 天下難事, 必作於易, 天下大事, 必作於細. 是以聖人終不爲大, 故能成其大. 夫輕諾者必寡信, 多易必多難. 是以聖人猶難之, 故終無難矣.

무엇을 하든지 인위적으로 하지 말고 자연스럽게 해야 하며 무리하게 일을 추진하지 말고 순리적으로 해야 하며 다섯 가지 맛에 현혹되지 말고 맛없는 담백한 음식을 섭취한다. 지금 작다고 해서 작은 것으로 여길 것이 아니라 장차 커질 것을 미리 대비하고 현재 적다고 해서 적은 것으로 여길 게 아니라 장차 많아질 것을 미리 내다봐야 하리라. 따라서 우선은 작은 것으로 여길 수 있는 소소한 원한이라 하더라도 큰 은덕으로 갚아 문제를 근본적으로 해결하는 것이 바람직하리라.

해결하기 어려운 일을 제대로 해결하려면 해결하기가 비교적 쉬울 때 미리 해결해야 하고 세상에 지대한 영향을 미치는 큰일도 작은 일일 때 만전을 기해 잘해야 한다. 천하의 어려운 일도 따지고 보면 쉬운 데서 시작되고 천하에 지대한 영향을 미치는 중대사도 반드시 조그만 일에서 비롯되는 법이다. 따라서 훌륭한 위정자는 미리 서두르기 때문에 마지막에 가서 큰일을 하지 않으므로 큰일을 이루는 것이다.

대개 가볍게 승낙하거나 쉽게 약속을 하는 사람은 실천 가능성이 희박한 법이고 쉽게 여기는 일이 많다 보면 반드시 자주 어려움을 겪게 되는 법이다. 그러므로 훌륭한 위정자는 무슨 일이든 어려워질 수 있다고 여기고 미리 대비하므로 끝내 어려워질 일이 없는 것이다.

第六十四章 - 守微

其安易持, 其未兆易謀. 其脆易泮, 其微易散. 爲之於未有, 治之於未亂. 合抱之木, 生於毫末, 九層之臺, 起於累土, 千里之行, 始於足下. 爲者敗之, 執者失之. 是以聖人, 無爲故無敗, 無執故無失. 民之從事, 常於幾成而敗之. 愼終如始, 則無敗事. 是以聖人, 欲不欲, 不貴難得之貨, 學不學, 復衆人之所過, 以輔萬物之自然而不敢爲.

안정되어 있을 때 유지하기가 쉽고 아직 조짐이 나타나기 전에 도모하기가 쉬우며 취약할 때 부수기가 쉽고 미세할 때 흩어버리기가 쉽다. 아직 일이 생겨나기 전에 해결해야 하고 미처 혼란스러워지기 전에 다스려야 한다. 아름드리의 거대한 나무도 털끝만 한 어린싹으로부터 나온 것이고 아홉 층의 높은 누대도 흙을 한 삼태기씩 쌓아 올린 것이며 천 리의 먼 길도 발밑에서 시작된 것이다.

무슨 일이든 인위적으로 하는 사람은 제대로 이루기 어렵고 집착하여 붙잡는 사람은 놓치게 마련이다. 그러므로 성인은 자연법칙에 반하여 인위적으로 하는 일이 없으므로 잘못되는 일이 없고, 집착하여 붙잡는 법이 없으므로 놓칠 일이 없는 것이다. 백성들은 일을 추진할 때 늘 거의 이루어지다가 실패로 돌아가나니 처음 시작할 때의 그 마음 그대로 유지하여 마무리할 때까지 신중하게 한다면 실패하는 일이 없을 것이다.

그러므로 성인은 다른 이들이 원하지 않는 것을 원하므로 얻기 어려운 재화를 귀하게 여기지 않으며 다른 이들이 배우려고 하지 않는 것을 배우려 하므로 뭇사람이 스쳐 지나간 곳이라 하더라도 되돌아가서 세심하게 살펴보되 만물의 자연스러움을 도울 뿐 감히 인위적으로 하지 않는다.

第六十五章 - 淳德

古之善爲道者, 非以明民, 將以愚之. 民之難治, 以其智多. 故以智治國, 國之賊, 不以智治國, 國之福. 知此兩者亦稽式. 常知稽式, 是謂玄德. 玄德深矣, 遠矣, 與物反矣, 然後乃至大順.

옛적에 도를 잘 닦아서 실천한 이들은 나랏일에 관하여 누구든지 모든 일을 두루 잘 알 수 있도록 밝혀 백성들이 일일이 시비곡직(是非曲

直)을 따지게 하지 않고 자연 그대로 살게 하여 마치 어리석은 것처럼 각자 소박한 삶을 영위할 수 있게 했다. 백성들을 다스리기 어렵게 만드는 중요 원인으로는 시비곡직을 따지는 그들의 지식이 많아지게 한 것을 꼽을 수 있다. 그러므로 시비곡직을 따지는 지식 위주로 나라를 다스리는 것은 나라에 해를 끼치는 나라의 도적이요, 지식 위주로 나라를 다스리지 않는 것은 나라에 도움 되는 나라의 복이라 하겠다.
이 두 가지의 장단점을 올바로 아는 것을 기본적 정치 공식이라 하겠고 늘 이러한 정치 공식을 터득하여 알고 있는 것을 현묘(玄妙)한 덕이라 하겠다. 현묘한 덕은 차원이 깊고 멀어서 세상 사람들의 일반적 인식과는 상반된 것처럼 보이지만 이러한 덕이라야 도에 크게 순응하는 경지에 이를 수 있으리라.

第六十六章 - 後己

江海之所以能爲百谷王者, 以其善下之, 故能百谷王. 是以聖人欲上民, 必以言下之, 欲先民, 必以身後之. 是以聖人處上而民不重, 處前而民不害. 是以天下樂推而不厭. 以其不爭, 故天下莫能與之爭.

강과 바다가 모든 골짜기 물의 왕이 될 수 있는 것은 스스로 잘 낮추기 때문에 모든 골짜기 물의 왕이 될 수 있는 것이다. 그러므로 훌륭한 위정자는 백성들의 윗사람이 되고자 하면 반드시 말을 낮추어 겸손하게 해야 하고 백성들보다 앞에 서고자 하거든 반드시 몸을 그들의 뒤에 두어야 한다.

그러므로 훌륭한 위정자는 위에 있더라도 백성들이 무거워하지 않으며 앞에 있더라도 백성들이 손해라고 여기지 않는다. 그러므로 천하 사람들이 기꺼이 추대하며 조금도 싫어하는 마음을 갖지 않는다. 그 누구와도 다투려 하지 않으므로 천하 사람들이 그 누구도 그와 다툴 수 없다.

第六十七章 - 三寶

天下皆謂我, 道大, 似不肖. 夫唯大, 故似不肖. 若肖, 久矣其細也夫! 我有三寶, 持而保之. 一曰慈, 二曰儉, 三曰不敢爲天下先. 慈故能勇, 儉故能廣, 不敢爲天下先, 故能成器長. 今舍慈且勇, 舍儉且廣, 舍後且先, 死矣! 夫慈以戰則勝, 以守則固. 天將救之, 以慈衛之.

천하 사람들이 모두 다 나의 도에 대해 말하기를 "내가 이야기하는 도는 위대해 보이지만 옛 성현들의 가르침을 닮지 않은 것 같다"고 말한다. 유독 다른 도와 다르게 위대해 보이므로 다른 도와 닮지 않은 것처럼 보이는 것이다. 만약 옛 성현들의 도를 닮았다고 한다면 모두 다 나의 도에 대해 자잘하다고 여긴 지 오래되었을 것이다.

나에게는 소중하게 여겨 간직하고 지키는 세 가지 보배가 있으니 그것은 첫째, 자애로움이고, 둘째 검소함이며, 셋째 천하 사람들보다 앞서려 하지 않음이다. 자애로우므로 용감할 수 있고 검소하므로 널리 확장할 수 있는 것이며 천하 사람들보다 앞서려 하지 않으므로 훌륭한 인재들의 어른이 될 수 있는 것이다.

오늘날 자애로움 없이 마냥 용감하거나 검소함 없이 계속 넓히거나 뒤에 서려 하지 않고 항시 앞서려 하는 것은 바로 죽음으로 가는 길이다. 자애로움을 가지고 싸우면 이길 것이고 그것을 이용하여 지키면 견고할 것이다. 하늘이 장차 구원해 줄 것이고 자애로움으로써 지켜줄 것이다.

第六十八章 - 配天

善爲士者不武, 善戰者不怒, 善勝敵者不與, 善用人者爲之下. 是謂不爭之德, 是謂用人之力, 是謂配天, 古之極也.

훌륭한 무사는 무력을 함부로 쓰지 않고 참으로 전쟁을 잘하는 이는 분노의 감정에 좌우되지 않으며 진정으로 상대를 잘 이기는 사람은 서로 맞붙어 싸우지 않고 사람을 잘 쓰는 사람은 스스로 자신을 낮춘다. 이를 다투지 않음의 덕이라 하겠고 사람을 쓸 줄 아는 능력이라 하겠으며 자연의 이치에 부합하는 것이라 하리니 고대로부터 내려오는 지극한 도리(道理)라 하겠다.

第六十九章 - 玄用

用兵有言, 吾不敢爲主而爲客, 不敢進寸而退尺. 是謂行無行, 攘無臂, 扔無敵, 執無兵. 禍莫大於輕敵, 輕敵幾喪吾寶. 故抗兵相若, 哀者勝矣.

전쟁에서 군대를 움직임에 있어서 이런 이야기들을 한다. 전쟁이란 수많은 사람의 생사가 걸린 중대한 문제인 만큼 주도적으로 싸움을 걸게 아니라 소극적으로 대응하고 한 치를 나아가기보다는 한 자를 물러선다는 마음가짐으로 임한다.

이른바 '어떤 움직임도 없는 것처럼 보이지만 최선의 작전을 신속하게 수행하고 꼭 팔을 휘두르지 않고도 상대를 효과적으로 물리치며 맞붙어 싸우는 일 없이도 적을 잘 이겨내고 별다른 무기를 잡지 않고도 최고의 무기를 잡은 것 이상으로 잘 대처'하는 것이다.

전쟁에 임하여 주도적, 능동적으로 대응하지 않는다고 해서 적을 가벼이 여기라는 뜻은 아니니 적을 가벼이 여기는 것처럼 크나큰 재앙은 없을 것이다. 적을 가벼이 여기면 우리 모두의 보배라 할 수 있는 나라를 잃을 수도 있는 것이다. (적군이든, 아군이든 가리지 말고 사람의 목숨을 함부로 해치지 않아야 한다는 이야기이다.) 그러므로 아군, 적군이 서로 맞붙어 싸울 때 수많은 사람의 죽음과 부상에 대해 자애로운 마음으로 슬퍼할 줄 아는 쪽이 최종적으로 승리하게 되는 법이다.

第七十章 - 知難

吾言甚易知, 甚易行. 天下莫能知, 莫能行. 言有宗, 事有君. 夫唯無知, 是以不我知. 知我者希, 則我者貴. 是以聖人被褐懷玉.

내가 하는 말은 매우 쉽게 알아들을 수 있고 쉽게 실천할 수도 있는 것들이다. 그런데도 천하 사람들이 제대로 알아듣지도 못하고 실천하지도 않는다. 말에는 최고로 높은 말이 있고 일에는 가장 중요한 일이 있는 법이다.
세상 사람들이 그러한 내용을 알아차리지 못하기 때문에 내가 하는 말의 깊은 뜻과 추구하는 바의 소중한 가치를 제대로 파악하지 못하는 것이다. 나를 아는 사람이 드물고 나를 본받는 사람이 적을 수밖에 없는 까닭이다. 그러므로 성인은 겉으로는 하찮아 보이는 거친 칡베옷을 입고도 속으로는 가슴 속에 더없이 소중한 보배를 품고 살아가는 그런 존재이다.

第七十一章 - 知病

知不知, 尙矣, 不知知, 病也. 聖人不病, 以其病病. 夫唯病病, 是以不病.
알면서도 안다는 티를 내지 않는 것을 높은 경지라 하겠고 알지 못하면서 아는 체하는 것을 병증이라 하겠다. 성인에게 그런 병증이 없는 것은 그런 병증을 병증으로 여기기 때문이다. 안다는 티를 내거나 아는 체하는 병증을 병증으로 여기기 때문에 그런 병증이 나타나지 않는 것이다.

第七十二章 - 愛己

民不畏威, 則大威至. 無狎其所居, 無厭其所生. 夫唯不厭, 是以不厭. 是以聖人自知不自見, 自愛不自貴. 故去彼取此.

백성들이 법령에 따른 처벌을 두려워하지 않는 지경에 다다르면 사형(死刑) 등 더욱 가혹한 법령에 따른 엄중한 처벌을 하는 상황에 이르리라. 다시 말해 위정자가 도리(道理)에 어긋나는 정치를 함으로써 백성들이 위정자의 권위를 인정하지 않고 법령에 따른 처벌을 두려워하지 않게 되면 사형 등 더욱 가혹한 법령에 따른 처벌을 하는 지경에 이르게 되리라.

도덕 정치가 아닌 포학(暴虐)의 정치를 통해 백성들을 궁지로 몰아가지 말아야 하고 그들의 삶을 억압하지 말아야 하리라. 위정자가 백성들을 억압하지 않으면 그들 역시 정치에 대해 환멸을 느끼거나 위정자를 싫어하지는 않을 것이다.

그러므로 훌륭한 위정자는 스스로 해야 할 무위자연(無爲自然)의 정치적 도리를 알아서 묵묵히 실행할 뿐 자신의 위상(位相)이나 공적을 드러내지 않고 자신의 존재와 역할을 소중하게 여기지만 자신을 스스로 치켜세우지는 않는다. 그러므로 인위, 인공적인 무리한 통치를 지양하고 무위자연의 순리적 정치를 실천하는 것이다.

第七十三章 - 任爲

勇於敢則殺, 勇於不敢則活. 此兩者, 或利或害. 天之所惡, 孰知其故? 是以聖人猶難之. 天之道, 不爭而善勝, 不言而善應, 不召而自來, 繟然而善謀. 天網恢恢, 疏而不失.

과격한 행동에 용감하면 사람을 죽음으로 몰아가게 되고 과격한 행동에 용감하지 않으면 사람을 위기에서도 살아나게 할 것이다. 이 두 가지는 어떤 선택을 하든 혹 이로울 수도 있겠지만 또는 해로울 수도 있을 것이다. 누군가를 하늘이 미워하므로 그를 해치거나 죽여야 한다고 주장한다면 하늘이 참으로 미워한다는 것을, 어떻게 알 수 있으며 누가 그 까닭을 알 수 있겠는가? 그런 것은 성인도 오히려 판단하기 어려우리라 여겨진다. 하늘, 즉 자연의 도리는 다투지 않고도 결과적으로 이기게 되고 말로써 요구하지 않아도 잘 응해주고 부르지 않아도 스스로 오며 느슨한 것처럼 보일지라도 잘 도모해 나가는 법이다. 하늘, 즉 자연의 그물은 그물코가 너르고 엉성한 것처럼 보이더라도 결코, 빠뜨리거나 놓치는 일이 없다.

第七十四章 - 制惑

民不畏死, 奈何以死懼之? 若使民常畏死, 而爲奇者, 吾將得而殺之, 孰敢? 常有司殺者殺. 夫代司殺者殺, 是謂代大匠斲, 夫代大匠斲者, 希有不傷其手矣.

위정자의, 도를 넘은 가혹한 통치로 인해 백성들이 죽음조차 두려워하지 않는다면 어떻게, 죽음으로써 그들에게 두려움을 갖게 할 수 있겠는가? 만약 백성들로 하여금 늘 죽임을 당할까 봐 두려워하도록 공포 분위기를 조성해 놓고 조정(朝廷)의 명령에 반하는 기이한 행위를 하는 자를 내가 장차 잡아 죽이겠다고 한다면 누가 감히 그 일을 집행할 수 있겠는가?

언제나 죽이는 것을 맡아 처리하는 이가 죽이는 법이다. 죽이는 것을 담당하는 이를 대신하여 죽인다면 그것은 대목수를 대신하여 나무를 깎는 것이라 하겠다. 대목수를 대신하여 나무를 깎는 자는 그 손을 다치지 않는 경우가 드물 것이다.

第七十五章 - 貪損

民之饑, 以其上食稅之多, 是以饑. 民之難治, 以其上之有爲, 是以難治. 民之輕死, 以其上求生之厚, 是以輕死. 夫唯無以生爲者, 是賢於貴生.

백성들이 굶주리게 되는 것은 조정에서 지나치게 많은 세금을 거두기 때문에 그래서 굶주리게 되는 것이다. 백성들을 다스리기 어려워지는 것은 위정자가 무위자연의 순리를 벗어난, 인위의 무리한 정치를 행하기 때문에 그래서 다스리기 어려워지는 것이다.

백성들이 죽음을 가벼이 여기는 것은 위정자가 자기 자신들만 잘 먹고 잘살기를 추구하기 때문에 그래서 상대적 박탈감을 느끼게 된 백성들이 죽음조차 가벼이 여기게 되는 것이다. 인위적 삶이 아닌 무위자연의 순리적 삶을 영위하는 것이 삶을 존귀하게 여기는 것보다 더 나은 것이라 하겠다.

第七十六章 - 戒强

人之生也柔弱, 其死也堅强. 萬物草木之生也柔脆, 其死也枯槁. 故堅强者死之徒, 柔弱者生之徒. 是以兵强則滅, 木强則折. 强大處下, 柔弱處上.

사람이 살아 있을 때는 부드럽고 연약하지만 죽으면 딱딱하고 뻣뻣해진다. 온갖 물체, 풀과 나무들 역시 살아 있을 때는 부드럽고 연약하지만 죽으면 마르고 뻣뻣해진다. 그러므로 딱딱하고 뻣뻣한 것은 죽음의 무리이고 부드럽고 연약한 것은 삶의 무리이다. 따라서 군대가 경직된 조직으로 운영되면 자멸하게 되고 나무가 말라서 뻣뻣해지면 부러지게 된다. 강하고 큰 것은 아래쪽에 자리 잡게 되고 부드럽고 유연한 것은 위쪽에 자리 잡게 된다.

第七十七章 - 天道

天之道, 其猶張弓與? 高者抑之, 下者擧之, 有餘者損之, 不足者補之. 天之道, 損有餘而補不足. 人之道則不然, 損不足以奉有餘. 孰能有餘以奉天下, 唯有道者. 是以聖人爲而不恃, 功成而不處, 其不欲見賢.

자연의 도리는 마치 활시위를 당기는 것과 같아서 높으면 누르고 낮으면 올린다. 남는 것을 덜어내어 부족한 것을 보충한다. 자연의 도리는 남는 것을 덜어내 부족한 것을 보충하는 데 반하여 사람의 도리는 그렇지 않아 부족한 사람에게서 덜어내어 남는 사람에게 바친다. 누가 남는 사람에게서 덜어내어 천하 사람들에게 바칠 수 있겠는가?

그것은 오로지 자연의 도리를 터득하여 그 도리에 따르는 사람만이 가능할 것이다. 그러므로 훌륭한 위정자는 뭔가를 해놓고도 생색(生

色)을 내거나 내세우지 않고 공을 세우더라도 그 공을 스스로 차지하지 않는다. 그것은 자신의 훌륭한 면모를 드러내 보이려고 하지 않기 때문이다.

第七十八章 - 任信

天下莫柔弱於水而攻堅强者, 莫之能勝, 以其無以易之. 弱之勝强, 柔之勝剛, 天下莫不知, 莫能行. 是以聖人云, 受國之垢, 是謂社稷主, 受國不祥, 是謂天下王. 正言若反.

천하의 만물 가운데 물보다 더 부드럽고 여린 것은 없겠지만 단단하고 굳센 것을 공격하여 파괴하는 힘은 그 어떤 것도 물을 이길 수 없는데 그것은 그 어떤 힘으로도 물의 부드럽고 여린 유연성을 바꿀 수 없기 때문이다. 부드럽고 여린 유연성을 시종일관 유지하므로 물에서는 그러한 힘이 나오는 것이다. 여린 것이 굳센 것을 이기고 부드러운 것이 단단한 것을 이긴다는 이치를 천하 사람들은 모르지 않지만 부드럽고 여린 유연성의 도리를 제대로 실천하지도 않는다.

그러므로 옛 성인이 이런 말을 한 것이다. "나라의 더러운 일을 모두 받아들여 떠맡아 처리하는 이를, 종묘사직, 즉 한 국가의 군주라 이르고 각 나라의 상서롭지 못한 궂은일을 모두 받아들여 처리하는 이를, 온 천하의 제왕이라 이른다." 참으로 바른말은 마치 정반대로 말하는 것처럼 여겨지게 되는 법이다.

第七十九章 - 任契

和大怨, 必有餘怨, 安可以爲善? 是以聖人執左契, 而不責於人. 有德司契, 無德司徹, 天道無親, 常與善人.

깊은 원한은 그것을 화해시켜 풀더라도 반드시 남는 원한, 즉 여한이 있게 마련이다. 어찌 잘한 일이라 할 수 있겠는가? 그러므로 성인은 받을 권리의 증표, 즉 채권을 갖고 있더라도 갚아야 할 사람에게 채근하거나 독촉하지 않는다.

그래서 덕스러운 사람에게는, 그에 걸맞도록 빌려주고 되돌려받는 직무를 맡기는 데 반해 덕스러움이 부족한 사람에게는 세금을 징수하는 직무를 맡긴다. 자연의 도리에 따르는 위정자는 자기 자신과 가깝고 멀고를 가리지 않고 늘 잘하는 사람으로 하여금 직무를 맡아서 일하도록 한다.

第八十章 - 獨立

小國寡民. 使有什伯之器而不用, 使民重死而不遠徙. 雖有舟輿, 無所乘之, 雖有甲兵, 無所陳之. 使民復結繩而用之. 甘其食, 美其服, 安其居, 樂其俗. 隣國相望, 鷄犬之聲相聞, 民至老死, 不相往來.

나랏일을 처리하는 정부 조직의 규모를 작게 줄이고 백성들의 숫자를 적게 유지한다. 그러면 뛰어난 능력을 지닌 인재라 하더라도 활용할 일이 없게 된다. 즉 무위자연의 정치를 통해 백성들로 하여금 자연의 도리에 따른 소박한 삶을 살도록 할 수 있는 것이다.
백성들이 죽음을 중요하게 여겨 먼 곳으로 옮겨 다니지 않게 한다. 따라서 비록 배나 수레가 있더라도 탈 일이 없고 갑옷과 병장기가 있더라도 드러내 보이거나 사용할 일이 없는 것이다. 백성들이 노끈을 매문자 대신 쓸 정도로 단순 소박(素朴)하게 살도록 한다. 그러면 백성들은 자신들의 음식을 달게 여기고 입는 옷을 아름답게 여기며 거주하는 곳을 편안하게 여기고 미풍양속을 즐기는 소박한 삶을 살게 된다. 이웃 나라는 서로 바라볼 수 있을 정도로 가깝고 닭 우는 소리, 개 짖는 소리가 서로 들릴 정도이지만 늙어 죽을 때까지 서로 왕래할 일이 없도록 하는 것이 무위자연의 도리에 부합하는 이상적 정치라 하겠다.

第八十一章 - 顯質

信言不美, 美言不信. 善者不辯, 辯者不善. 知者不博, 博者不知. 聖人不積, 旣以爲人己愈有, 旣以與人, 己愈多. 天之道, 利而不害, 聖人之道, 爲而不爭.

신뢰가 가는 진실한 말은 참답게 보이려 꾸미지 않는 법이고, 참답게 보이려 꾸민 말은 믿을 만한, 진실한 말이 못 된다. 참으로 잘못이 없는 이는 여러 가지 논리로 구구하게 변명하지 않는 법이고 이런저런 논리를 들어 구구하게 변명하는 사람은 잘못이 없는 사람이 아닐 것이다. 뭐 한 가지라도 제대로 아는 사람은 이것저것 여러 가지를 두루 알고 있다고 내세우지 않는 법이고 이것저것 두루 알고 있다고 내세우는 사람은 어느 것 하나라도 제대로 아는 것이 없는 사람이다.

그래서 성인은 재물이든 지식이든 많이 모아두지 않으므로, 남을 위해 일하는 데도 결국에는 자기 자신의 것으로 되고 늘 남에게 주는 데도 마지막에는 자기 자신의 것이 더욱 많아지게 된다. 자연의 도리는 만물에 이로움을 줄 뿐 해롭게 하지 않으며 성인의 도리는 무엇을 하더라도 다른 사람들과 경쟁하거나 다투지 않는다.

道德經

第一章 - 體道

道可道, 非常道, 名可名, 非常名. 無名天地之始, 有名萬物之母. 故常無欲以觀其妙, 常有欲以觀其徼. 此兩者, 同出而異名, 同謂之玄. 玄之又玄, 衆妙之門.

第二章 - 養身

天下皆知美之爲美, 斯惡已. 皆知善之爲善, 斯不善已. 有無相生, 難易相成, 長短相形, 高下相盈, 音聲相和, 前後相隨. 是以聖人處無爲之事, 行不言之教. 萬物作而不爲始, 生而不有, 爲而不恃, 功成而不居. 夫唯弗居, 是以不去.

第三章 - 安民

不尙賢, 使民不爭. 不貴難得之貨, 使民不爲盜. 不見可欲, 使民不亂. 是以聖人之治, 虛其心, 實其腹, 弱其志, 强其骨. 常使民無知無欲. 使夫智者不敢爲也. 爲無爲則無不治.

第四章 - 無源

道沖而用之或不盈, 淵兮似萬物之宗. 挫其銳, 解其紛, 和其光, 同其塵, 湛兮似或存. 吾不知誰之子. 象帝之先.

第五章 - 虛用

天地不仁, 以萬物爲芻狗, 聖人不仁, 以百姓爲芻狗. 天地之間, 其猶橐籥乎! 虛而不屈, 動而愈出, 多言數窮, 不如守中.

第六章 - 成象

谷神不死, 是謂玄牝. 玄牝之門, 是謂天地根. 緜緜若存, 用之不勤.

第七章 - 韜光

天長地久, 天地所以能長且久者, 以其不自生, 故能長生. 是以聖人, 後其身而身先, 外其身而身存. 非以其無私邪? 故能成其私.

第八章 - 易性

上善若水, 水善利萬物而不爭. 處衆人之所惡, 故幾於道. 居善地, 心善淵, 與善仁, 言善信, 政善治, 事善能, 動善時. 夫唯不爭, 故無尤.

第九章 - 運夷

持而盈之, 不如其已. 揣而銳之, 不可長保. 金玉滿堂, 莫之能守. 富貴而驕, 自遺其咎. 功遂身退, 天之道也.

第十章 - 能爲

載營魄抱一, 能無離乎? 專氣致柔, 能如嬰兒乎? 滌除玄鑒, 能無疵乎? 愛民治國, 能無爲乎? 天門開闔, 能爲雌乎? 明白四達, 能無知乎?

第十一章 - 無用

三十輻, 共一轂, 當其無, 有車之用. 埏埴以爲器, 當其無, 有器之用. 鑿戶牖以爲室, 當其無, 有室之用. 故有之以爲利, 無之以爲用.

第十二章 - 檢欲

五色令人目盲, 五音令人耳聾, 五味令人口爽, 馳騁畋獵, 令人心發狂. 難得之貨, 令人行妨. 是以聖人, 爲腹不爲目. 故去彼取此.

第十三章 - 猒恥

寵辱若驚, 貴大患若身. 何謂寵辱若驚? 寵爲下, 得之若驚, 失之若驚, 是謂寵辱若驚. 何謂貴大患若身? 吾所以有大患者, 爲吾有身, 及吾無身, 吾有何患? 故貴以身爲天下, 若可寄天下, 愛以身爲天下, 若可託天下.

第十四章 - 贊玄

視之不見, 名曰夷, 聽之不聞, 名曰希, 搏之不得, 名曰微. 此三者不可致詰, 故混而爲一. 其上不皦, 其下不昧. 繩繩兮不可名, 復歸於無物. 是謂無狀之狀, 無物之象, 是謂惚恍. 迎之不見其首, 隨之不見其後. 執古之道, 以御今之有. 能知古始, 是謂道紀.

第十五章 - 顯德

古之善爲道(士)者, 微妙玄通, 深不可識. 夫唯不可識, 故强爲之容. 豫兮若冬涉川, 猶兮若畏四鄰, 儼兮其若客, 渙兮其若冰釋, 敦兮其若樸, 曠兮其若谷, 混兮其若濁, 澹兮其若海, 飂兮若無止. 孰能濁以靜之徐清, 孰能安以動之徐生. 保此道者, 不欲盈. 夫唯不盈, 故能蔽不新成.

第十六章 - 歸根

致虛極, 守靜篤. 萬物並作, 吾以觀復. 夫物芸芸, 各復歸其根. 歸根曰靜, 靜曰復命. 復命曰常, 知常曰明. 不知常, 妄作凶. 知常容, 容乃公, 公乃全(王), 全(王)乃天, 天乃道, 道乃久, 沒身不殆.

第十七章 - 淳風

太上 不知有之, 其次 親而譽之, 其次 畏之, 其次 侮之. 信不足焉, 有不信焉. 悠兮其貴言. 功成事遂, 百姓皆謂, '我自然'.

第十八章 - 俗薄

大道廢, 有仁義, 智慧出, 有大僞, 六親不和, 有孝慈, 國家昏亂, 有忠臣.

第十九章 - 還淳

絶聖棄智, 民利百倍, 絶仁棄義, 民復孝慈, 絶巧棄利, 盜賊無有. 此三者, 以爲文不足. 故令有所屬. 見素抱樸, 少私寡欲.

第二十章 - 異俗

絶學無憂, 唯之與阿, 相去幾何? 美之與惡, 相去若何? 人之所畏, 不可不畏. 荒兮其未央哉! 衆人熙熙, 如享太牢, 如春登臺. 我獨泊兮, 其未兆, 如嬰兒之未孩, 儽儽兮, 若無所歸. 衆人皆有餘, 而我獨若遺. 我愚人之心也哉! 沌沌兮! 俗人昭昭, 我獨昏昏. 俗人察察, 我獨悶悶. (澹兮其若海, 飂兮若無止) 衆人皆有以 而我獨頑且鄙. 我獨異於人, 而貴食母.

第二十一章 - 虛心

孔德之容, 惟道是從. 道之爲物, 惟恍惟惚. 惚兮恍兮, 其中有象, 恍兮惚兮, 其中有物. 窈兮冥兮, 其中有精, 其精甚眞, 其中有信. 自今及古, 其名不去, 以閱衆甫. 吾何以知重甫之狀哉! 以此.

第二十二章 - 益謙

曲則全, 枉則直, 窪則盈, 敝則新, 少則得, 多則惑. 是以聖人抱一爲天下式. 不自見故明, 不自是故彰, 不自伐故有功, 不自矜故能長. 夫唯不爭, 故天下莫能與之爭. 古之所謂曲則全者, 豈虛言哉! 誠全而歸之.

第二十三章 - 虛無

希言自然. 故飄風不終朝, 驟雨不終日. 孰爲此者? 天地. 天地尙不能久, 況於人乎? 故從事於道者, 同於道, 德者, 同於德, 失者, 同於失. 同於道者, 道亦樂得之, 同於德者, 德亦樂得之, 同於失者 失亦樂得之. 信不足焉, 有不信焉.

第二十四章 - 苦恩

企者不立, 跨者不行. 自見者不明, 自是者不彰, 自伐者無功, 自矜者不長. 其在道也, 曰 餘食贅形. 物或惡之, 故有道者不處.

第二十五章 - 象元

有物混成, 先天地生. 寂兮寥兮, 獨立而不改, 周行而不殆, 可以爲天下母. 吾不知其名, 强字之曰道, 强爲之名曰大. 大曰逝, 逝曰遠, 遠曰反. 故道大, 天大, 地大, 人亦大. 域中有四大, 而人居其一焉. 人法地, 地法天, 天法道, 道法自然.

第二十六章 - 重德

重爲輕根, 靜爲躁君. 是以君子終日行, 而不離輜重. 雖有榮觀, 燕處超然. 奈何萬乘之主, 而以身輕天下? 輕則失根, 躁則失君.

第二十七章 - 巧用

善行無轍迹, 善言無瑕謫, 善數不用籌策, 善閉無關楗而不可開, 善結無繩約而不可解. 是以聖人常善救人故無棄人, 常善救物故無棄物. 是謂襲明. 故善人者, 不善人之師, 不善人者, 善人之資. 不貴其師, 不愛其資, 雖智大迷, 是謂要妙.

第二十八章 - 反樸

知其雄, 守其雌, 爲天下谿. 爲天下谿, 常德不離, 復歸於嬰兒. 知其白, 守其辱, 爲天下谷. 爲天下谷, 常德乃足, 復歸於樸. 樸散則爲器, 聖人用之, 則爲官長, 故大制不割.

第二十九章 - 無爲

將欲取天下而爲之, 吾見其不得已. 天下神器, 不可爲也, 不可執也. 爲者敗之, 執者失之. 是以聖人無爲故無敗, 無執故無失. 故物或行或隨, 或噓或吹, 或强或羸, 或培或墮. 是以聖人 去甚, 去奢, 去泰.

第三十章 - 儉武

以道佐人主者, 不以兵强天下. 其事好還. 師之所處, 荊棘生焉. (大軍之後必有凶年) 善有果而已, 不以取强. 果而勿矜, 果而勿伐, 果而勿驕, 果而不得已, 果而勿强. 物壯則老, 是謂不道. 不道早已.

第三十一章 - 偃武

夫兵者, 不祥之器, 物或惡之, 故有道者不處. 君子居則貴左, 用兵則貴右. 兵者不祥之器, 非君子之器, 不得已而用之, 恬淡爲上. 勝而不美而美之者, 是樂殺人. 夫樂殺人者, 則不可得志於天下矣. 吉事尙左, 凶事尙右. 偏將軍居左, 上將軍居右, 言以喪禮處之. 殺人之衆, 以悲哀泣之, 戰勝以喪禮處之.

第三十二章 - 聖德

道常無名, 樸. 雖小, 天下莫能臣. 侯王若能守之, 萬物將自賓. 天地相合, 以降甘露, 民莫之令而自均. 始制有名, 名亦旣有, 夫亦將知止, 知止可以不殆. 譬道之在天下, 猶川谷之於江海.

第三十三章 - 辯德

知人者智, 自知者明. 勝人者有力, 自勝者强. 知足者富. 强行者有志. 不失其所者久. 死而不亡者壽.

第三十四章 - 任成

大道汎兮, 其可左右. 萬物恃之以生而不辭, 功成而不有. 衣養萬物而不爲主, 可名於小. 萬物歸焉而不爲主, 可名爲大. 以其終不自爲大, 故能成其大.

第三十五章 - 仁德

執大象, 天下往. 往而不害, 安平泰. 樂與餌, 過客止. 道之出口, 淡乎其無味, 視之不足見, 聽之不足聞, 用之不足旣.

第三十六章 - 微明

將欲歙之, 必固張之, 將欲弱之, 必固强之, 將欲廢之, 必固興之, 將欲取之, 必固與之, 是謂微明. 柔弱勝剛强. 魚不可脫於淵, 國之利器, 不可以示人.

第三十七章 - 爲政

道常無爲而無不爲. 候王若能守之, 萬物將自化. 化而欲作, 吾將鎭之以無名之樸. 無名之樸, 夫亦將不欲. 不欲以靜, 天下將自正.

第三十八章 - 論德

上德不德, 是以有德, 下德不失德, 是以無德. 上德無爲而無以爲(下德無爲而有以爲), 上仁爲之而無以爲, 上義爲之而有以爲, 上禮爲之而莫之, 應則攘臂而扔之, 故失道而後德, 失德而後仁, 失仁而後義, 失義而後禮. 夫禮者, 忠信之薄而亂之首. 前識者, 道之華而愚之始. 是以大丈夫處其厚, 不居其薄, 處其實, 不居其華. 故去彼取此.

第三十九章 - 法本

昔之得一者, 天得一以清, 地得一以寧, 神得一以靈, 谷得一以盈, 萬物得一以生, 侯王得一以爲天下正. 其致之一也, 謂天無以清, 將恐裂, 地無以寧, 將恐廢, 神無以靈, 將恐歇, 谷無以盈, 將恐竭, 萬物無以生, 將恐滅, 侯王無以正, 將恐蹶. 故貴以賤爲本, 高以下爲基. 是以侯王自稱, 孤, 寡, 不穀. 此非以賤爲本邪? 非乎? 故至譽無譽. 是故不欲琭琭如玉, 珞珞如石.

第四十章 - 去用

反者道之動, 弱者道之用. 天下萬物生於有, 有生於無.

第四十一章 - 同異

上士聞道, 勤而行之, 中士聞道, 若存若亡, 下士聞道, 大笑之. 不笑不足以爲道. 故建言有之, 明道若昧, 進道若退, 夷道若纇, 上德若谷, 廣德若不足, 建德若偸, 質眞若渝, 大白若辱, 大方無隅, 大器晩成, 大音希聲, 大象無形, 道隱無名. 夫唯道, 善貸且成.

第四十二章 - 道化

道生一, 一生二, 三生萬物. 萬物負陰而抱陽, 沖氣以爲和. 人之所惡, 唯孤寡不穀, 而王公以爲稱. 故物或損之而益, 或益之而損. 人之所教, 我亦教之. 强梁者不得其死, 吾將以爲教父.

第四十三章 - 徧用

天下之至柔, 馳騁天下之至堅. 無有入無間, 吾是以知無爲之有益. 不言之教, 無爲之益, 天下希及之.

第四十四章 - 立戒

名與身孰親? 身與貨孰多? 得與亡孰病? 甚愛必大費, 多藏必厚亡. 故知足不辱, 知止不殆, 可以長久.

第四十五章 - 洪德

大成若缺, 其用不弊. 大盈若沖, 其用不窮. 大直若屈, 大巧若拙, 大辯若訥. 躁勝寒, 靜勝熱. 淸靜爲天下正.

第四十六章 - 儉欲

天下有道, 却走馬以糞. 天下無道, 戎馬生於郊. 禍莫大於不知足, 咎莫大於欲得. 故知足之足常足矣.

第四十七章 - 鑒遠

不出戶, 知天下, 不闚牖, 見天道. 其出彌遠, 其知彌少. 是以聖人不行而知, 不見而明, 不爲而成.

第四十八章 - 忘知

爲學日益, 爲道日損. 損之又損, 以至於無爲. 無爲而無不爲. 取天下常以無事, 及其有事, 不足以取天下.

第四十九章 - 任德

聖人常無心, 以百姓心爲心. 善者, 吾善之, 不善者, 吾亦善之, 德善. 信者, 吾信之, 不信者, 吾亦信之, 德信. 聖人在天下, 歙歙焉, 爲天下渾其心, 百姓皆注其耳目, 聖人皆孩之.

第五十章 - 貴生

出生入死. 生之徒, 十有三, 死之徒, 十有三, 人之生生, 動之於死地, 亦十有三. 夫何故? 以其生生之厚. 蓋聞善攝生者, 陸行不遇兕虎, 入軍不被甲兵, 兕無所投其角, 虎無所用其爪, 兵無所容其刃. 夫何故? 以其無死地.

第五十一章 - 養德

道生之, 德畜之, 物形之, 器成之. 是以萬物, 莫不尊道而貴德. 道之尊, 德之貴, 夫莫之命而常自然. 故道生之, 德畜之, 長之育之, 成之熟之, 養之覆之. 生而不有, 爲而不恃, 長而不宰. 是謂玄德.

第五十二章 - 歸元

天下有始, 以爲天下母. 旣得其母, 以知其子. 旣知其子, 復守其母, 沒身不殆. 塞其兌, 閉其門, 終身不勤. 開其兌, 濟其事, 終身不救. 見小曰明, 守柔曰强. 用其光, 復歸其明, 無遺身殃, 是謂襲常.

第五十三章 - 益證

使我介然有知, 行於大道, 唯施是畏. 大道甚夷, 而人好徑. 朝甚除, 田甚蕪, 倉甚虛, 服文彩, 帶利劍, 厭飮食, 財貨有餘, 是謂盜夸. 非道也哉!

第五十四章 - 修觀

善建者不拔, 善抱者不脫, 子孫以祭祀不輟. 修之於身, 其德乃眞, 修之於家, 其德乃餘, 修之於鄕, 其德乃長, 修之於邦, 其德乃豐, 修之於天下, 其德乃普. 故以身觀身, 以家觀家, 以鄕觀鄕, 以邦觀邦, 以天下觀天下. 吾何以知天下然哉? 以此.

第五十五章 - 玄符

含德之厚, 比於赤子. 蜂蠆虺蛇不螫, 攫鳥猛獸不搏. 骨弱筋柔而握固. 未知牝牡之合而朘作, 精之至也. 終日號而不嗄, 和之至也. 知和曰常, 知常曰明. 益生曰祥, 心使氣曰强. 物壯則老, 是謂不道. 不道早已.

第五十六章 - 玄德

知者不言, 言者不知. 塞其兌, 閉其門, 挫其銳, 解其紛, 和其光, 同其塵, 是謂玄同. 故不可得而親, 不可得而疏, 不可得而利, 不可得而害, 不可得而貴, 不可得而賤. 故爲天下貴.

第五十七章 - 淳風

以正治國, 以奇用兵, 以無事取天下. 吾何以知其然哉? 以此. 天下多忌諱, 而民彌貧. 民多利器, 國家滋昏. 人多伎巧, 奇物滋起. 法令滋彰, 盜賊多有. 故聖人云, 我無爲, 而民自化. 我好靜, 而民自正. 我無事, 而民自富. 我無欲, 而民自樸.

第五十八章 - 順化

其政悶悶, 其民淳淳. 其政察察, 其民缺缺. 禍兮福之所倚, 福兮禍之所伏. 孰知其極, 其無正也. 正復爲奇, 善復爲妖. 人之迷, 其日固久. 是以聖人, 方而不割, 廉而不劌, 直而不肆, 光而不耀.

第五十九章 - 守道

治人事天, 莫若嗇. 夫唯嗇, 是謂早服, 早服謂之重積德, 重積德則無不克, 無不克則莫知其極, 莫知其極, 可以有國, 有國之母, 可以長久, 是謂深根固柢, 長生久視之道.

第六十章 - 居位

治大國,若烹小鮮. 以道莅天下, 其鬼不神, 非其鬼不神, 其神不傷人, 非其神不傷人, 聖人亦不傷人. 夫兩不相傷, 故德交歸焉.

第六十一章 - 謙德

大邦者下流, 天下之牝, 天下之交也. 牝常以靜勝牡, 以靜爲下. 故大邦以下小邦, 則取小邦, 小邦以下大邦, 則取於大邦. 故或下以取, 或下而取. 大邦不過欲兼畜人, 小邦不過欲入事人. 夫兩者各得其所欲, 大者宜爲下.

第六十二章 - 爲道

道者萬物之奧. 善人之寶. 不善人之所保. 美言可以市, 尊行可以加人. 人之不善, 何棄之有? 故立天子, 置三公, 雖有拱璧以先駟馬, 不如坐進此道. 古之所以貴此道者何? 不曰求以得, 有罪以免邪? 故爲天下貴.

第六十三章 - 恩始

爲無爲, 事無事, 味無味. 大小多少, 報怨以德. 圖難於其易, 爲大於其細, 天下難事, 必作於易, 天下大事, 必作於細. 是以聖人終不爲大, 故能成其大. 夫輕諾者必寡信, 多易必多難. 是以聖人猶難之, 故終無難矣.

第六十四章 - 守微

其安易持, 其未兆易謀. 其脆易泮, 其微易散. 爲之於未有, 治之於未亂. 合抱之木, 生於毫末, 九層之臺, 起於累土, 千里之行, 始於足下. 爲者敗之, 執者失之. 是以聖人, 無爲故無敗, 無執故無失. 民之從事, 常於幾成而敗之. 愼終如始, 則無敗事. 是以聖人, 欲不欲, 不貴難得之貨, 學不學, 復衆人之所過, 以輔萬物之自然而不敢爲.

第六十五章 - 淳德

古之善爲道者, 非以明民, 將以愚之. 民之難治, 以其智多. 故以智治國, 國之賊, 不以智治國, 國之福. 知此兩者亦稽式. 常知稽式, 是謂玄德. 玄德深矣, 遠矣, 與物反矣, 然後乃至大順.

第六十六章 - 後己

江海之所以能爲百谷王者, 以其善下之, 故能百谷王. 是以聖人欲上民, 必以言下之, 欲先民, 必以身後之. 是以聖人處上而民不重, 處前而民不害. 是以天下樂推而不厭. 以其不爭, 故天下莫能與之爭.

第六十七章 - 三寶

天下皆謂我, 道大, 似不肖. 夫唯大, 故似不肖. 若肖, 久矣其細也夫! 我有三寶, 持而保之. 一曰慈, 二曰儉, 三曰不敢爲天下先. 慈故能勇, 儉故能廣, 不敢爲天下先, 故能成器長. 今舍慈且勇, 舍儉且廣, 舍後且先, 死矣! 夫慈以戰則勝, 以守則固. 天將救之, 以慈衛之.

第六十八章 - 配天

善爲士者不武, 善戰者不怒, 善勝敵者不與, 善用人者爲之下. 是謂不爭之德, 是謂用人之力, 是謂配天, 古之極也.

第六十九章 - 玄用

用兵有言, 吾不敢爲主而爲客, 不敢進寸而退尺. 是謂行無行, 攘無臂, 扔無敵, 執無兵. 禍莫大於輕敵, 輕敵幾喪吾寶. 故抗兵相若, 哀者勝矣.

第七十章 - 知難

吾言甚易知, 甚易行. 天下莫能知, 莫能行. 言有宗, 事有君. 夫唯無知, 是以不我知. 知我者希, 則我者貴. 是以聖人被褐懷玉.

第七十一章 - 知病

知不知, 尙矣, 不知知, 病也. 聖人不病, 以其病病. 夫唯病病, 是以不病.

第七十二章 - 愛己

民不畏威, 則大威至. 無狎其所居, 無厭其所生. 夫唯不厭, 是以不厭. 是以聖人自知不自見, 自愛不自貴. 故去彼取此.

第七十三章 - 任爲

勇於敢則殺, 勇於不敢則活. 此兩者, 或利或害. 天之所惡, 孰知其故? 是以聖人猶難之. 天之道, 不爭而善勝, 不言而善應, 不召而自來, 繟然而善謀. 天網恢恢, 疏而不失.

第七十四章 - 制惑

民不畏死, 奈何以死懼之? 若使民常畏死, 而爲奇者, 吾將得而殺之, 孰敢? 常有司殺者殺. 夫代司殺者殺, 是謂代大匠斲, 夫代大匠斲者, 希有不傷其手矣.

第七十五章 - 貪損

民之饑, 以其上食稅之多, 是以饑. 民之難治, 以其上之有爲, 是以難治. 民之輕死, 以其上求生之厚, 是以輕死. 夫唯無以生爲者, 是賢於貴生.

第七十六章 - 戒强

人之生也柔弱, 其死也堅强. 萬物草木之生也柔脆, 其死也枯槁. 故堅强者死之徒, 柔弱者生之徒. 是以兵强則滅, 木强則折. 强大處下, 柔弱處上.

第七十七章 - 天道

天之道, 其猶張弓與? 高者抑之, 下者擧之, 有餘者損之, 不足者補之. 天之道, 損有餘而補不足. 人之道則不然, 損不足以奉有餘. 孰能有餘以奉天下, 唯有道者. 是以聖人爲而不恃, 功成而不處, 其不欲見賢.

第七十八章 - 任信

天下莫柔弱於水而攻堅强者, 莫之能勝, 以其無以易之. 弱之勝强, 柔之勝剛, 天下莫不知, 莫能行. 是以聖人云, 受國之垢, 是謂社稷主, 受國不祥, 是謂天下王. 正言若反.

第七十九章 - 任契

和大怨, 必有餘怨, 安可以爲善? 是以聖人執左契, 而不責於人. 有德司契, 無德司徹, 天道無親, 常與善人.

第八十章 - 獨立

小國寡民. 使有什伯之器而不用, 使民重死而不遠徙. 雖有舟輿, 無所乘之, 雖有甲兵, 無所陳之. 使民復結繩而用之. 甘其食, 美其服, 安其居, 樂其俗. 隣國相望, 鷄犬之聲相聞, 民至老死, 不相往來.

第八十一章 - 顯質

信言不美, 美言不信. 善者不辯, 辯者不善. 知者不博, 博者不知. 聖人不積, 旣以爲人己愈有, 旣以與人, 己愈多. 天之道, 利而不害, 聖人之道, 爲而不爭.

저자 譯解者

청학산인青鶴山人 김윤세金侖世

유의(儒醫) 가문의 가정교육 전통에 따라 가친(家親) 인산 김일훈(仁山 金一勳·1909~1992) 선생으로부터 《사서삼경(四書三經)》을 위시하여 《금강경(金剛經)》《도덕경(道德經)》 등 유불도(儒佛道) 삼가의 제 경전과 민족 전통의학 교육을 이수(履修)하였다. 오늘의 '한문고전번역원'의 전신인 민족문화추진회 국역연수원에서 고전(古典) 국역자 양성을 위한 5년의 교육과정을 수료한 뒤 8년 동안 《불교신문》 편집부 기자, 차장을 지냈다. 《불교신문》에 재직하는 동안 한국의 역사 고승 198명의 행장기가 수록된 《동사열전(東師列傳)》을 완역하여 6년간에 걸쳐 《불교신문》에 연재한 뒤 1991년 책으로 펴내 문화부 추천도서로 선정되기도 했다. 《동사열전》은 제2회 불교출판문화상을 받았으며 동국역경원 간행 《한글 대장경》 제138권에 수록된 바 있다.

'불세출(不世出)의 신의(神醫)'로 알려진 아버지 인산의 신의학(新醫學) 이론을 1981년 5월부터 5년간 구술(口述)받아 정리해 1986년 6월 15일, 《신약(神藥)》이라는 책으로 출간하여 의료인을 비롯해 암, 난치병, 괴질로 신음하던 수많은 환자와 그 가족들에게 대대적인 호응을 얻음으로써 한국의 대체의학 발전에 한 획을 그은 것으로 평가받고 있다.

1987년 8월 27일, '인산(仁山)의학'의 산물인 죽염을 세계 최초로 산업화하여 '소금 유해론' 문제의 본질이 미네랄 함유 여부에 있음을 알렸으며 1989년부터 아버지 인산의 의술을 직접 국민에게 알리기 위해 월간《민의약(民醫藥)》《신토불이 건강》 등의 제호로 매거진을 발행했으며, 지난 2008년 4월호부터는《인산의학》이라는 제호로 변경하여 발행해 왔다. 2019년 4월 현재 매월 15만 부 이상을 발행하여 창간 이래 30여 년에 걸쳐 세상 사람들에게 자연의학의 '참 가치'를 알리는 한편 국민의 올바른 건강인식 확립에 기여해 왔다.

1987년 8월 27일 설립한 세계 최초의 죽염 제조업체인 '인산식품'을 1992년 3월 10일, '주식회사 인산가'라는 법인으로 전환하였고, 2000년 벤처기업, 2007년 이노비즈 기업으로 인증받은 데 이어 2016년 12월 1일, 해양수산부로부터 죽염 제조 분야 국가 식품명인 제4호로 지정받았으며, 2018년 9월 11일 코스닥 시장에 상장한 바 있다. 2002년부터 2006년까지 함양군 상공협의회 회장을 역임하고, 2007년부터 현재까지 함양 군내 지역신문인《주간함양》회장으로 일하며 지역 언론 발전에도 이바지하고 있다.

1997년 전국의 죽염제조업체 대표자들의 권익을 대변하는 한국죽염공업협동조합 설립을 주도해 제1대부터 5대, 2011년 2월까지 이사장으로 활동하였으며, 2012년 3월부터 2016년 3월까지 광주대학교 대체의학과 교수 역임, 현재 전주대학교 경영행정대학원 객원교수로 활동하면서 방송사, 대학, 기관 및 단체 등의 강연과 기고(寄稿) 등을 통해 민족 전통의학의 우수성과 한국 자연 의학의 효용성을 알리고 국민의 올바른 건강 상식 정립을 위해 노력하고 있다.

현재 집무실이 있는 인산연수원은, 경남 함양의 삼봉산(1,187m) 중턱 5만여 평의 산림 내에 있으며, 1987년도에 인산연수원을 설립하여 30여 년 동안 모두 300여 차례의 건강강연회를 열어 각종 암, 난치병, 괴질로부터 자신과 가족의 생명을 구할 수 있는 '인산의학'의 신약(神藥)과 묘방(妙方)을 세상에 알리기 위해 부단한 노력을 기울이고 있다.

인산가 간행물

神藥 | 인산 김일훈 구술·김윤세 지음 | ₩20,000

단순한 의학 서적이 아니라 우주 만물의 이치에 따른 자연물의 약성과 그 약성을 활용하여 치유할 수 있는 질환별 처방을 적어 두고 있다. 1986년 발간된 이래, 지금껏 의학 서적 역사상 전무후무한 판매량을 기록하고 있는 인산의학과 그 철학의 교본서.

神藥本草 전·후편 | 김일훈 구술 | ₩30,000/25,000

인산 선생의 힘찬 숨결과 인산의학의 모든 것을 엿볼 수 있는 인산의학의 완결판으로 선생이 평소 틈틈이 써놓은 육필원고와 사석에서 행한 말씀을 그대로 옮겨 적었다. 각종 난치 질병에 관한 선생의 마지막 처방전도 공개한다.

내 안의 의사를 깨워라 | 김윤세 지음 | ₩25,000

30여 년 넘게 인산 선생의 의학 세계를 알리기 위해 김윤세 회장이 여러 매체에 연재해 온 건강 칼럼을 정리한 완결판. 현대의학의 한계에 대한 대안과 내 몸 안의 자연치유력을 통해 나와 내 가족의 병을 고치는 '참의학'의 비결이 담겨 있다.

내 안의 自然이 나를 살린다 | 김윤세 지음 | ₩25,000

공해시대 암·난치병 극복을 위한 묘방을 담은 또 한 권의 비법서. 《내 안의 의사를 깨워라》 이후 김윤세 회장이 쓴 글과 강연 내용을 정리해 인산 선생의 자연치유 사상을 되짚은 책.

東師列傳 | 범해선사 편저·김윤세 한역 | ₩30,000

아도阿度의 이성, 의상義湘의 도리, 회광晦光의 인식…. 한국 불교사를 빛낸 고승들의 생애가 이뤄낸 화엄의 세계가 눈부시다. 한국에 불교가 전래된 고구려 소수림왕 시대부터 조선의 고종에 이르기까지, 1,500여 년의 역사 속에서 이 땅의 불교를 성장시킨 200명 불교인의 단아한 삶이 귀하에게 깊은 깨달음을 전한다.

한 생각이 癌을 물리친다 | 김윤세 지음 | ₩12,000

공해독으로 생기는 암·난치병을 다스리고 치유하는 법을 적고 있다. 총 14장으로 된 이 책은 한 장 한 장마다 체내에 쌓인 공해독을 풀어주고 거기에 원기를 돋워 병마를 이길 수 있도록 하는 해독보원解毒補元의 방약을 제시하고 있다.

죽염요법 | 김윤세 지음 | ₩15,000

죽염을 통해 암·난치병을 치유한 사람들의 사례와 각종 죽염활용법이 소개된 책. 암·난치병으로 고통받는 인류에게 매우 손쉬우면서도 효과가 뛰어난 실용민간요법의 핵심을 수록해 놓았다. 죽염을 복용하실 분들의 일독을 권한다.

인산쑥뜸요법 | 김윤세 지음 | ₩15,000

인산쑥뜸법은 물에 빠져 이미 숨이 넘어간 사람, 제초제를 마시고 죽어가는 사람, 심지어 백혈병, 에이즈까지 현대의학이 손쓰지 못하는 중증 환자를 구해낸 신방神方 중의 신방이다. 누구나 쉽게 배우고 실행할 수 있는 인산쑥뜸법을 소개한 책.

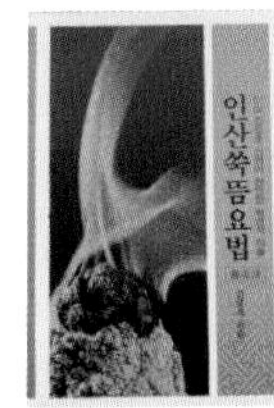